仰望尾迹云 著

闪电增肌

（增修版）

Rapid Muscle Building

电子工业出版社·
Publishing House of Electronics Industry
北京·BEIJING

图书在版编目（CIP）数据

闪电增肌：增修版 / 仰望尾迹云著 . -- 北京：电
子工业出版社，2025. 8. -- ISBN 978-7-121-50841-7

Ⅰ. G808.14

中国国家版本馆CIP数据核字第202594U5W9号

责任编辑：于 兰
印　　刷：天津千鹤文化传播有限公司
装　　订：天津千鹤文化传播有限公司
出版发行：电子工业出版社
　　　　　北京市海淀区万寿路173信箱　邮编：100036
开　　本：880×1230　1/32　印张：12　字数：326千字
版　　次：2025年8月第1版
印　　次：2025年8月第1次印刷
定　　价：88.00元

凡所购买电子工业出版社图书有缺损问题，请向购买书店调换。若书店
售缺，请与本社发行部联系，联系及邮购电话：（010）88254888，88258888。

质量投诉请发邮件至zlts@phei.com.cn，盗版侵权举报请发邮件至dbqq@
phei.com.cn。

本书咨询联系方式：QQ1069038421，yul@phei.com.cn。

再 版 序

我对《闪电增肌（增修版）》的整体构思理念就是：对新手友好，对老手有用。

第一版《闪电增肌》是一本增肌入门书，很多内容只做到点到即止，没有深入讲解，目的是吸引增肌方面的小白。然而，这样也会造成一个问题，即大家读后会觉得不过瘾，多少有隔靴搔痒的感觉。

《闪电增肌（增修版）》的写作初衷没有改变，仍然是吸引小白上手，但同时兼顾知识的深度，使其对有训练经验的人，甚至是有多年训练经验的老手同样适用。

当然，知识深度的兼顾保持在合理适度的范围内，不会延伸很多。

一方面，一切的内容都以实用为目的，与实际操作不相关的我不会讲。

另一方面，增修版的语言继续使用通俗易懂的大白话，我相信，只要语言问题解决了，知识本身并不难，任何人都能读懂。

所以，《闪电增肌（增修版）》的内容更新并扩充到第一版的150%，相当于"一本半"的第一版；针对的读者群体覆盖全体增肌者，新手、老手都适用。

具体来说，内容扩充最多的是第二章，这部分内容对增肌来说是最重要的。其余几章也都有一定程度的完善和扩展，新增了很多实用的基础知识。

第一版《闪电增肌》有一个特别好的地方：起码在出版时它真的是从最基础的内容讲起，就算对从来也没有接触过增肌的人也非常友好。

在做增修的时候，我曾考虑要不要保留这些"过于基础"的内容？毕竟这几年增肌概念在国内的普及程度比之前大幅提高。

可不管什么时候，总会有人需要从零开始了解增肌。所以我最后决定，《闪电增肌（增修版）》仍然保留零起步的内容。

训练老手可能自己有不错的训练经验，平时也比较关注网上与增肌相关的个人分享，但内容中有多少是严谨可信、有科学依据的，这个比例不见得非常乐观。

在增肌这件事上，听一听科学的声音，可能会让你豁然开朗，之前反复思考也想不明白的困惑突然得到解决。增肌是个科学问题，它不是人文问题，不是诗歌，也不是绘画，更不是感受、猜想和玄学。任何时候，对于科学问题，我们只能运用科学的视野寻求答案。

不过需要注意的是，从第一版到现在，关于增肌的科学研究进一步深入了。虽然新的研究成果越来越多，但关于增肌的困惑都解决了吗？当然没有。

研究成果多了，有些问题被解决了，但有的问题反而变得更复杂了。我们在尝试解决问题的同时，也发现了一些问题的复杂性。

这是好事，说明我们对问题的认识更深刻了。然而，正因为问题的复杂性，我们对于增肌的科学解读也要非常慎重。对于复杂的问题，任何一项研究只能探索其中的一个方面；只有综合全面的分析，才不至于变成盲人摸象。

希望大家都能利用科学的力量，让增肌成绩进一步提高，也让自己的思维能力变得更棒！

感谢本书的动作模特，我的学生顾晗杰，以及为大家录制训练视频的我的学生叶圣杰，和所有支持我的粉丝们！

前　言

健身增肌圈子很乱。

乱在哪儿？主要存在如下几个矛盾。

一个是经验和科学的矛盾。增肌训练在国内发展时间不长，尤其是科学增肌，可以说直到现在仍然没有发展起来。所以，很多人把增肌看得很神秘，只有一点朦朦胧胧的了解。大多数人学习增肌，不是在网上学，就是跟别人学。跟别人学，学到的只是人家的个人经验。

经验没有价值吗？肯定有价值。然而，增肌是严谨的科学，仅靠经验是不够的。

个人经验，用科学的语言表述叫作"见证叙述"。在日常生活中，这种"见证叙述"非常普遍。比如一种补充剂，很多人会说我喝了管用，你也喝吧！一种训练方法，有人会说我就这么练，效果特棒，胳膊粗了两圈，你这么练就对了！

大多数人对这种个人经验深信不疑，甚至很多人上网专门问，

"有谁用过××牌子的补充剂吗？出来说说效果如何"。

然而，经验毕竟只是经验，不是科学，不能作为科学证据。用经验指导训练，很容易出问题。

原因主要有三个。第一个原因是，一个人的情况不能说明问题，样本数量太少，不具备普遍性。一个人的经验不能用到无数人身上。其中的道理不必多说。

第二个原因是，个人在总结经验的时候，会找成功的原因，但是找得对不对是个问题。

比如有人使用一种方法训练，觉得好。但是增肌只与训练有关吗？它还与饮食大有关系。如果有一阵子训练效果特别好，很可能是饮食做到位的原因。

而科学实验则尽可能地把干扰因素排除掉或者控制住，然后再对不同的训练方法进行比较，实验对象的饮食要求起码是要一样的。

此外，增肌效果不仅与训练、饮食有关，它还与个体差异、训练年限、恢复情况、身体健康状况等因素有关。

第三个原因就是安慰剂效应。

在医学界有句名言——"本世纪（20世纪）以前的整个医学史，只能说是安慰剂效应的历史。"

安慰剂效应的力量非常强大。有数据显示：安慰剂效应的"有效率"，在抑郁症治疗中达到29%，在十二指肠溃疡治疗中达到36%，在偏头疼治疗中达到29%，在食管炎治疗中达到27%。甚至有人"神奇"地对安慰剂上瘾，不吃不行，剂量还越来越大。

增肌训练同样逃不过安慰剂效应。各种补充剂，吃了觉得有用，就真的有用吗？各种训练方法，感觉好，就是真的好吗？

所以，经验虽然有价值，但是在增肌这件事上，还是要相信科学，遵从科学。然而，科学的内容一般在学术书中，或来自科学文献、论文，而这些一般读者接触不到，也"啃"不动。

而本书就是要把这些难啃的、枯燥的学术知识，用通俗的话表达出来，让健身新手从一开始就接触到最科学、最严谨的健身知识，少走弯路。

健身增肌圈子里的第二个矛盾，就是训练和饮食的矛盾。现在绝大多数人都"只会练不会吃"。

实际上，增肌效果与饮食的关系非常非常大。"只会练不会吃"，增肌效果要大打折扣，甚至可能让人白练。

但是，增肌饮食涉及运动生理学、运动营养学等，非常复杂，需要扎实的基础和大量的学习研究，很多人对此望而却步。而增肌训练则相对直观，相对容易讲出个"门道"，这也是目前市面上讲增肌训练多、讲增肌饮食少的原因。

市场上有很多健身书，但是其中系统讲述训练营养的少之又少。而本书专门用两章来讲训练营养的内容。

健身增肌圈子的第三个矛盾是增肌和减脂的矛盾。

很多人知道增肌怎么练、怎么吃，但是不知道减脂怎么练、怎么吃，增肌后造成一种尴尬的局面：好不容易长了点肌肉，但是脂肪也跟着长了，身体变得又肥又壮，既不好看，也不健康。

很多人增肌后发现脂肪也增加了，所以又想要减脂。而减脂的时候，因为方法不对，可能脂肪减了，辛辛苦苦练出来的肌肉也被减掉了。这种情况即使在健美运动员身上也不少见。

增肌者减脂，与普通人群减脂差别很大，对饮食、训练、有氧运动的要求很高。总的来说，要想减脂时不把肌肉也减掉了，就需要一套完备的方法。本书最后一章就专门介绍增肌者怎么减脂的问题，从饮食到运动，事无巨细，全面透彻。

对增肌者来说，这是一本通俗、全面、深入、有效、系统的增肌书，是一本很值得用心去读的书。

目　录

| 001 | 第一章　先跟大家聊聊天，轻松但很重要 |

每个男人，身体里都有个"肌肉男"　　002

变成"肌肉男"是个系统工程，方法全面最重要　　006

增肌要有点开放思维　　011

科学的方法决定你能不能变成"肌肉男"，天赋决定你
变成什么等级的"肌肉男"　　013

你身上的肌肉是理论堆起来的　　017

| 021 | 第二章　肌肉到底怎么练 |

增肌一定要去健身房吗　　022

健身房里都有哪些训练器械　　025

如何使用健身房里的训练器械　　030

如何选择适合你的健身房　　032

如果在家训练，你需要准备些什么　　032

训练前需要准备哪些个人装备　　035

一次完整的增肌训练课是什么样的　　037

增肌，要把复杂变简单　　041

增肌训练的几个基本要素　　042

增肌训练要素：训练量　　　　　　　　　　　　046

增肌训练要素：肌肉的收缩方式　　　　　　　　050

增肌训练要素：训练负重　　　　　　　　　　　058

肩部肌肉是慢肌，必须用轻重量训练，对吗　　　062

"运动单位"和运动单位募集的"大小原则"　　　069

增肌训练要素：个数与力竭　　　　　　　　　　079

增肌训练要素：组数　　　　　　　　　　　　　084

增肌训练要素：组间休息时间　　　　　　　　　087

增肌训练要素：动作速度　　　　　　　　　　　089

增肌训练要素：训练频率　　　　　　　　　　　095

增肌训练要素：动作幅度　　　　　　　　　　　096

"胸中缝"可以单独训练吗　　　　　　　　　　　098

"触胸反弹"是错的吗　　　　　　　　　　　　　103

第二天的酸痛——运动后延迟性肌肉酸痛　　　　110

训练后冷水疗法有助于增肌吗　　　　　　　　　113

增肌训练和有氧运动怎么搭配　　　　　　　　　113

125 ｜ 第三章　人人都能学会的训练动作

关于训练动作，你知道的可能是错的　　　　　　126

运动解剖太复杂，如何秒懂训练动作　　　　　　128

男人的标志——白话胸肌运动解剖　　　　　　　131

胸肌训练基本动作——推胸　　　　　　　　　　134

胸肌训练基本动作——夹胸　　　　　　　　　　142

腋下生"翅"——白话背阔肌运动解剖　　　　　　145

背阔肌训练基本动作——下拉　　　　　　　　　147

背阔肌训练基本动作——划船　　149

宽阔的双肩——白话三角肌运动解剖　　156

三角肌训练基本动作——推举　　158

三角肌训练基本动作——平举　　161

三角肌后束训练基本动作　　164

肱二头肌基本训练动作——弯举　　165

撑爆衣袖——白话肱三头肌运动解剖　　168

肱三头肌训练基本动作——伸肘　　169

肱三头肌训练基本动作——推三头　　174

强大的核心——白话腹肌运动解剖　　175

腹肌到底有几块　　178

腹直肌基本训练动作——卷腹　　178

腹直肌基本训练动作——举腿　　181

健硕双腿——白话大腿运动解剖　　182

大腿训练基本动作——伸膝　　186

大腿训练基本动作——屈膝　　190

大腿训练基本动作——伸髋　　191

钻石小腿——白话小腿运动解剖　　193

小腿训练基本动作——提踵　　194

197 ｜ 第四章　如何制订增肌训练计划

力量训练的运动适应　　198

力量训练的运动适应——神经适应　　199

力量训练的运动适应——肌纤维的变化　　204

力量训练的运动适应——停训和肌肉记忆　　207

周期增肌计划和非周期增肌计划　211

周训练计划该如何制订——基本原则　215

周训练计划该如何制订——肌肉部位的安排　220

周训练计划该如何制订——训练动作的安排　224

训练计划该如何制订——要不要经常换动作　227

训练计划该如何制订——电刺激训练　230

训练计划该如何制订——过度训练、停训和减训　233

239 ｜ 第五章　增肌训练怎么吃

首要原则，增肌要适当多吃　240

增肌者的三大基础营养素——蛋白质　243

你懂氨基酸吗　245

素食就不能增肌吗　247

增肌应该吃多少蛋白质　249

训练前后应怎样补充蛋白质　252

蛋白质应该分散摄入还是集中摄入　254

增肌者的三大基础营养素——碳水化合物　257

碳水化合物的重要属性——GI　260

建议用生酮饮食来增肌吗　263

增肌者的三大基础营养素——脂肪　264

增肌者怎么吃脂肪　267

增肌者怎么补充维生素　268

增肌者能喝酒吗　270

273 | 第六章　五花八门的增肌补充剂，该怎么选

对增肌补充剂的基本态度　274

蛋白粉、增肌粉概说　278

蛋白粉中有激素吗　280

浓缩乳清蛋白粉、水解乳清蛋白粉、分离乳清蛋白粉、
酪蛋白粉有什么区别　281

锌　283

支链氨基酸　284

肌酸　287

谷氨酰胺　292

β-丙氨酸　295

牛磺酸　297

明胶水解物和氨基葡萄糖　298

澳大利亚体育学会体育补充剂使用框架　300

303 | 第七章　运动伤害的预防和处理

增肌训练很容易受伤吗　304

常见运动损伤的预防原则　310

急性运动损伤的处理方法　317

运动损伤后的康复　320

女性力量训练与前交叉韧带损伤　323

举重腰带到底该不该戴　326

腰不好就不能训练了吗　329

XV

腰围减少18厘米，胸围却增大3厘米　　　　　　338

增肌同时能做到减脂吗　　　　　　　　　　　339

是该先减脂，还是该先增肌　　　　　　　　　341

增肌者减脂，该制造多大的热量缺口　　　　　344

增肌者减脂饮食结构三原则之一——高蛋白　　348

增肌者减脂饮食结构三原则之二——足碳水　　350

增肌者减脂饮食结构三原则之三——低脂肪　　354

增肌者减脂不用计算热量的傻瓜式方法　　　　356

增肌者减脂应该怎么运动　　　　　　　　　　358

我怎么知道减的是脂肪还是肌肉呢　　　　　　360

先跟大家聊聊天，轻松但很重要

通俗，通俗，还是通俗。

我希望这本书的观点，是最科学严谨的；建议，是最人文贴心的；而语言，是最通俗易懂的。增肌新手能够没有任何压力地去读这本书，而增肌老手也能在看似平实的内容里或恍然大悟，或会心一笑，获得意想不到的收获。

每个男人，身体里都有个"肌肉男"

每个男人都能变成"肌肉男"？可能有人不信。没关系，我先给大家讲个真实的案例。

看到图1.1中的两张对比照片，你们可能会很惊讶。照片里的人是我的增肌训练课的一名学生，也是我的朋友，他叫佳男。这是他通过减脂和增肌训练，一步步获得的巨大改变。

佳男曾经是个只有110斤重的瘦弱男孩，后来又曾一度胖到了190斤。190斤的时候，他睡觉鼾声如雷，他的大学室友形容他睡觉"不是一个人，而是一支军队"。后来佳男意识到，自己必须减肥了。

这个过程绝对不轻松，但是佳男成功了，而且成功得很漂亮。

他立志开始减肥是在大学二年级的时候，而2017年，还在上大学的他就获得了全国健身健美公开赛高校组的冠军！

很多人光减肥就减了很多年，也不成功。也有不少人做增肌训练，几年下来，就是见不到成效。佳男却能在这么短的时间里获得

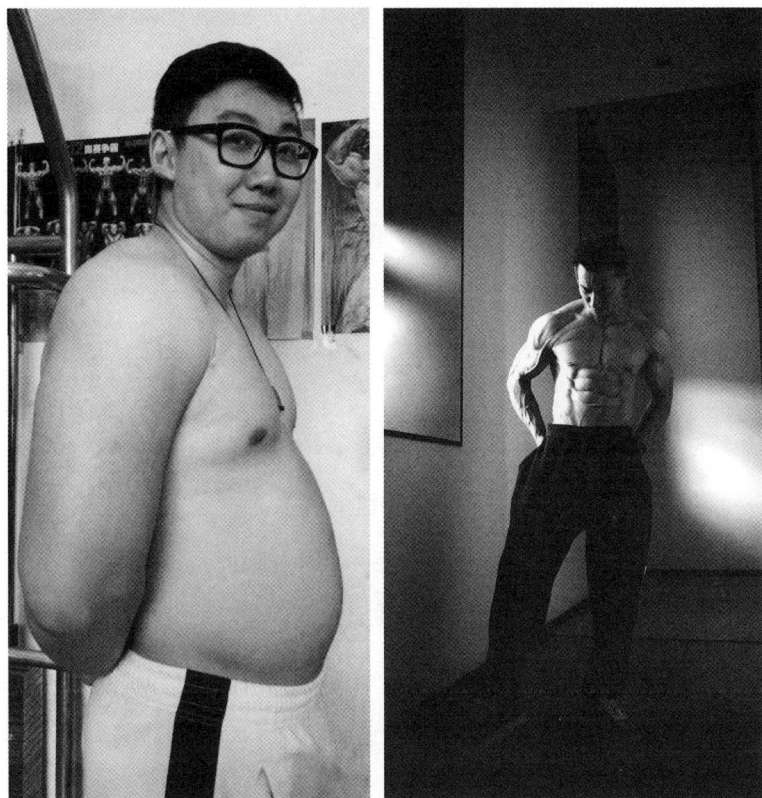

图 1.1

这么巨大的成功，我总结主要有两个原因。

第一，也是最重要的，他有一颗坚持不懈的决心，能坚持，肯下功夫。佳男取得了巨大的成功，在这个过程中，执着与坚持是基础。

第二，他掌握了科学的方法。好的方法能让减肥事半功倍。用佳男自己的话说，想要"野蛮"的体魄，就先要"文明"自己的头脑。学习是件非常重要的事。

可能很多人像佳男一样，对自己的身材不满意，但从来不敢想象自己能变成"肌肉男"。作为普通大众当中的一个，你可能觉得，长一身漂亮的肌肉是可望而不可即的，那是在网络上、杂志上达人和明星才可能完成的事情。

实际上，我可以负责任地告诉你，只要是健康人，只要肯努力，人人都能变成"肌肉男"。

第一章，我们就先简单谈谈增肌的概貌。

很多人可能觉得增肌很难，实际上并非如此。肌肉通过训练增大，这是人体的一种自然的运动适应能力。通俗地说，当我们费力地去完成肌肉收缩的时候，肌肉会意识到自己不够大，于是就会自然地增大，来适应身体面临的挑战。

肌肉的这种适应能力，基本上针对全年龄段的成年人。青春期之前的儿童和青少年，因为雄激素水平很低，所以增肌的潜力比较小；此外，即使是60岁以上的老年人，肌肉的适应能力也是很强的，通过合理的力量训练再配合合理饮食，都能做到明显增肌。

当然，增肌潜力最大、最容易增肌的人群，还是中青年人群，大致就是青春期后到40岁之前的人。

从性别上说，男性的增肌潜力要远远高于女性，但并不是说女性就做不到增肌，女性也可以，只不过潜力有限。这主要是因为女性的雄激素水平远低于男性（女性也有雄激素，很多人认为女性没有雄激素，其实是一种误解）。

所以，这本书女性也可以读。但因为增肌的主要目标群体是男性，所以我们在书中并没有特别针对女性去讲增肌的知识。

增肌不但是大多数男性可以做到的，而且是相对容易做到的。这个"容易"是与其他一些运动项目相较而言的。

比如，你想学跳舞，可能需要每天练习一定的时间，要练很久；你想学球类运动，或者想变成一个轮滑高手，也需要长期而艰苦的训练。但是增肌不同，增肌的训练有点"重质不重量"的感觉，不需要特别辛苦，但是见效非常快。

很多人，包括缺乏专业知识的网络媒体，都有种错误的观念。他们认为，想练成"肌肉男"需要每天花几个小时的时间，在健身房挥汗如雨，上千次举哑铃、杠铃，上千次做俯卧撑和仰卧起坐，实际上根本不是这样。

其实，对于一个从来没做过增肌训练的新手来说，头半年到一年的增肌训练，只需要每周做2～3次，每次做1个小时左右就够了，更多的训练未必会带来更好的训练效果。

你可能不相信，但这是事实，增肌其实并不是靠"量"的积累，而是靠"质"的刺激。在后面我们就会讲到其中的科学了。

中国文化一直有"重勤"的传统，喜欢把一切的成功都归结于勤奋、数不尽的重复练习和超出常人的付出。我们以勤劳为美德，所以不管取得什么成就，都喜欢说这是靠勤奋、靠量的积累做到的。不可否认，有些事是这样的，但有些事并非如此。

我们习惯于认为，运动训练肯定辛苦。你看体育运动员，训练多辛苦，才能拿到好成绩。但实际上，增肌训练真的不需要太辛苦，关键还是要看会不会练，当然同时也要看会不会吃。

注意，我们还强调了会不会吃。很多人希望练出一身肌肉，可是练了很久却没成效，问题往往就出在饮食营养上面。练肌肉，可以说是"五分练，五分吃"，吃对、吃够很重要。

还有人喜欢讲休息，说增肌三要素：训练、饮食、休息，其实休息这件事并没有必要特别去提，因为除了在训练后给肌肉本身足够的恢复时间，只要保证充足的睡眠、合理的作息就足够了。

当然，增肌训练简单与否，取决于你定的具体目标。如果你的目标是做健美冠军，那就需要很辛苦了；但是如果你只是想做一个让普通人眼前一亮的"肌肉男"，那么只要方法对头，这个过程其实一点也不难。

变成"肌肉男"是个系统工程，方法全面最重要

增肌，在很多人的印象里，就是一大堆训练动作。在他们的观念里，增肌是"怎么做动作"的问题，好像动作做标准了，就能练成"大块头"，否则就跟白练了一样。

翻开很多增肌书看，里面都是一幅接着一幅的训练动作图。大多数增肌培训，也往往只讲训练动作。健身房里很多所谓的训练老手，同样是喜欢一上来就给人讲动作。其实，训练动作仅仅是增肌系统工程里的一个小方面而已。

如果把增肌比作一棵大树，那么训练动作只是几根树枝而已。这么说夸张吗？一点儿都不。

为什么大家会把训练动作等同于增肌的全部？原因在于以下几点。

训练动作最直观、最形象化。

增肌总要做点什么。饮食，我们习以为常，就是吃饭而已。训练的时候，训练的细节，比如负重、组间休息、动作速度、容量等，都不是那么直观；而最直观、一眼就能看到的，就是动作。所以很多人会错误地把增肌等同于一个个训练动作。

讲训练动作最简单。

增肌系统工程当中的其他因素，比如营养、内分泌、肌肉生理解剖等方面的知识，讲起来难度要比训练动作大得多。

要系统了解这些，需要扎实的运动生理学、运动营养学等方面的知识，这不是谁都具备的，而且很少有人会去费精力学习这些枯燥的东西。

而训练动作则要简单、直观、易学易懂得多。说实话，在训练动作方面，别管对错，上网泡几天，基本上人人都能说上几句，听起来往往都还很像那么回事。

增肌的各种训练动作被错误地认为就是增肌的全部，所以很多人就把关注点放在这上面，忽略了很多其他更重要的因素。

比如，同样一个动作，用5公斤的哑铃和用15公斤的哑铃去训练，最后的结果是截然不同的。如果用25公斤的哑铃去训练，则又是另一种效果。

还是这个动作，快速收缩的训练是一个效果，慢速收缩的训练又是一个效果；举起快放下慢和举起慢放下快，效果又不同。

另外，训练动作的向心收缩和离心收缩部分，对增肌的意义也各不相同[1]。

更不要说，训练动作的选择、顺序的安排、组间休息的时间、肌肉部位的顺序、训练的容量、训练的组数等方方面面的因素，都对最后的增肌效果影响非常大，我们都要考虑到。

增肌怎么吃就更复杂了。

蛋白质、碳水化合物、脂肪、维生素和各种微量营养素各应该吃多少？蛋白质、碳水化合物、脂肪的形式应该怎么选择？就蛋白质来说，乳清蛋白、酪蛋白都是蛋白质，有什么差别？鸡蛋、肉类、大豆、藜麦……不同来源的蛋白质又对增肌效果有什么影响？

碳水化合物还分高GI、中GI和低GI，来源也不同，它们分别适用于哪些不同的增肌情况？

营养的时机也很重要，比如蛋白质、碳水化合物什么时候补

---

1 Schoenfeld, BJ, Ogborn, DI, Vigotsky, AD, Franchi, MV, and Krieger, JW. Hypertrophic Effects of Concentric vs. Eccentric Muscle Actions: A Systematic Review and Meta-analysis. J. Strength Cond Res. 31: 2599-2608, 2017.

充，与训练时间怎么整合？训练前、中、后，一日三餐，两餐之间，还有睡前，哪些是增肌可以利用的营养摄入时间点？

除了时间点，营养素的摄入形式和摄入量，需要有什么不同的设计[1]？

各种增肌补充剂，蛋白粉、增肌粉、谷氨酰胺、BCAA、肌酸、氮泵、β-丙氨酸，等等，该不该吃？怎么吃？吃多少？

这么多问题，是不是觉得增肌很复杂？是的，客观上它确实很复杂。这还只是随便列举了一些最常见的与增肌训练有关的饮食问题。

只有众多复杂的影响增肌的因素都控制得对、控制得好，增肌的系统工程才算做到位，增肌才能有效果，才能事半功倍。增肌，绝不仅仅是几个训练动作那么简单。

但反过来说，增肌也是一件会者不难的事，说简单也简单。所以大家不要怕，虽然说增肌涉及方方面面的知识，似乎让人无从下手，但是本书可以帮助大家解决这个问题。

在本书中，我会用大白话，把增肌需要了解的、实用的系统知识全部告诉大家。有了系统知识的支撑，增肌就不会是一件难事了。

虽然训练动作不是增肌的全部，但不可否认，它很重要，本书的第三章，我们就会讲述训练动作的基础知识。

1　Snijders T, Trommelen J, Kouw IWK, Holwerda AM, Verdijk LB, van Loon LJC. The impact of pre-sleep protein ingestion on the skeletal muscle adaptive response to exercise in humans: an update. Front Nutr 2019;6:17.

本书的第一章，主要跟大家聊一下增肌的理念。一本增肌书，不能一上来就讲增肌方法。对于新手来说，理念永远比具体的方法更重要。

甚至对于增肌老手，有时候理念也能起到意想不到的作用。

第二章告诉大家增肌训练具体该怎么练，主要讲训练要素。训练要素是比训练动作更重要的，它们是真正的增肌核心。

第二章也会讲一些与增肌相关的基础的运动生理学知识，这些基础知识并不是枯燥无用的，它能帮助增肌者达到1加1大于2的效果。

第三章，我们对照运动解剖图来讲训练动作，一个部位一个部位地讲，一个动作一个动作地讲。

第四章讲增肌训练计划的底层逻辑，和如何制订训练计划。

第五章详细讲增肌怎么吃。这是关于增肌的运动营养部分。

第六章的内容涉及各种增肌补充剂，解决有效性、安全性、如何使用等问题。

在第七章，我们谈谈怎么预防和治疗常见的运动伤害。这也很重要，新手就怕不懂瞎练，一旦受伤，训练基本就废了；而且如果形成慢性损伤，还有可能会跟你一辈子。

第八章，也是全书的最后一章，我们讲减脂。光增肌不减脂，身材还是不好看，顶多从所谓"虚胖"变成"肥壮"。而且，增肌者减脂，跟普通人减脂不一样，要求更精细、更复杂，比如减脂的时候不能把辛辛苦苦练出来的肌肉也减掉了。该怎么做，书里都会详细介绍。

增肌要有点开放思维

我先给大家讲个小案例。

我有个朋友增肌训练几年了，但是效果一直不好。为什么？他老纠结到底怎么练才是唯一正确的方法。在这个过程中，他到处找人学习，整天上网刷视频，他发现一个人一个说法，一个冠军一个说法。他这种方法也用，那种方法也试，老在摸索所谓"最好、最正确的"方法，最后把自己练乱了，花费了大量时间，什么也没练成。

我们学健身知识，要学的绝不仅仅是具体的知识，更重要的是学一种科学的思维方法。比如有人问我，从书上看到离心收缩带来肌肉酸痛，肌肉酸痛带来肌肉增大，那向心收缩有什么用呢？其实这个问题本身就有问题。

离心收缩会带来明显的肌肉酸痛，并不代表向心收缩就不会带来肌肉酸痛。同样，我们说，肌肉酸痛很可能与肌肉增大关系密切，但并不是说肌肉酸痛就是肌肉增大的唯一原因。

也就是说，增肌的知识体系是开放的。在这个领域，很少有非黑即白、非对即错的知识。

为什么呢？因为真正的科学，本身就不可能非黑即白、非对即错，增肌也是一样。伪科学把增肌说得很简单：泵感＝增肌，酸痛＝增肌，这么练就一定能长肌肉，那么练就绝对白练。其实这都是不具备科学精神的思维方法。

所以对于增肌，我们首先应该学会用开放的思维去看待，接受开放性的、不确定性的知识。如果非要找一个100%正确的答案，那么你的增肌之路就容易变得很迷茫。

现在关于人体和运动的很多东西，学术界也说不清。遇到实际的问题，很多时候没有什么唯一的、最好的答案。

那么增肌问题怎么解决呢？我们都是用一种可能有最大收益的方法去试。

比如，应该使用多大负重的问题。各种说法五花八门，但是它们有一个共同的特点，就是告诉你一个所谓唯一正确的答案，只有这么做才是绝对正确的，别的方法都不对。

比如，有的说增肌就应该用轻重量，大重量不对；有的说增肌就应该用8~12RM的重量，有的说应该用5~6RM的重量……无论哪种说法都斩钉截铁地声称只有自己正确，其他都是胡说。

而事实上，这些言之凿凿的结论背后没有一个能拿得出手的科学证据，他们的答案都是"封闭性"的，这绝不是科学的态度。

很多人不喜欢不确定的答案，但是这就是科学。因为它尽可能地做到了严谨、客观，虽然没有明确的答案，但是给出的建议却是最有用、最适合大多数人的。

世界冠军能成为世界冠军，靠的就是无数这种不确定的、开放性的可能。恰恰是这种开放性，不认定一种观点绝对正确或者绝对不正确，只告诉你什么样的方法可能是好的，才给你留下了最大的空间，接纳科学的逐渐进步，接纳各种可能更好的选择。

科学的方法决定你能不能变成"肌肉男",天赋决定你变成什么等级的"肌肉男"

增肌还有很重要的一点是要看天赋。通过合理的增肌训练和饮食,每个健康男人都能变成大众眼中的"肌肉男",这是毫无疑问的。但最后能练到什么程度,是练成一个百里挑一的"肌肉男",还是练成一个万里挑一的"肌肉男神",天赋起决定作用。

换句话说,变成"肌肉男"很简单,只要方法对头,每个健康男人都能做到;但是变成健美冠军、肌肉明星,则很大程度上要看天赋,这不是人人都能做到的。

在增肌训练领域,很少有人关注不同人之间的个体差异。实际上,每个人的身体条件都不一样,甚至差异很大。

高矮胖瘦这些外在的差异是人们容易发现的。而在身体里面,每个人的生理生化特征也存在着巨大的差别,反映到体育运动能力上,通俗地讲,就是有天赋和没天赋的差别。

具体到增肌,很多人觉得,这个人练得好,那一定是训练方法正确,或者营养补充得好;那个人练不好,肯定是不会练。其实并不完全是这样。

同样的训练方法,同样的营养方案,不同的个体练出来的效果是不一样的,甚至差异很大,尤其在中、高阶训练者身上表现得更明显。

这就是有关增肌训练的很多学术问题到现在仍然有争议的一个

重要原因。因为存在个体差异，导致有时候实验很难做。大规模采集样本不现实，成本高、难度大；而样本采集少了，因为存在个体差异，实验往往又做不出什么结果来。

比如找十几个人做同样的训练，即便实验控制得不错，但最后训练结果往往还是什么样的都有。

尤其在高阶训练者中，肌肉练得好坏，与个人天赋关系非常大。我举个例子，肌肉块儿是由一根根肌纤维组成的，肌纤维数量越多，增肌的潜力越大，越容易练成"大块头"。

但每个人先天的肌纤维数量都不一样。虽然关于成年人肌纤维数量能否增加目前还有一些争议，但主流观点仍然认为肌纤维的数量在成年后不能显著增加。也就是说，训练只能让肌纤维变粗，不能让肌纤维的数量增加。于是先天的肌纤维数量，就成为决定一个人肌肉增大潜力的重要因素。

有一项实验测试了一群从未进行过力量训练的普通人和一群训练至少6年的健美运动员的肱二头肌肌纤维的数量。实验发现，首先，从肱二头肌肌纤维的平均数量上看，有6年训练经验的健美运动员与普通人没有显著差异。也就是说，肌纤维的数量恐怕很难通过训练增加。

其次，不管是普通人，还是健美运动员，肱二头肌肌纤维数量的个体差异很大。在这项实验中，肱二头肌肌纤维从17.2万根到41.9万根不等。

也就是说，肌纤维最多的人肌纤维数量是最少的人的2.5倍左右。理论上说，肌纤维最多的人肌肉增大的潜力也是肌纤维最少的人的2.5倍。

通过这个实验还观察到，肌纤维数量较多的被测试者，肌肉量也较大。这就说明肌纤维的数量确实是影响肌肉增大空间的一个重要因素。

而且，这还只是肌纤维数量一方面的差异。肌纤维的类型特点（简单地说就是快肌慢肌的比例）、激素的差异、激素受体的差异、营养代谢的差异，甚至结缔组织的差异，等等，都会影响增肌的效果。

人体非常复杂，并不是大家想象得那么简单。所以，有些人练得好，不一定就是方法绝对正确，可能只是因为有天赋。反过来说，练得不那么好的人，并不代表所用的方法绝对错误，很可能也是天赋的问题。

在实际训练当中，真的是有的人稍微一练就有肌肉，有的人训练几年，效果也无法达到巅峰。排除训练方法、营养方案等方面的不同，个体差异可能是其中很重要的影响因素。

所以，我们不要太迷信一些增肌训练练得好的人，或者健美明星的经验。适合别人的方法，不一定适合自己，不能生搬硬套往自己身上用。

而且，个人经验很多时候也是有问题的。

我们在健身房经常能看到一些人大谈特谈他们的训练方法，你要是问他们有什么依据吗，答案很可能就是"个人经验"。科学研究是不承认个人经验的，个人经验在科学研究领域叫"见证叙述"，根本不能作为证据来使用。

比如，有的人用一种方法训练效果很好，但是究其原因可能是多方面的。

可能他是新手，即使用不那么重的重量训练，力量和肌肉量增长的效果也会比较明显。但这不能说明这个重量就是好的，只能说明他的训练年限短，属于刚好适合这个重量的人群。要是换成训练过一年的人，这个重量可能就没用了。

还有一种可能，是他这段时间采用了更合理的饮食，提高了训练效果，而不是训练方法的原因。

当然可能还有其他复杂的原因。

所以，个人经验可以作为一种参考，但是不能拿来当证据。因为个人是没有能力对一个复杂的科学问题正确归因的。

科学研究使用一整套成熟的科学方法，尽可能把一个个要验证的因素独立出来，讨论它们对最终增肌效果的影响。

同时，科学研究会尽可能找到足够多的实验样本。越多人参与，越能说明问题。

但要注意，整体上看，科学研究是目前最可信的方法论，但是它仍然有局限性。

所以，网络上有些人用一两个实验结果来支持很极端、很夸张的观点，这种情况往往有问题。

不是所有研究得出的结论都是真理。尤其对于新的、颠覆性的观点，一两个实验根本说明不了问题，证据还要足够多才有信服力。

另外，科学研究也分三六九等，有些实验设计得足够好，那实验结果就更有说服力；有的实验本身设计得不好，操作水平也很低，自然不具备太多的参考价值。

那什么才是最可信的呢？对大量的设计良好的科学实验所得出的结果去做综合分析，用足够的时间沉淀、验证这些科学证据，在主流学术界达成共识，这样的观点才是最可信的。

这本书，就是要给大家呈现这样的观点。

你身上的肌肉是理论堆起来的

增肌不是个体力活儿，而是个脑力活儿。

想练好肌肉，第一件事就是要掌握基本的理论。大家看到这句话别害怕，我们这本书不会讲太多理论。我只会用大白话讨论一些必要的基础知识。

有的人可能想，要增肌我学会怎么练就行了，为什么还要学理论呢？更有甚者，还看不起理论，觉得理论都是空洞的。实际上，如果你这样想，你可能一辈子也入不了增肌的大门。

为什么这么说呢？原因很多。理论知识的好处其实非常多，只不过很多人还没有意识到。

篇幅所限，这个话题不能展开，我在这里只说一个原因。如果你光知道怎么做才能增肌，却不知道为什么这么做，那么一旦遇到情况有变化的时候，你就不知道该怎么办了。哪怕情况只是稍微有一点变化，对你来说，也好像面临着一个全新的问题。

我给大家讲个真实的案例。我认识一个人练了3年多，增肌效果一直不好。他就很不喜欢学理论，他经常向我咨询增肌问题，但是每次都希望我只告诉他该怎么做，而不关心背后的原理。

有一次他想参加一个学校举行的小型比赛，但苦于体脂率比较高，要先减脂。在减脂这件事上，他遇到了很多困难，比如单单一个怎么吃肌酸，就让他特别头疼。

他知道补充肌酸对训练特别有帮助，又听说肌酸要和糖一起吃才有效，所以他吃肌酸的时候都配合喝糖水，喝的还不少。

现在要求减脂了，不能喝糖水了，怎么办？

他上网搜，到处问，费了很大力气，也没找到办法。然后他跑来问我。我说肌酸可以不用和糖一起吃，只要和每天量最大的那顿主食一起吃就行。但是要先吃主食，然后补充肌酸，等大概1个小时后，再吃肉吃菜。

对于普通人来说，这挺烦琐的。但是对于减脂备赛的人来说就很简单，因为他们每天吃的东西都很简单，不太在意口味，只是把一天的食物当成营养补充剂按量来吃可以了。

我想跟他简单讲讲原理，他说不用。他平时主食吃米饭，所以按照我的建议，他搭配着米饭吃肌酸。

但是过了没两天，他又来问我，说这几天出门，没地方吃米饭，怎么办？

我很无奈，问他那你吃什么主食？他说可以吃馒头，我说馒头也行。上午刚问完，下午他又来问我，说馒头也没有，白面包行不行？我说也行。然后我问他，如果你联系不到我，又没地方咨询这些问题，你怎么办?

他琢磨了一会儿说，那估计这次比赛就没戏了，后果挺严重。我说，我花3分钟时间给你讲讲为什么这样安排，你听听，然后琢磨琢磨。他说好吧。

为什么建议肌酸和糖一起吃，因为胰岛素。吃糖，刺激胰岛素大量分泌，胰岛素有促进能量物质进入肌肉细胞的作用，会把肌酸"带"进肌肉里面去。所以，搭配糖，肌酸进入肌肉的效果就有保证了。

糖能刺激胰岛素分泌，米饭也一样，米饭刺激胰岛素分泌的能力一点也不比糖差。所以，每天肌酸配合一大碗米饭一起吃也行。

为什么要先吃米饭再吃肉吃菜这样分开吃? 因为菜、肉、油脂和米饭混在一起吃进肚子里，它们就是混合食物而不仅仅是米饭了，这样对胰岛素分泌的刺激效果就没那么好了。

为什么建议糖尿病人吃主食的时候要搭配摄入一些蛋白质，或者一些脂肪，就是这个原因。

所以，了解了肌酸和糖一起吃的原因，我们就能知道，我们要的并不是糖，其实是胰岛素。所以，只要是能刺激胰岛素大量分泌、升血糖能力强的食物，搭配肌酸一起吃都管用。米饭可以，馒头也可以，白面包更没问题。

用不了几分钟，学懂了理论，他现在再一琢磨自己刚才的问题，多简单啊。根本不用上网搜，也不用一次一次咨询别人。

这就是掌握基本理论的好处。

很多人可能大致知道怎么练、怎么吃，但是因为不懂最基本的理论，所以情况一有点变化，就手足无措了，结果很可能就是被一个简单的问题毁了全盘的增肌训练。

知其然且知其所以然，你才是真正看透了增肌，这时候，复杂的增肌对你来说就简单了。

所以，想练好肌肉，基本理论必须要懂，不懂理论就行动，一定会走弯路。

CHAPTER 02
第二章

肌肉到底怎么练

新手友好，兼顾老手。这一章的前面几节是一些最基础的内容，写给完全零基础的增肌者。有训练经验的读者，可以直接跳到训练要素的内容。

增肌一定要去健身房吗

很多人觉得，增肌一定要去健身房，不去健身房就没法儿增肌。其实这种想法是不对的。

实际上，增肌，去健身房效果当然更好，但不见得不去健身房就没办法增肌。

去健身房效果更好的原因也很简单，就是健身房的器械更全。例如，有些训练动作，我们不去健身房，不依赖健身房的器械，就没办法做；有些部位的肌肉，不去健身房，就只能用有限的动作去训练。

举例来说，背部肌肉，如果不去健身房，在家不依赖任何器械，很难有动作能直接训练它（如果非要找也能找到一些动作，但是很勉强）。练胸肌我们好歹还能做俯卧撑，但是练背部肌肉，一定要依赖器械。

如果家里有个单杠，我们可以做引体向上，但是如果仅仅依赖单杠，那么基本上也只能做做引体向上了（最多就是动作上稍微有点变形），可选择的动作很少。

因为可选择的动作很少，所以对背部肌肉的训练效果也就比较差。想要练得好，一个部位的肌肉需要用多种动作来训练。

去健身房就不一样了，可选的器械很多，通过各种各样练背的动作，可以对背部肌肉进行全面的刺激，这样训练效果就要好得多。

如果你还有一副哑铃，那么在家训练是不是就跟在健身房一样了呢？哑铃属于自由重量训练器械，有一副哑铃，可训练的动作就多很多了，基本上全身的部位都可以训练到。

但是有些地方的肌肉单靠哑铃训练仍然很吃力，因为哑铃不能改变阻力的方向，哑铃的阻力方向永远只能向下。而我们利用健身房中复杂的固定器械，依靠滑轮和绳索，可以改变阻力的方向，这样就给我们设计训练动作提供了更多选择。

去健身房训练肌肉效果更好的另外一个原因，就是负重的问题。比如，如果用引体向上来训练背部肌肉，我们利用的是自身的体重，这就带来一个问题：这个负重的重量是不可以调节的。

说到负重，这是增肌最基本、最核心的原则。大家都知道，我们想要肌肉变大，就需要去训练它。可能有些人还模模糊糊地知道需要借助重东西来训练肌肉，比如哑铃、杠铃。

这就是说，想让肌肉变大，就需要给它施加压力，让它去应对比日常生活中遇到的更重的东西。我们平时端起一杯水来喝，不会让肌肉变大，因为我们的肌肉早就适应了一杯水的重量。

但是假如我们把一杯水换成一个10公斤重的哑铃，那么练哑铃一段时间后，肌肉就会变大。因为这时候肌肉很吃力，它需要变大来提供更大的力量以应对这个挑战。这就是负重和增肌的关系。

增肌的时候需要负重，有了负重，肌肉会变大，力量会增强。慢慢地，肌肉就适应了这个重量，不会再变大了。这时候，我们想让肌肉再增大，就需要增加负重，让肌肉面临更大的挑战。

但是，对于利用体重作为负重的引体向上，想增加负重不是很方便的事，这就比不上拥有能提供不同重量的训练器械的健身房了。所以，如果不用一些特殊的方法（比如用负重带、往身上挂重物等），那么单靠引体向上这种自重训练，很难把肌肉练得特别大、特别漂亮。

所以，总的来说，要想把肌肉练得很漂亮，有足够的肌肉量，还是应该去健身房的。健身房有其不可替代的优势。

经验老到的增肌者，在家准备一副足够重的哑铃、一个杠铃和足够重的杠铃片，以及哑铃凳、深蹲架等这些基本的设备，倒是也能勉强满足大部分的训练要求。但是，这并不适合新手，因为动作的设计需要足够的经验，且能灵活地掌握运动解剖原理，这不是一般新手能做到的。

另外，在家训练的危险性也要高得多。毕竟自由重量器械没有固定器械安全。而且，这些器械放在家里占很大的空间，使用起来也不方便。

利用小区活动区的单杠和双杠，配合一些负重，倒是也能做一些力量训练，但仍然只是"凑合"练而已，很难练出特别好的肌肉，甚至不容易练出明显的肌肉。

所以，如果想要获得不错的增肌效果，把肌肉尽可能练好，那么还是应该去健身房，尤其是在增肌的新手阶段。

健身房里都有哪些训练器械

接下来我们讲一下增肌训练需要哪些训练器械。最主要的增肌训练器械分为三大类：一类是固定器械，一类是自由重量器械，还有一类是小型训练器械。

简单来讲，固定器械指放在那儿固定不动的训练器械，对于普通人来说，就是那种"大型健身器"。

按照负重方式不同，固定器械又分成两类，一类是通常的固定器械，另一类是液压器械。前者最常见，负重有的是一层层的铁排，有的是杠铃片；后者则用一个液压桶作为负重，现在比较少见。

有人觉得，固定器械之所以叫固定器械，是因为它很大，有固定地方放置，不容易搬动，其实这种理解不对。固定器械的"固定"二字，更好的理解是器械的使用方法是固定的。使用固定器械的时候，能够活动的范围和轨迹基本都是固定的。比如坐姿卧推器，把手只能往前推，目的是让你训练坐姿推胸这一个动作。

哑铃、杠铃可就不一样了，怎么使用、怎么活动都行，所以叫"自由器械"。

什么叫自由重量器械？很好理解，就是指哑铃、杠铃，也包括壶铃、负重包、负重桶之类的东西。总之，自由重量器械的一个要素就是自由，不但可以拿着走，在这儿练行，在那儿练也行，更关键的是活动轨迹很自由。

第三类就是其他的小型训练器械，比如臂力棒、弹力带、握力器等。总之，小型训练器械都是用弹簧或者弹力橡胶带等的弹力作为负重的训练器械。

不同的训练器械有不同的优点和缺点。固定器械有哪些优点呢？

固定器械的一个很重要的好处就是安全性高。为什么高？高就高在"固定"两个字上。

固定器械的运动轨迹是固定的，它规范了我们的训练动作。在大多数固定器械上，想乱做动作也做不到，它限制了重物往其他方向"乱跑"。

当我们做杠铃卧推的时候，不但要推起杠铃，还要防止杠铃向左右歪、往前后跑，因此就需要很多肌肉参与进来，稳定住杠铃，稳定住动作。

一旦某个部位的肌肉力量不足，可能就控制不住杠铃。杠铃一歪，就会出安全问题。

固定器械的第二个好处，就是它的阻力线可以改变。什么是阻力线？我们练肌肉，就是要对抗一个重量，比如举哑铃，就是对抗哑铃的重量。

我们都知道，重力的方向是竖直向下的。哑铃想要往下掉，我们就把它往上举，这样肌肉就得到了训练。

哑铃这个竖直向下的重力线，我们可以理解成阻力线，这就是我们要对抗的阻力。但是哑铃、杠铃这类器械，它们的阻力线有个特点，即永远是竖直向下的，这是由地球引力决定的。所以我们在对抗这个阻力的时候，也只能往上举，最多是往斜上方举，否则就是无效的。

而固定器械使用滑轮、绳索、杠杆之类的机械设计，改变了阻力的方向，所以我们不但可以往上用力练各种举的动作，还可以往下用力练拉的动作，或者横着用力练夹的动作。

很多肌肉部位的训练，比如上臂肱三头肌的训练，需要依赖固定器械，无论训练新手还是经验丰富的训练老手，谁也离不开固定器械，因为只有固定器械才能做往下压的动作，杠铃、哑铃都做不了。

固定器械的其他好处还包括：阻力比较持续、阻力可变。这些问题比较枯燥，咱们就不展开讲了。

总之，固定器械有不少自由重量器械无法替代的好处，尤其是它的安全性，这对新手来说特别重要。

不过，固定器械的缺点也不少，主要有下面两点。

训练动作的离心运动阶段可能会损失阻力。什么叫离心运动呢？刚才我们提到过，后面还会专门讲。这个地方大家先记住结论就可以了。

一个训练动作的离心运动阶段，对增肌很重要，但是固定器械，因为有滑轮、导轨、绳索的摩擦阻力，所以重物往下放的时候，我们会感觉轻松一些，因为它提供的阻力小了，尤其是润滑不好的固定器械，这个问题很明显。

而自由重量器械不存在这个问题，哑铃、杠铃都是"悬空"使用的，上去多重，下来一般也多重。

固定器械里面还有一类是液压器械。液压器械是通过液压力来提供阻力的。因为这类器械完全不能在动作的离心部分提供阻力，所以拿液压器械来增肌效果要差得多。

运动轨迹太稳定，对目标肌肉的训练效果还可以，但对其他肌群的附带训练效果就差一点了。

刚才说了，杠铃、哑铃会"乱跑"，你要想稳定动作，就需要很多肌肉一起使劲，这样就不太适合新手，因为很多新手的小肌群力量小。但是反过来说也有好处，那就是不但训练了目标肌群，还附带训练了其他一些小肌群。

固定器械有优势也有劣势，所以有些人说"想练肌肉必须用哑铃、杠铃，固定器械没用"，这未免偏激。我们使用固定器械的时候，尽可能地利用其优势、回避其劣势就可以了。固定器械永远是增肌训练中不可缺少的一类训练器械。

我们再说说自由重量器械的缺点。其实自由重量器械的缺点就是固定器械的优点。

- 安全性差，尤其是对于新手来说。
- 阻力线方向只能垂直向下，有些动作做不了。自由重量器械，不管是哑铃、杠铃还是别的，都是我们直接去接触重物，重物的重力线永远是竖直向下的，所以有些训练动作，我们利用自由重量器械是做不了的。
- 阻力几乎不可以改变，有些动作阻力不能持续。

自由重量器械的优点呢？其实反过来说，也是固定器械的缺点。

因为稳定性差，所以有更好的附带训练效果。

自由重量器械不像固定器械，它没有什么稳定性，要想稳定动作就要靠我们的肌肉协调产生的力，这样就对不同肌群的整体训练效果比较好。比如训练某个部位的肌肉，可能顺便就增强了其他肌肉的力量。

要提高整体力量的人，像举重运动员，一般都更偏重使用自由重量器械，因为它对肌肉协调发力完成动作的训练效果会更好。

离心运动阶段的阻力基本不损失。这个我们在讲固定器械的时候已经讲过了。

最后说一下用弹簧、弹力带作为阻力的小型训练器械。使用这类器械来增肌，有效果，但是效果会比较差，所以不推荐将它们作为主要的训练器械来使用。

总的来说，对于新手，建议以使用固定器械训练为主。好处一个是安全；另一个是在我们还不是很熟悉动作怎么做的时候，固定器械能起到纠正动作的作用，因为只要按照它的运动轨迹去做一般都是对的。

对于有一定训练经验的人来说，可以逐步提高自由重量器械的使用比例，这样做的好处是有助于全面提高力量，获得比较均衡的增肌效果。另外，在离心运动阶段的动作训练也能获得更好的保证。

再次强调，固定器械、自由重量器械没有绝对的优劣之分。合理地使用，发挥这两类训练器械的最大优势，才是最聪明的做法。

如何使用健身房里的训练器械

怎么使用训练器械，具体来说其实是一个训练动作的问题。这里我们分别说一下固定器械和自由重量器械这两类训练器械应该如何使用。

我们先说自由重量器械。

自由重量器械主要是指哑铃、杠铃，它们使用起来很简单，因为这类器械只能从下往上提、举、抬。

所以使用这类器械的时候，根据训练部位的不同要求，摆好身体的姿势是很重要的。哑铃、杠铃的走向可以是直上直下，也可以是斜上斜下。不管是哪种，一个动作的训练方法，基本都是一样的。

而固定器械的使用就比较复杂了，因为不同的品牌有不同的机械设计，所以训练同一个动作的器械，样子看起来可能差别很大。

对于新手来说，一看到固定器械就容易犯迷糊，不知所措。书里教训练动作，只能教动作而已，不可能把所有设计不同的固定器械都给大家讲一遍，这不现实。

所以，我们的方法还是要通过动作来认识器械。

也就是说，针对同一个训练动作，可以设计出很多种样子不一样的训练器械，但不变的是这个动作本身的运动轨迹。所以，我们只要学会了动作，就可以适应不同的训练器械。

比如坐姿划船这个动作，针对它的训练器械五花八门，新手容易迷糊。那我们不看器械就看动作。

坐姿划船的基本动作轨迹就是，坐着，胳膊伸到前面去，抓住把手往后拉，大概就是一个用双桨划船的动作，所以叫"划船"。不管训练器械怎么设计，它都是让你去做这个动作的。

所以，只要把握了动作的基本运动轨迹，就算遇到各种不同的训练器械，试一试，我们很快就能明白它怎么使用了。

怎么试呢？我们把握住固定器械的两个重要位置。一个是座椅，固定器械大多数是坐着用的（当然也有站着用的器械），所以我们先找到坐的地方，坐下再说。

坐好后，我们找第二个重要位置，就是把手，或者踏板。把手是手抓的地方，踏板是脚踏的地方。我们练肌肉，训练动作很多，但绝大多数动作，是通过胳膊或者腿的活动来完成的。

找到了手抓和脚踏的地方之后，我们把器械的重量调节到最低，用手推拉或者用脚蹬踏，固定器械就会按照设计好的轨迹活动，这时我们识别一下是哪个动作，就知道这个器械是练什么部位的，以及怎么用了。

当然，这是通常的方法，适合大部分固定器械。对于个别器械，大家在使用的时候，配合器械上的图示，必要时再请教一下健身房熟悉器械的教练就可以了。

另外，我们平时可以多看一些网上的训练视频，多熟悉各种不同设计风格的训练器械。

如何选择适合你的健身房

很多人不了解如何选择健身房，我这里简单说一下。

首先看品牌，看价格。选择大品牌的、服务好的、价格适合自己的连锁健身房，这自不待言。

其次，如果你是训练新手，那么最好选择一个固定器械很全的健身房。同时，找几个固定器械试试看，看器械保养维护得怎么样。

第三，如果你还有减脂的需要，那么要看看有氧训练器械多不多，是不是适合你。比如，如果你膝盖不好，跑步机就不太适合你，对你来说，这个健身房有足够多的椭圆机和固定自行车更重要。

看器械的数量，主要是考虑在健身高峰期有没有足够器械的问题。不过，如果你是上午或者下午去健身房训练的话，一般也不存在抢器械的问题了。

最后，如果在健身房洗澡的话，还需看看浴室设备怎么样。再跟教练聊聊天，看看教练的素质如何。

如果在家训练，你需要准备些什么

有的人可能没机会去健身房，只能在家训练。我前面讲了，如果准备到位的话，在家训练也能获得不错的训练效果。但是相对来说，在家训练需要更丰富的训练经验，还需要一些器械和场地投入。

如果选择在家训练，大多数人可能没有足够大的场地放置大型的固定器械，那么只能用哑铃、杠铃，甚至对于大多数家庭来说杠铃可能都有点大了。所以，在家训练，最基本、最实用的器械就是哑铃。

怎么购买哑铃呢？除了产品质量本身，还要考虑到以下两点。

买固定重量的哑铃，还是买可拆卸重量的哑铃？

固定重量的哑铃，就是中间一根铁杆两边有两个拿不下来的"铁疙瘩"，重量不能变。可以拆卸重量的哑铃，重量是可以调的，一般两边是能拧的螺环，配有很多大小不同的哑铃片。

这两种哑铃相比，毫无疑问，可以拆卸重量的哑铃更好。

因为我们要做增肌训练，用一副哑铃练全身不同部位的肌肉。不同的部位，不同的训练动作，需要的重量都是不一样的，固定重量的哑铃显然不能满足这个要求。

比如我们练肩，做推举动作，重量可以比较大；但是做平举动作，能使用的重量就小得多。所以固定重量的哑铃满足了一部分动作，就不能满足其他动作。

另外一个原因是，在增肌训练过程中，人的力量会不断提高，这样就需要不断提高负重的重量。一个动作，一开始用5公斤的重量练很吃力，练了一两个月后可能就能用10公斤的重量练了，这时候就需要换成10公斤的哑铃，如果再用5公斤的来练，就没用了。

所以，买一副可拆卸重量的哑铃是必要的。

买多大重量？

如果买一副一共重10公斤的哑铃，那么对于大多数男性来说，很快重量就不够用了，甚至可能一开始做某些动作时重量就不够用。所以，要考虑到以后力量增长的需要，一开始就买够重量很有必要。

一般来说，对于男性，买一副，即两只一共30公斤重的哑铃，就足够用一阵子了。有人觉得，30公斤两只，那么一只哑铃最大的重量就是15公斤呗，够用吗？其实也不是这样的。

30公斤一副的哑铃，如果平均来安装哑铃片，那么一只是15公斤。我们也可以把哑铃片都往一个哑铃上装，这样就可以装出一只很重的哑铃来，这时做很多动作就足够用了，因为很多训练动作其实是单手动作。

当然，如果是双手动作，那就没办法了。不过有不少动作都可以双手变单手，这方面你可以灵活掌握。

对于大肌群，比如腿、胸这些部位，大家就不要想着在家里准备足够重的哑铃来练了，因为这些部位的肌肉，训练到一定年限之后，需要的哑铃会非常重，自己准备不现实。所以，在家训练，我在一开始就说了，效果有限，只能满足一般的训练要求。

一副哑铃准备好之后，还需要一个哑铃凳。

哑铃凳就是一个窄长的凳子，可以把凳子的一边调高，变成一个高背的椅子。买哑铃凳的时候，要考虑够不够结实，另外还要看调节能力如何、调节范围够不够大。

有了一副足够重量的哑铃、一个可调的哑铃凳，在家里，基本部位的肌肉就都可以练到了，足以满足一般的训练要求。

本书后面会介绍很多用哑铃凳和一副哑铃就能完成的训练动作，帮助你在家也能实现基本的训练目标。

训练前需要准备哪些个人装备

对于新手来说，训练前做好准备，一来能保证训练质量，二来可以确保训练安全。

其实，从增肌的角度来说，在个人装备方面没有什么门槛。我们学滑雪、学高尔夫，都需要专门的装备，但是增肌训练不需要太多、太复杂的装备。甚至说，零装备也能很好地完成增肌训练。

增肌训练最基础的装备就是一副手套。手套有两个作用，一是可以保护手，否则训练一段时间，手心会磨出茧子，变得很粗糙。第二个也是更重要的作用，手套能在训练时保证对器械抓握的牢固度。

空手抓握器械，尤其是比较重的器械，手掌的摩擦力一般是不够的。如果在训练中抓不牢，器械滑脱，会非常危险。

增肌训练的手套并没有什么特别的要求。透气、结实、舒适是最重要的。尤其是结实，增肌训练需要跟沉重的"铁家伙"打交道，手套一定要足够耐磨，缝线处一定要足够牢固。

一副好的训练手套至关重要。

有的人在增肌训练时喜欢戴护膝、护肘，其实这对关节健康的人来说没必要。如果护膝、护肘选择得不合适，甚至可能起到负面的作用。

至于举重腰带，对于新手或者不使用很大重量做下肢训练的人来说，也不是必需的。

在着装方面，有的人喜欢赤裸上身训练，其实这样不仅对健身房里的其他人不礼貌，也不利于训练的安全。因为有些训练动作，需要我们把杠铃的横杆扛在肩上，或者倚靠身体的某个部位。这时，如果穿着衣服，就能够给杠铃横杆足够的摩擦力，保证其稳定；如果不穿上衣，杠铃就很容易滑落，造成训练事故。

鞋子方面，一般来说，牢固、抓地好的运动鞋就可以了，当然选择更坚固、更稳定的举重训练鞋更好。有些专门的训练鞋在脚趾的地方做了加硬处理，这样即使在训练当中杠铃或者哑铃突然掉落，砸到脚上，也不会造成太严重的伤害。

此外，还应该准备一个水杯，尤其是在夏天，训练当中补水很重要。因为增肌训练后需要马上补充营养，所以还需要一个装蛋白粉等训练后补充剂的小瓶子。关于训练后怎么补充营养，我会在后面的部分详细介绍。

一次完整的增肌训练课是什么样的

很多新手对增肌训练没什么概念，只大概知道，增肌训练就是在健身房里叮叮当当举铁，或者认为增肌训练就是练俯卧撑、做仰卧起坐。实际上增肌训练比这些都要复杂得多。

第二章我们就来讲一下肌肉到底怎么练。

这一节先给新手们宏观地展示一下，一次完整的增肌训练课到底是什么样的。

我们设置一个人物，比如Tony。他曾经有过系统增肌训练的经历，所以已经熟悉增肌训练的方法了，而且以前练得不错。Tony中间有5年多因为工作太忙没训练。这一天，他去健身房，打算恢复训练。

为什么设定这样一个人物呢？因为：第一，Tony会练；第二，Tony有5年没训练，其实就相当于一个新手了，身体对训练的适应要从头开始。对于新手来说，这样的人物设定最有参照价值。

Tony去健身房训练，按照他的计划，今天练肩。我们来看看Tony这节训练课从头到尾是怎么样的。

Tony来到健身房，把训练服装换好，开始准备今天的训练。他先在跑步机上用中速跑了5分钟，又活动了一下身体各个关节，重点活动了肩关节，这是热身。

今天练肩，Tony选择了3个动作，分别是：哑铃推举、哑铃侧平举、反蝴蝶机。这3个动作分别偏重训练肩部三角肌的3个部分。当然，大家现在不了解这几个动作没有关系，后面我们都要详细讲。

这三个动作哪个先练哪个后练，肯定要有个顺序。Tony这节课先练哑铃推举，然后练哑铃侧平举，最后是反蝴蝶机。这么安排顺序，是有一定道理的。

推举是复合动作，一般在训练时放在前面。至于哑铃侧平举和反蝴蝶机，哪个前哪个后倒是无所谓，可以看自己的习惯。

如果同一节课还要训练身体的其他部位，那么要考虑的事情就更复杂一些。比如这节课还要练上臂的肱三头肌，那么练肩部后束的反蝴蝶机动作，就一定要放到肱三头肌训练之前。

这是为什么呢？因为反蝴蝶机虽然是训练肩部肌肉的，但是会同时用到肱三头肌。如果先练肱三头肌，再做训练肩部的反蝴蝶机动作，就会因为肱三头肌肌肉疲劳，影响做反蝴蝶机的训练效果。

你可能觉得晕，什么是"复合动作"，什么是"肱三头肌"，动作的顺序竟然还有这么复杂的讲究。现在搞不懂这件事没关系，我们在讲制订训练计划的时候都会讲到。

好了，我们继续说Tony。Tony选好了动作，确定了动作的顺序以后，就要开始正式训练了。

第一个动作是哑铃推举。摆好哑铃凳，Tony先选择了7.5公斤一只的哑铃，做了大概20次哑铃推举动作。这属于热身组。

安排热身组的目的是预热肌肉，避免急性损伤。对于新手来说，这很重要。

热身组之后，Tony需要确认一件事情。他先到放哑铃的地方，拿起2只各12.5公斤的哑铃掂量了一下，然后开始做哑铃推举动作。他一个接一个地做，一共重复了16次，Tony感觉还有点劲儿，能再做几个，但是他停了下来，放下了12.5公斤的哑铃。

休息三四分钟后，Tony拿起一对各15公斤的哑铃，继续做哑铃推举动作。这次，他仍然是一个接一个地做，做到第11个时他没劲儿了。于是，Tony把15公斤作为自己这段时间哑铃推举正式训练的重量。

12.5公斤的哑铃他完成了16个还有力气，说明这个重量有点轻了；15公斤，完成11次就感觉没劲儿了，Tony知道，这个重量刚好。这段时间，他基本就用15公斤一只的哑铃来做哑铃推举这个动作了。

为什么15公斤的哑铃推举，完成了11次重复就没力气了，15公斤就是合适的重量呢？我们一会儿会讲。先继续往下看Tony是怎么做的。

刚才Tony做的事都是在确定自己做哑铃推举这个训练动作时需要用多大重量。现在重量确定了，休息了5分钟，他开始正式组，即正式训练。

正式训练的第1组，Tony用2只15公斤的哑铃做了11次重复，之后休息了1分多钟；接着开始做第2组，同样也是重复11次，又休息了1分多钟；他开始做第3组，还是11次重复，再休息1分多钟；做第4组，重复了9次，没力气了。

现在，Tony做完了哑铃推举动作。从热身组开始，如果不算用12.5公斤的哑铃"试重量"的那一组，Tony大概需要10分钟完成这个推举动作，中间还有不少休息时间。

到目前为止，我们有了以下发现。

- 增肌训练是一组一组地做的，每组中间都要休息一会儿。
- 每组中间休息的时间都是固定的，基本是1分多钟。
- 一个动作一共只做4组就完成了，看上去不需要做很多。

接下来，Tony开始练第二个动作，即哑铃侧平举。流程一样，先做热身组，然后确定自己用多大重量合适。定好重量后正式做3~4组，这个动作的练肩训练就完成了。然后做第三个动作，也是一样的流程。

肩部肌肉练下来，不算前面的跑步，一共也就半个多小时，中间有大量的时间在休息，整体训练下来，一点也不累。

对于新手来说，肩部的肌肉，每周这样训练多少次就够了呢？1~2次。

也就是说，就肩部来说，每周最少练半个小时，最多也就1个小时左右（每周练2次）。剩下的时间干什么？舒舒服服等着长肌肉。

当然，我们还有其他身体部位要训练，加起来时间就多了，但是也不会很多，不会占用每天太多时间的。

———————————— 划重点 ————————————

增肌训练总体来说是这样的：一个肌肉部位选择几个动作，每个动作选择合适重量的器械，一组一组地做，每组之间休息一定的时间，一共完成若干组。

增肌，要把复杂变简单

不了解增肌训练的人可能不信，增肌就这么简单吗？其实单从训练上来说，对于新手，真的就这么简单。不过要注意，这只是对于新手来说，而对于有一定训练经验的人来说增肌要复杂一些，当然也不会太复杂，不会辛苦到像其他很多体育项目那样的程度。

话说回来，会者不难难者不会，我们看会训练的人，训练很简单。如果不会训练，那可能练了半年或一年，还是不怎么长肌肉。

在我们刚才举的 Tony 的例子中，看似简单平淡的训练，其实暗含了很多我们注意不到的细节要素，如果做不到位，训练效果就会大打折扣。

另外，不训练的时候想舒舒服服长肌肉，前提还是要会吃。而且，训练前后怎么补充也很重要。在 Tony 的例子中，我们还没讲到他训练时怎么吃。如果吃得不够或不对，想长肌肉也没多大可能。

总之一句话，增肌这件事，如果你把它掌握透了，就挺简单。而且我们在认识上，也要尽可能地把增肌去神秘化，把复杂的东西变简单。这就需要把握增肌的根本，从宏观上去看待增肌。你会发现，增肌也就是那几件事而已。

同样，当你在网上看到五花八门关于增肌的说法时，你会觉得增肌好复杂，有那么多门道。待你把一团乱麻梳理好之后，你会发现，这一团乱麻其实就是那两三根线，只不过缠绕在一起，让你觉得很复杂。

把复杂变简单，是你增肌不走弯路最重要的一点。

增肌训练的几个基本要素

现在我们开始讲增肌训练的基本要素。基本要素是什么呢？就是增肌训练什么时候用多大重量、做多少组、组间怎么休息、训练频率怎么安排，等等。这些要素，是我们增肌训练的根本。

我们光知道训练动作怎么做，而不懂得如何去安排这些训练动作，那增肌训练也根本不可能有效果。

打个比方，增肌训练的动作好像食材，比如猪肉、鸡蛋、木耳、黄瓜、盐、酱油、料酒。这些都有了，往桌子上一堆，就是一盘木须肉了吗？那还差得远呢。

怎么组合这些食材，怎么加工这些食材，怎么使用这些食材，才是做出一盘好的木须肉的关键所在。一个好的厨师，他的厨艺精湛，难道指的是食材好吗？肯定不是，是加工食材的手段和艺术。

所以，对增肌来说，训练动作就是食材；训练要素就是加工食材的方法，后者才是增肌的核心。

我们这一节从以下几个训练要素来讲。

- 训练量。
- 肌肉收缩方式（离心、向心）。

- 训练负重（我们训练使用多大重量，也可以用RM值来表示）。

- 个数与力竭（主要看是否力竭）。

- 组数。

- 组间休息时间。

- 动作速度。

- 训练频率（每块肌肉一周练几次）。

- 动作幅度（全程收缩还是半程收缩）。

这里要强调一点，增肌训练要素怎么安排最好，关键要看这个人是训练新手还是老手。起点不一样，建议也不一样。

新手往往训练潜力更大，用更轻松简单的训练方式，也能稳定增肌。

而老手的训练潜力一般来说已经被一定程度地使用掉了。对于训练了很多年的人来说，潜力更是基本被挖空了，增肌变得缓慢甚至停滞。对这部分人来说，简单轻松的训练方法往往不见效，这就需要训练更努力、更辛苦一些。

那如何区分一个人是新手，还是中阶训练者，或是高阶训练者呢？

这个问题学术界也没有统一的标准答案，一般就是用训练年限来衡量，好处是简单方便易操作，但这种衡量方法也有很多弊端。

比如，仅用训练年限来衡量的话，有的人训练一两年了，但因为训练方法不对，仍然不入门，肌肉没有明显增大。

那么，从增肌潜力的角度讲，他因为训练方法不到位，增肌潜力还没有开始释放，在训练潜力上就应该属于训练新手，即便他已经训练一两年了。

还有的人，增肌潜力比较大，系统训练两年多了，但肌肉还在稳步地增大，进步幅度似乎也还不错，那这种情况也不太建议把他归为纯粹的训练老手。

所以一定要注意，这里说的训练新手或训练老手，不是说一个人会不会练，而是说一个人的增肌潜力还够不够大。

下面是我个人给的分阶建议。

新手，一般指刚接触训练，肌肉还没有明显增大，增肌潜力还很大的训练者。或者，之前有过训练经验也有明显增肌，但停训了很长一段时间，很久没练了，肌肉量又有明显丢失的训练者。

中阶训练者，一般指增肌训练了比较长的一段时间，并且肌肉量有了初步的明显增大，身材也有了很明显的变化的训练者。他们的增肌效果没有之前新手阶段那么好了，但还在稳步缓慢地进步。

高阶训练者，一般指训练了很长时间，有非常明显的增肌效果的训练者。而且在目前的训练当中，他们感觉增肌非常缓慢，甚至很长时间感受不到很明显的肌肉增大了。

在我们这本书里，老手一般就是指中、高阶训练者。是新手还是老手，关键看增肌潜力。

————◆ **划重点** ◆————

增肌潜力是区别新手、老手的关键。

另外在学习下面内容的时候，还有一个地方大家要注意。

写作这一章的内容，需要综合分析大量的研究文献，但即便如此，很多问题上还是很难得到统一的结论。一方面，这与增肌的相关影响因素非常多有关系，很多因素都会影响增肌，包括个体差异，所以科学研究很难从众多因素中单独列出一项来精准验证。

同时，这也与不同实验选取的样本不同有关，用增肌新手来做实验，和用增肌老手去做实验，得出的结论当然会不同。

另外，多数这类实验的研究周期都比较短，几周，最多十几周。短期的增肌效果不能等同于长期的增肌效果。这一点也很重要。

比如，一项为期8周的研究发现，某种训练方法对肌肉增大的效果更明显。但是很可能，用这种方法再继续训练几个月，就与其他方法没有明显的差别了。这种情况在增肌或减脂相关的研究中都比较常见。

所以，最后还是那句话，在增肌问题上一定不能迷信某项研究，甚至不能迷信某些研究。下面我们要讨论的很多问题，即便是综合分析十几项、几十项相关研究，有时也很难得出非常明确的统一结论。

所以，在讨论下面的问题时，保持客观冷静非常重要。我给出的建议会稍微保守一些，我尽可能给大家提供学术界的主流观点，或者有共识有把握的结论。我相信，这才是更有利于大家训练效果的严谨态度。

增肌训练要素：训练量

训练量就是指一段时间里的训练总量，通俗一点说，就是你练了多少，练的"多不多"。

增肌是多练好，还是少练好？大家可能觉得，应该是多练才能多增肌吧。但前面我也说了，增肌重训练质量，而不是数量，这就让这个问题变得复杂了一些。

怎么衡量训练量呢？学术界也没有统一的标准，有的研究看的是训练者一周的总负重量这个数据，这一周训练的每次重量 × 组数 × 次数 × 每周训练频率。其实这就相当于，看看你这一周总共举了多少重量的铁，单位一般是吨。

也有的研究会用一次训练课的总负重量来做对比分析，但更多的研究用一周或者一次训练课的训练总组数来衡量，这样看起来不太精确，但好处是比较简单直观，也够用。

不管怎么衡量，在本质上它们都是一样的。我们接下来的讨论，就用一个部位的肌肉，每周的总训练组数来衡量训练量。

那么一个部位的肌肉，每周总共训练多少组，最适合增肌呢？

首先，一般来说，训练量大一些，增肌效果会更好[1,2,3]，这在学

1　Ahtiainen, JP, Walker, S, Silvennoinen, M, Kyrolainen, H, Nindl, BC, Hakkinen, K, Nyman, K, Selanne, H, and Hulmi, JJ. Exercise type and volume alter signaling pathways regu- lating skeletal muscle glucose uptake and protein synthesis. Eur. J. Appl. Physiol. 115: 1835-1845, 2015.

2　Hammarstrom, D, Ofsteng, S, Koll, L, Hanestadhaugen, M, Hollan, I, Apro, W, Whist, JE, Blomstrand, E, Ronnestad, BR, and Ellefsen, S. Benefits of higher resistance-training volume are related to ribosome biogenesis. J. Physiol., 2019.

3　Hanssen, KE, Kvamme, NH, Nilsen, TS, Ronnestad, B, Amb- jornsen, IK, Norheim, E Kadi, E Hallen, J, Drevon, CA, and Raastad, T. The effect of strength training volume on satellite cells, myogenic regulatory factors, and growth factors. Scand. J. Med. Sci. Sports 23: 728-739, 2013.

术界是有共识的。这与"多少付出多大收获"的观念看起来是一致的。

──────────────┤ 划重点 ├──────────────

虽然不是越大越好，但增肌需要足够大的训练量。

这绝不是说，你想增肌就需要非常辛苦，做大量的训练。虽然说训练量大一些会有更好的增肌效果，但这个"大"是相对的大。

所以以绝对量来看，这个大训练量，其实还是比较轻松就可以完成的。

当然，具体到不同部位的肌肉，可能还有一点细微的差别。比如有些研究显示，对于上半身的肌肉，大训练量和小训练量的效果差别不明显；而对于下肢的肌肉，大训练量的效果要明显好于小训练量[1]，尤其是对于新手来说。

不过，我不建议大家把上半身的肌肉和下肢肌肉区别对待，因为这样会使训练变得复杂。而且，具体怎么区别对待？如果上半身训练量可以小一些的话，那么小到什么程度？学术界也还不明确。

所以，不管是上半身还是下肢，大家统一训练量就可以了。

1　Ronnestad, BR, Egeland, W, Kvamme, NH, Refsnes, PE, Kadi, E and Raastad, T. Dissimilar effects of one- and three-set strength training on strength and muscle mass gains in upper and lower body in untrained subjects. J. Strength Cond Res. 21:157-163, 2007.

另外，这也绝不是说，你的训练量越大，增肌效果就越好[1]。如果训练量过大造成过度训练，你的增肌效果不但不会更好，反而会更差。

增肌训练中，休息和恢复所处的地位与训练同样重要。

所以，大家要建立一个概念，训练量和增肌效果（肌肉增大）之间，是一个倒U形曲线的关系，如图2.1所示。多了少了都不好，适量效果才最好。

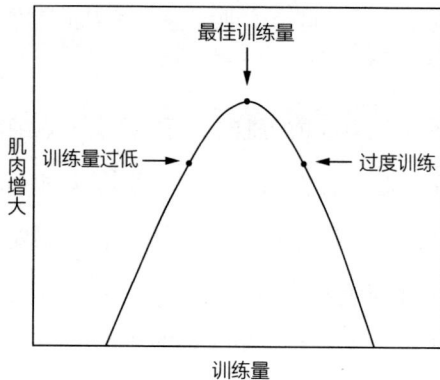

图 2.1

那么，具体训练量是多少，才是最适合增肌的呢？

直接说结论。多数研究显示，对于新手来说，每个部位的肌肉，每周训练10～20组，是最适合增肌的组数。

对于训练老手来说，可能需要在这个基础上再增加一些训练量，比如达到20～30组，对个别人来说甚至可以更高。

1 Schoenfeld, BJ, Ogborn, D, and Krieger, JW. Dose-response relationship between weekly resistance training volume and increases in muscle mass: A systematic review and meta-anal- ysis. J. Sports Sci. 35: 1073-1082, 2017.

新手每个部位肌肉每周训练10 ~ 20组，但老手可能需要更大的训练量才能获得更好的增肌效果。

对于这个结论，我补充解释几点。

大多数研究结论是用没有训练经验的训练者作为样本得出的，也就是说，是找以前没有做过增肌训练的人去做研究，那么研究结论就更适合新手，而不是训练经验丰富的老手。

所以，建议新手每周每部位肌肉训练10 ~ 20组，是比较有把握的；但对训练老手来说，10 ~ 20组就很可能不够了。

确实有一些研究结果显示，老手需要更大的训练量。如果再用10 ~ 20组的训练组数来训练，可能会让肌肉的增长变得比较缓慢，甚至停滞。

所以，我的建议是，对于增肌老手来说，还是要使用更大的组数去训练，这样增肌效果更有把握。

增肌老手如果用更大的组数来训练，一定要注意避免过度训练。

前面说过，训练量太低，影响训练效果；但训练量过大，造成过度训练，也会让训练效果变差，甚至对健康造成影响。

关于过度训练，本书的第四章会讲到。

具体到每个训练者来说，训练量应该考虑区分不同的训练部位。

比如，你身上比较薄弱的、进步缓慢的肌肉部位，可以考虑用更大的训练量训练；而进步明显、有优势的肌肉部位，则保持基础的训练量。

如果你在比较长的一段时间里都使用大训练量来训练，那么也可以安排一段时间用小训练量来调剂一下，目的是促进肌肉的恢复，避免可能出现的过度训练。

增肌训练要素：肌肉的收缩方式

什么叫肌肉的收缩方式？肌肉的收缩方式，与增肌训练有关的主要有三种：向心收缩、离心收缩、等长收缩。

我们用一个生活中的例子来说明这三种收缩方式。

比如一个人从桌上端起一个杯子，送到嘴边，喝一口水。这个动作，上臂的肱二头肌要收缩（缩短），杯子就端起来了（当然，还有很多肌肉参与了这个过程，比如三角肌的前束）。

在这个过程中，对肱二头肌来说，端起杯子，就是向心收缩。很简单，向心收缩就是肌肉缩短，产生力量的收缩过程。再比如我们做一个举起重物的动作，在这个过程中，肌肉就做向心收缩。

向心收缩的实质，就是肌肉收缩产生力量。

如果大家还是分不清什么是向心收缩，那么可以这么理解：我们拿一个重东西，这个重东西往上移动的时候，我们提供收缩力的肌肉做的就是向心收缩。

──────────┤ 划重点 ├──────────

不管我们训练用的是杠铃、哑铃，还是联合器械，只要哑铃片（或者铁排）往上移动，那么我们训练的肌肉（肌肉群）都在做向心收缩。

离心收缩与向心收缩相反，即肌肉拉长，但是也产生力量。比如我们喝完水了，把水杯放回到桌子上，那么此时肱二头肌要做离心收缩。

我们放下水杯，是慢慢地放下，而不是把水杯扔在桌子上。所以，做离心收缩的时候肌肉也要使劲，完全不使劲的话杯子就会被扔到桌子上。

离心收缩，就是我们控制着放下重物，我们要注意"控制"两个字，肌肉必须产生力，让重物慢慢地放下来，这才叫离心收缩，否则就叫扔东西。

──────────┤ 划重点 ├──────────

做增肌训练的时候，重物往下移动的过程，训练的肌肉（肌肉群）都是在做离心收缩。

我们用肱二头肌做杠铃弯举这个动作来解释一下向心收缩和离心收缩。图2.2的举动作是向心收缩过程，图2.3的放动作是离心收缩过程。

图 2.2

图 2.3

等长收缩，就是肌肉收缩产生力量，但是长度不变。比如我们端起杯子，想喝，但是有些犹豫，端着杯子没动，这时候肱二头肌就在做等长收缩。

等长收缩，就是我们的肌肉在使劲，不让重物上移也不让它下落。

比如平板支撑，就是很多肌肉在做等长收缩。肌肉使劲了，但是身上没有动作，是静态的。

这就是向心收缩、离心收缩、等长收缩的含义。当然，我们在训练中，最简单的方式就是用重物的运动轨迹来判断：重物往上移动，发力的那块肌肉（或者那群肌肉）就在做向心收缩；重物往下移动，发力的那块肌肉（或者那群肌肉）就在做离心收缩；重物悬空不动，那么肌肉就在做等长收缩。

最后要强调一下，向心收缩、离心收缩、等长收缩，都是针对具体的一块肌肉（或者一群肌肉）的。而我们在做一个复杂动作的时候，全身很多肌肉都在运动，这些肌肉，可能有的做向心收缩，有的做离心收缩，还有的做等长收缩。所以，肌肉的收缩是向心的还是离心的，都是针对具体训练的肌肉来说的。

了解了肌肉的收缩方式，那么肌肉的收缩方式与增肌训练又有什么关系呢？

学术界普遍认为，对于增肌和力量增大来说，肌肉的离心收缩，一般比向心收缩更重要。或者，如果对比单纯做离心收缩和单纯做向心收缩，一般前者会引起更大的肌肉增大和力量增大，尤其是在使用足够大的重量训练的情况下[1,2]。

为什么会这样呢？目前学术界对相关机制还不完全清楚。有一些推测认为，离心收缩会造成更大的肌纤维微损伤，使肌肉在恢复过程中获得更大程度的增大；另外，离心收缩时肌纤维的募集可能也不同于向心收缩。

———————————————| 划重点 |———————————————

很多研究发现，从肌肉增大和肌肉力量增长的效果来看，离心收缩要比向心收缩好。

———————————————————————————————————————

还有一些研究发现，快速离心对肌肉增大的效果似乎要好于慢速离心[3]。

快速离心，就是在做离心收缩的时候，放下的速度相对比较快，注意"相对"二字，快是稍微快点，不是扔，还是要控制住。

所以，离心收缩很重要，离心收缩的速度也很重要。有些人一说起离心，往往想到的是慢速离心，于是使劲想要把离心做得很充分，其实不一定是对的。

我们可能会有种误解：既然离心收缩很重要，那么做的时间就

1　Moore, DR, Phillips, SM, Babraj, JA, Smith, K, and Rennie, MJ. Myofibrillar and collagen protein synthesis in human skeletal muscle in young men after maximal shortening and lengthening contractions. Am. J. Physiol. Endocrinol. Metab. 288:1153-1159, 2005.

2　Eliasson, J, Elfegoun, T, Nilsson, J, Kohnke, R, Ekblom, B, and Blomstrand, E. Maximal lengthening contractions increase p70 S6 kinase phosphorylation in human skeletal muscle in the absence of nutritional supply. Am. J. Physiol. Endocrinol. Metab. 291:1197-1205, 2006.

3　Shepstone, TN, Tang, JE, Dallaire, S, Schuenke, MD, Staron, RS, and Phillips, SM. Short-term high- vs. low-velocity isoki- netic lengthening training results in greater hypertrophy of the elbow flexors in young men. J. Appl. Physiol. 98: 1768-1776, 2005.

应该越长越好，而且要选择慢速离心，把离心收缩做得很"到位"。

实际上这样做的效果往往适得其反。

传统的训练方式也容易强调"慢下"，甚至有的人训练的时候，举起来用爆发力，放下的时候慢慢悠悠地用十几秒钟，其实这种训练方法是没有科学依据的，只不过是人们主观上一厢情愿的想法。

关于这一点，后面的内容还会更详细地讲到。

还有一些更有趣也让人更惊喜的研究结论，比如，离心收缩可能更容易刺激肌肉远端部分的增长，而向心收缩可能更容易刺激肌肉中段部分的增长，等等。

当然，关于肌肉收缩方式与增肌的关系，我们还需要做更多更深入的研究，很多事情现在还不能下结论，但这些有趣的研究给了我们很多期待，也让我们更深刻地认识到，科学真知才是指引训练的灯塔。

既然离心训练这么重要，那我们该怎么做呢？那就是"新手重视离心收缩，老手强调离心收缩"。

———————————— 划重点 ————————————

对于新手来说，只需要做一点，就是在训练的时候，一定要保持训练动作中有离心收缩。

我见到有的新手去健身房训练，举起哑铃的时候很卖力，但是放下的时候，胳膊一松，哑铃几乎自由下落，如此草率是不对的，放下的过程也一定要控制好。要重视离心过程。

还有的人做引体向上也不重视离心部分。大家可以思考一下，引体向上这个动作中，哪个阶段是向心的，哪个阶段是离心的？

刚才我们说以重物为参照，看看重物是往上走还是往下走。但引体向上的重物在哪儿呢？这个重物就是你自己。

引体向上，属于自重训练，是用自身的体重作为负重的。我们向上拉起来，其实是把我们的体重拉起来。

那么，重物向上移，也就是拉起来的过程，是背肌在做向心收缩；重物向下移，也就是放下的过程，是背肌在做离心收缩。

有些人做引体向上，拉起来的过程靠自己，但是放下的时候就胳膊一松，让身子直接坠下来。这样做训练效果就要差一些了，因为放下的过程是离心收缩过程，也应该控制住。

这是对新手来说的，即重视离心收缩训练，只要保证训练动作当中有离心收缩过程就可以了。

对于中、高阶训练者来说，怎么强调离心训练呢？总的来说有以下几种方法。

第一种方法：增加离心训练阶段的阻力。

比如我们使用比平时大一些的重量训练，向心收缩过程在训练伙伴的辅助下完成动作，而离心收缩动作靠自己完成。或者用正常的重量训练，在离心阶段，请伙伴帮忙增加一点阻力。

能看得出，这两种方法，都是在离心阶段对抗更大的阻力。为什么呢？

理想情况下，离心收缩阶段要对抗比向心收缩阶段更大的阻力。

因为做离心收缩的时候，同一块肌肉的收缩力量要比做向心收缩时大。

也就是说，我们可能举不起20公斤的哑铃，但是往往能放得下20公斤的哑铃。

大家可以先记住结论，关于这一点，我们在后面的内容里会详细讲。

第二种方法：训练中安排一些纯离心训练。

干脆放弃向心过程，完全依靠辅助者完成向心阶段，自己完成离心阶段。注意，这种训练方法适合有足够经验的训练者，而且要有足够好的安全保护。

另外需要注意的是，纯离心训练只是作为训练的一部分，并非所有的训练都不练向心收缩。

还有一些设计更好的训练器械，是可变阻力的，在动作的离心阶段提高了阻力。如果有条件，可以优先选择这类训练器械。

当然，这一节的内容是强调离心收缩的重要性，而绝不是说向心收缩不重要。向心收缩和离心收缩都是必要的，只不过因为在直观上，向心收缩才更像那个"完成了训练的过程"，离心收缩只是"为下次训练做准备的过程"，所以很多人更重视向心而忽略离心。

增肌训练要素：训练负重

训练负重指训练的时候用多大重量，这基本上算是一个与训练效果最直接相关的要素了。用一个轻的哑铃练和用一个重的哑铃练，练出来的效果完全不同。

如果增肌是你的主要目的，那应该用什么样的重量呢？总的来说，核心就是：大重量为主。

────────────┤ 划重点 ├────────────

以足够大的重量作为训练的主要组成部分，是增肌的核心。

────────────────────────────────────

市面上一直有"轻重量训练增肌"的观点。比如，有人说某些部位的肌肉要用轻重量训练，这些部位主要有腹部、肩部、小腿等。

这种说法对吗？当然不对。

当然，很多人用轻重量多次数增肌，泵感很强，就觉得轻重量是对的。

其实轻重量泵感强很正常。重量大，磷酸肌酸的供能比例比较大；重量轻一些，糖酵解的比例就大了，糖酵解比例大导致代谢产物更多，肌肉泵感自然更强。关于什么是磷酸肌酸，什么是糖酵解，我们后面也会讲到。

问题在于，泵感强，只能说明你训练的时候"感觉很棒"，并不代表这样的增肌效果就最好。做一件事感觉好，不见得就把这件事做好了。

一句话，不能用泵感作为衡量增肌效果绝对有效的依据。泵感强，不代表就一定是用对了重量。

要讲清楚训练该使用多大重量，需要先跟大家讲一点关于肌纤维的基础知识。

我们身上的肌肉主要有三种：骨骼肌、心肌、平滑肌。这些都是肌肉，但所在的位置不同。心肌是构成心脏的肌肉，心脏跳动，靠的就是心肌。平滑肌是内脏器官和血管壁等处的肌肉，比如胃肠蠕动、血管收缩，都是平滑肌在起作用。

心肌和平滑肌都是不受我们的意识控制的，所以也叫"不随意肌"。我们平时说的增肌，指的是骨骼肌。骨骼肌也叫随意肌，附着在骨骼上，它的收缩会引起身体的复杂运动。

习惯上，我们说的肌肉就是骨骼肌。这本书里面，我们说的肌肉，也特指骨骼肌。

关于肌肉，我们需要了解的最基础概念就是肌纤维。

肌纤维很简单，它是构成我们肌肉的基本单位。其实，每一根肌纤维就是一个肌肉细胞。我们的身体是由无数细胞组成的，在我们的印象里，细胞是一个一个小圆球，其实不一定，构成肌肉的肌肉细胞就是长长的，一根一根的。

———————————◆ 划重点 ◆———————————

每一根肌纤维就是一个肌肉细胞。

如图2.4所示，这是一小块肌肉被垂直于肌纤维切片之后染色放大的样子，里面一块一块的就是一根根的肌纤维。

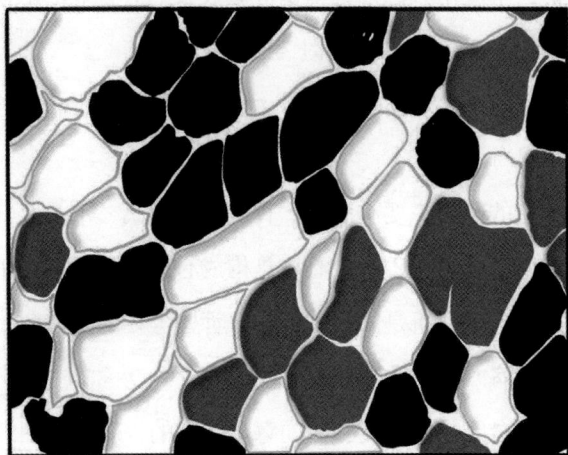

图2.4

大家可能注意到了，这一根一根的肌纤维的颜色不太一样，这是因为，肌肉里的肌纤维并不都是一样的，而是分不同类型的。

最基本的分法可以把肌纤维分成"快肌纤维"（也就是Ⅱ型肌纤维）和"慢肌纤维"（也就是Ⅰ型肌纤维）。

当然，快肌纤维和慢肌纤维又能分成很多种，它们各自有几种不同的亚型。我们一般不用了解Ⅰ型肌纤维的亚型，我们只需知道Ⅱ型肌纤维两种的亚型就可以了，那就是Ⅱa型和Ⅱx型肌纤维。

其实Ⅱa和Ⅱx型肌纤维的区别也很简单，就是相当于把Ⅱ型肌纤维又分成"一般快的"和"特别快的"两种。Ⅱa型是一般快的快肌，Ⅱx型是特别快的快肌。

好了，我们现在了解了3种肌纤维——Ⅰ型、Ⅱa型和Ⅱx型，也就是"慢肌""一般快肌"和"特别快肌"。

—————————— 划重点 ——————————

Ⅰ型、Ⅱa型、Ⅱx型肌纤维，是我们最需要关注的3种主要肌纤维类型。

那么这三种肌纤维有什么差别呢？表2.1给出了这3种肌纤维最主要的差别。

表2.1

特性	肌纤维类型		
	Ⅰ型	Ⅱa型	Ⅱx型
运动神经元大小	小	大	大
募集阈值	低	中/高	高
神经传导速度	慢	快	快
收缩速度	慢	快	快
放松速度	慢	快	快
抗疲劳性	高	中/高	低
耐力	高	中/高	低
产生张力	低	中	高
输出功率	低	中/高	高

通俗地说，慢肌其实就是收缩速度慢、力量小的肌肉，但它有个优点，就是耐力很好。快肌就是收缩速度快、力量大的肌肉，但是它有个缺点，就是耐力不好。

所以，我们可以把慢肌比作长跑运动员，把快肌比作举重运动员。

而我们的肌肉里，就住着很多长跑运动员和举重运动员。当我们需要耐力的时候，长跑运动员上，当我们需要力量的时候，更依赖举重运动员。进化让我们的肌纤维各不一样，各司其职，这样我们肌肉的收缩最有效率，也最节能。

当然，快肌当中，Ⅱa型是普通举重运动员，Ⅱx型就是精英举重运动员，大家这么理解就可以了。

―――――――――――――――――――――| 划重点 |―――――――――――――――――――――

Ⅰ型肌纤维是长跑运动员，Ⅱa型是普通举重运动员，Ⅱx型是精英举重运动员。

肩部肌肉是慢肌，必须用轻重量训练，对吗

然后，我们来讲讲轻重量和大重量的问题，我们以肩部肌肉为例。很多人说肩部都是慢肌，慢肌力量小、耐力好，所以肩应该用轻重量多次数来训练。

实际上并不是这样的，这么想太简单了，我讲一下原因。

首先，我们看一下美国国家体能协会（NSCA）对于力量训练使用什么重量，是怎么建议的。这也能代表主流学术的建议。我们看图2.5。

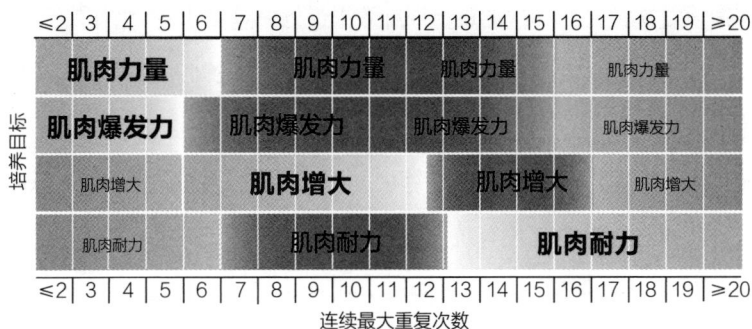

≤2 | 3 | 4 | 5 | 6 | 7 | 8 | 9 | 10 | 11 | 12 | 13 | 14 | 15 | 16 | 17 | 18 | 19 | ≥20

肌肉力量 　　肌肉力量　　肌肉力量　　肌肉力量

肌肉爆发力 　肌肉爆发力　肌肉爆发力　肌肉爆发力

肌肉增大　**肌肉增大**　**肌肉增大**　肌肉增大

肌肉耐力　**肌肉耐力**　**肌肉耐力**

培养目标

≤2 | 3 | 4 | 5 | 6 | 7 | 8 | 9 | 10 | 11 | 12 | 13 | 14 | 15 | 16 | 17 | 18 | 19 | ≥20

连续最大重复次数

图2.5

　　图中的横轴表示"连续最大重复次数"，相当于你训练时使用多大的重量。一个重量能够连续完成一个训练动作的次数越多，说明重量越轻，次数越少，说明重量越重。

　　纵轴是培养目标，也就是训练效果。我们能看到力量训练能获得的训练效果，主要包括肌肉力量增大（最大力量提高）、肌肉爆发力增大、肌肉增大（增肌）和肌肉耐力增强（在力量训练中，这个耐力指无氧耐力，而不是指马拉松那种有氧耐力）。

　　其实我们能看到，不管用什么重量去训练，都能达到图中的4种训练效果。也就是说，不管你用的是只能连续重复2次的极限重量去训练，还是用可以连续重复20次的轻重量去训练，都能获得肌肉力量增大、肌肉爆发力增强、肌肉增大和肌肉耐力增强的效果（当然，力量训练老手的情况要复杂得多）。

　　然而，用不同的重量训练，获得的效果好坏却不一样。图中用字体粗细和底纹深浅来表现这一点。

　　对于增大肌肉爆发力这一训练目标，我们从图中可以看到，使用连续重复次数在2～6次的重量训练效果最好，这属于超大的重量了。

而对于肌肉增大而言，使用连续重复次数在6～12次的重量训练效果最好（至少作为训练的主体，也就是说，在多数训练时间里使用这个重量），这在力量训练中属于大重量（当然，你也可以叫它中等重量，这方面没有统一的标准）。

而较轻的重量，不是不能增大肌肉力量，也不是不能增大肌肉，只不过效果较差。

―― ┤ **划重点** ├ ――――――――――

总体来说：超大重量练力量，大重量增肌，轻重量增强耐力。

―――

所以，学术界对增肌该使用多大重量，早就形成了明确的主流建议，目前通行的建议仍然是这样的。增肌建议主要使用连续重复次数在6～12次（6～12RM）的重量去训练，这是一个不算轻的重量。

而且，这个建议是不区分肌肉部位的。也就是说，不管训练哪里的肌肉，都可以遵循这个重量建议。所以，并不是有些肌肉要用轻重量，有些要用大重量。

需要注意的是，美国国家体能协会的建议是在综合分析大量研究样本后得出的。但是并非所有研究都支持它的结论，个别观点不同的研究当然也有。

比如，有些研究发现用较轻的重量训练，也能获得短期内（十几周或几十周）明显的增肌效果，但这类研究结论通常都是用增肌新手作为研究对象得出的，对于有一定训练年限的增肌老手来说就不适用了。

所以，对于新手来说，一开始用轻重量训练也能获得似乎不错的增肌效果，但等到肌肉增大到一定程度，继续用轻重量训练效果就不好了。这类研究的实验设计本身就有一定的局限性。

所以综合来看，图2.5中的结论之所以能成为学术界的主流建议，是因为目前更多、设计更优秀的研究都支持它。

———————— 划重点 ————————

一个复杂的学术问题，不是一两项研究就能盖棺定论的。

———————————————————————

学术研究就是这样，对于一个学术问题，全世界成百上千的研究团队会去做大量的、设计各不相同的实验来研究它，而得出的结论可能各不相同，甚至有些研究会得出完全相反的结论。

那最后我们听谁的呢？要看大多数人是怎么说的，少数服从多数。当然，同时也要考虑实验设计得好不好，有没有什么明显的缺陷。总之，要从实验质量和结论数量综合去分析。

本书的众多结论和建议，也是秉承这样的原则，通过分析大量的研究结果再结合学术界的主流共识才给出的。

当然，本书给出的参考文献数量并不多，这是因为，作为一本通俗读物，为了避免形式上显得太拘谨、太学术，让读者"望而却步"，我们习惯上是不给出参考文献的。

所以，我只在非常核心的观点上，或者非常有必要的地方，给出一两项有代表性的研究参考文献。说白了，本书的参考文献只是"走个形式"，能少则少。而我在写作本书的过程中参考查阅的文献，要比给出的多出上百倍。

这就是说，首先，学术界很明确，增肌使用的核心训练重量是大重量，且不区分肌肉部位，哪里的肌肉都一样。其次，肩部肌肉也不都是慢肌。

一块肌肉里不同类型肌纤维的比例，快肌多少，慢肌多少，主要是由个人的基因来决定的。多数人的多数肌肉里，快肌和慢肌的比例接近1∶1，一半一半。

我们再来看一些具体的数据，见表2.2。

表2.2

肌肉	I型肌纤维（%）	作者	肌肉	I型肌纤维（%）	作者
眼轮匝肌	15	Johnson 等（1973）	肱四头肌	52	Round 等（1984）
肱三头肌	50	Johnson 等（1973）	第一背侧骨间肌	57	Johnson 等（1973）
肱二头肌	38 / 42	Brooke 与 Kaiser (1970) Johnson 等（1973）	咬肌	60 ~ 70	Butler-Broene 等（1988）
EDB	45	Johnson 等（1973）	拇外展短肌	63	Round 等（1984）
股外侧肌	46	Green 等（1981）	胫前肌	73	Johnson 等（1973）
外侧腓肠肌	49	Green 等（1981）	拇外收肌	80	Johnson 等（1973）
膈肌	50	Bellemare 等（1986）	比目鱼肌	80	Collnick 等（1974）

不同肌肉中，快肌和慢肌的比例也不一样，就连典型的慢肌比例非常大的比目鱼肌，从上面的数据看，也只有80%是慢肌。注意，大家不要看这些数据得出的时间都比较早，这是因为检测肌纤维类型的技术很早以前就很成熟了，数据非常可靠。人类的基因在这么短短几十年之内是不可能发生什么明显变化的。

我们再看表2.3，这是不同体育项目的运动员和非运动员特定部位的肌纤维的平均比例，它是选取了一些运动员样本，再做肌肉取样之后测出来的。

表2.3

运动员	性别	肌肉	I型（%）	II型（%）	截面积（mm²）	
					I型	I型
短跑	男	腓肠肌	24	76	5878	6034
	女	腓肠肌	27	73	3752	3930
长跑	男	腓肠肌	79	21	8342	6485
	女	腓肠肌	69	31	4441	4128
自由车	男	股外侧肌	57	43	6333	6116
	女	股外侧肌	51	49	5487	5216
游泳	男	后三角肌	67	33	—	—
举重	男	腓肠肌	44	56	5060	8910
	男	三角肌	53	47	5010	8450
三项铁人	男	后三角肌	60	40	—	—
	男	股外侧肌	63	37	—	—
	男	腓肠肌	59	41	—	—
独木舟	男	后三角肌	71	29	4920	7040
铅球	男	腓肠肌	38	62	6367	6441
	男	股外侧肌	47	53	4722	4709
非运动员	女	腓肠肌	52	48	3501	3141

我们可以看到，首先，不同人的同一块肌肉的肌纤维类型都是不一样的，有的甚至差别很大。比如腓肠肌，也就是小腿的肌肉，短跑和长跑运动员慢肌的比例正好是反过来的。

我们再看三角肌，也就是肩部肌肉，表里给出的是三角肌后束的数据。我们能看到，慢肌比例大的，能达到70%，而比例小的，基本上快慢肌各占一半，也是各有不同。

而且，同一种运动项目，不同运动员的同一个部位肌肉，其快慢肌比例也不一样，而且可能差别非常大。只不过在精英运动员当中这个比例比较接近。

这倒不是说，训练改变了精英运动员肌纤维类型的比例，而是精英运动员之所以能成为这个项目的精英，是因为他们天生具有最适合这项运动的肌纤维类型。

总之，同一块肌肉的肌纤维类型，是一个人一个样的，个体差异很大。大多数肌肉是快慢肌混合肌肉，根本不能说人体哪个部位的肌肉一定是什么类型的。

— 划重点 —

同一个人，不同部位的肌肉，肌纤维类型都不同。不同的人，相同部位的肌肉，肌纤维类型也是千差万别的。几乎不存在都是快肌或者都是慢肌的肌肉。

"运动单位"和运动单位募集的"大小原则"

肩部不一定要用轻重量训练，因为从肌纤维募集的角度来说，只用轻重量训练增肌是站不住脚的。

这里需要讲一下"运动单位"和运动单位募集的"大小原则"。

假设我们某一块肌肉里面有10万根肌纤维，大家可能觉得，当这块肌肉收缩的时候，这10万根肌纤维都收缩。其实不然。

肌肉的收缩，是根据不同的情况，收缩肌肉里的一部分肌纤维，而不可能收缩所有的肌纤维。

而且，我们甚至不是以肌纤维为单位去收缩肌肉的，我们肌肉收缩的最小收缩单位叫"运动单位"。

假设一块肌肉里有10万根肌纤维，这些肌纤维不是毫无组织的，而是分成很多运动单位。比如把这10万根肌纤维分成1000个运动单位，这就相当于把这块肌肉里的所有肌纤维分成1000个"小组"。我们收缩肌肉的时候，就是按照这些"小组"来控制的，每次肌肉收缩最少收缩一个运动单位。

―――――――――― ┤ 划重点 ├――――――――――

一块肌肉里的肌纤维会被分成若干"小组"来"分组行动"。每个小组就是一个运动单位。

运动单位收缩时，这个运动单位里的所有肌纤维都会同时收缩。

那么一块肌肉里的所有运动单位都是一样的吗？不一样。运动单位并非把肌肉里的所有肌纤维平均分成若干小组，而是有差异地去分小组。

打个比方，你有1000个士兵，你要分成10个小队，如果你够聪明，你就不会把他们平均分配，而是有的小队人多，有的小队人少。有的小队都是由大块头组成的，有的小队则都是由力量较弱的士兵组成的。这样，每个小队的战斗力就不一样了，从战斗力最强，一直到最弱，可以分出10个等级。

这样分组的好处显而易见，你可以根据每次战斗任务的难度派不同的小队上阵，灵活，针对性强，也不会造成资源浪费，杀鸡用牛刀。

我们肌肉里的运动单位也是这么分的。有的运动单位比较大，肌纤维多，而且都是快肌，这个运动单位力量就大；有的运动单位比较小，肌纤维少，而且都是慢肌，这个运动单位力量就小。

于是，假如我们某块肌肉里有100个运动单位，那这100个运动单位，每一个的力量都不一样，我们可以从大到小给它们排个顺序，力量最大的是1号，小一点的是2号，再小一点的是3号，这样一直排到100号。

最后，肌肉在收缩的时候会遵循一个原则，那就是从小（力量小的）到大（力量大的），依次募集这些运动单位。

比如这次你只端起一个茶杯，使用的重量很轻，你就只需要募集排在最后面的、较小的运动单位。下次你需要端起一大锅汤，你就会同时募集一些更大的运动单位共同参与。这就是肌肉收缩的

"大小原则"。

也就是说，我们的肌肉在收缩的时候，应该让哪些运动单位去参与，是很有讲究的。肌肉会从力量最小的那个运动单位开始收缩，再收缩倒数第二小的，然后倒数第三小的，按顺序这样募集。运动单位越募集越大，越募集越多，你的总力量就越来越大，直到力量够用了，就不再募集更大的运动单位了。

我们用举重做例子，如图2.6所示。

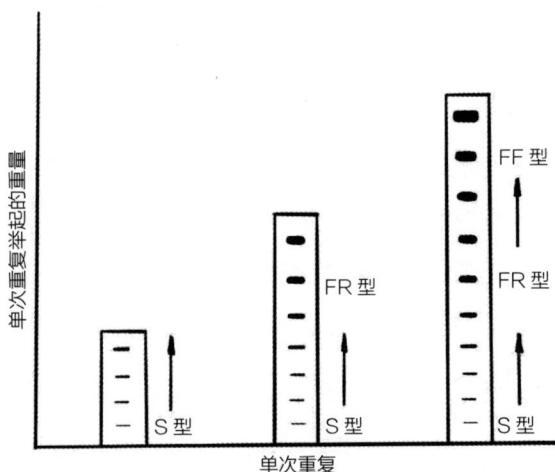

图2.6

图中的3个柱，代表3次举重，每次举起的重量不一样，柱子越高，代表这次举重的重量越大。

柱子里的刻度代表运动单位。S型是小运动单位，主要由Ⅰ型慢肌构成，FR型是中等运动单位，主要由Ⅱa型快肌构成，FF型是大型运动单位，主要由Ⅱx型快肌构成。

当举起的重量比较小的时候，只需要小运动单位参与；第二次举，举起的重量更大一些，就需要再募集一些中等运动单位，和小运动单位一起收缩；而举起最大的重量，则需要小、中、大运动单位共同参与。

这里要注意，在这个过程中，较小的运动单位永远处在被募集的状态。大家以前可能会有个错误的观点：用轻重量训练时慢肌收缩，用大重量训练时快肌收缩。这个观点不对。简单地说，是轻重量训练时慢肌收缩，大重量训练时慢肌和快肌都收缩。

所以，我们就明白了，为什么增肌要用足够大的重量，因为重量越大，肌肉收缩时募集的运动单位就越多，就越能训练更多的肌纤维，训练效果就越好。而轻重量训练，因为无法募集到更多的运动单位，受到训练的肌纤维就少，增肌效果就不好。

当然，这是说一次肌肉收缩的情况，如果用轻重量多次重复收缩，也能募集到更大的运动单位，但这也不是应该用轻重量增肌的理由，原因后面会讲。

───────────── 划重点 ─────────────

肌肉收缩时，运动单位的募集在绝大多数情况下遵循"大小原则"。

这时候你可能会有一个问题，增肌为什么要以6~12RM的大重量为主，而不以1RM的最大重量为主呢？后者不是能激活更多的运动单位，刺激到更多的肌纤维吗？

这是因为，增肌是一个很复杂的事，它是多个因素共同作用的结果，激活、刺激到肌纤维的收缩，只是其中的一个因素。学术界之所以明确建议6～12RM对肌肉增大最有效，是综合分析很多实验后得出的，其中还考虑到如激素、代谢等很多其他的因素。

这里大家先记住一句话，6～12RM可能是增肌的机械刺激和代谢刺激的最佳组合。什么是机械刺激和代谢刺激？这部分知识我们放到后面去讲。

最后，关于"大小原则"，我还要讲3点注意事项。不过因为篇幅的限制，我只能用最简单的语言，从最实用的角度去讲一下。

"大小原则"依据的是肌肉的收缩力量，而不是肌肉的收缩速度。有的人可能会误以为，如果快速收缩肌肉，就能激活更多快肌，激活更多运动单位，其实不是这样的。

快肌收缩速度确实更快，但是，它是否被激活，主要看的（注意"主要"这两个字）还是你用多大的力量去收缩，而不是用多快的速度去收缩。

比如，你拿一个0.5公斤重的哑铃，哪怕以最快的速度做二头肌弯举，你能激活的运动单位也是有限的，你只能激活少量运动单位。反过来说，如果你用20公斤的哑铃做二头肌弯举，哪怕动作速度很慢，你还是会激活更多的运动单位。

所以，想用收缩速度去弥补训练重量的不足是做不到的。这也是不管奥赛冠军，还是增肌爱好者，没有谁会拿着一个很轻的重量飞速收缩，就练出很大的肌肉的原因。

"大小原则"也有偶尔的例外。有时候，在特殊情况下，肌肉也可以跳过小的运动单位，直接激活大的运动单位。比如在我们突然失去平衡，跟跄要摔倒的时候，就有可能发生这种情况。

但是，这些例外到底是怎么回事，我们能不能把这些例外运用到增肌训练中，目前学术界还有争论，远远没有达成明确的共识。

所以，这时有人会说，可以利用这些例外，去创造某些玄而又玄的特殊训练方式，这是不成熟的说法，甚至多半是伪科学。

大的运动单位也可以因为小运动单位疲劳的原因被激活。

也就是说，如果你做了很长时间的轻重量运动，你的小运动单位已经非常疲劳了，这时候虽然你不需要更大的力量输出，但是大的运动单位也会"接手收缩"，因为没办法，小运动单位实在是"没劲儿了"。

情况同图2.7。如果我们用很大的重量去收缩一次肌肉（图中1RM的情况），肌肉里的运动单位会被最大限度地募集。但如果我们用较轻重量去收缩肌肉（15RM的情况），第一次只能募集一部分运动单位，但随着一次一次重复连续的收缩，最终也会募集到最多数量的运动单位，包括大运动单位。

举个极端的例子，比如跑马拉松，我们都会以为，这种轻负荷长时间的运动，肯定主要是由慢肌组成的小运动单位在收缩，不会用到力量很大的大运动单位。但其实并不是这样的。

你跑的时间如果足够长，慢肌疲劳到无法收缩了，快肌就会"接手"收缩，也就是说，肌肉也会动用大运动单位，去做轻重量的活儿。

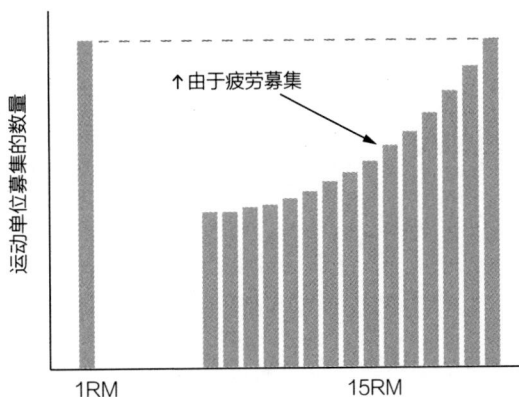

图 2.7

肌肉收缩时，因为小运动单位的疲劳，也可以在轻重量收缩的情况下募集到更多大运动单位。

那么，这是不是说，可以通过重复足够多的次数的轻重量训练去增肌呢？这不就因为疲劳而激活了大运动单位了吗？这确实是有些人想当然地提出的"轻重量疲劳募集法"。

如果你希望稍微增加一点肌肉的话，可能是可行的，但如果你希望最大化增肌，答案当然是不行。因为如果重量太轻，即便激活了大运动单位，你的训练效果也是有限的。

其实用极端的例子就能看明白这件事。马拉松比赛，会因为小运动单位疲劳而用到耐力跑本来用不到的大运动单位，但是我们都知道，马拉松不能让我们明显增肌。

肌纤维被使用到，与它被有效训练到，使其最大化增大，始终还是两回事。

想要让肌肉最大化增大，除了要收缩到这块肌肉里足够多的肌纤维，还要用足够的力量去收缩这些肌纤维，让这些肌纤维受到足够大的机械张力的刺激。

支持轻重量增肌的人还有一种说法，认为羽状肌要用轻重量去训练。

关于羽状肌的内容超出了我们这本书的范围，这里先不讲，但羽状肌要轻重量训练的说法实在是荒唐至极。

持这种观点的人说，因为羽状肌的优点是耐力强，所以应该用轻重量训练。这当然不对。羽状肌的优点是力量大，与耐力无关，而且羽状肌的耐力往往并不强。

这些人还说，练肩应该用轻重量多次数训练，因为肩部三角肌是羽状肌。

看到了吗？又是"练肩应该轻重量"的言论。网上很多人先是偏执于"肩必须轻重量训练"，然后再使劲给这个观点编织各种理由，这是本末倒置。

其实人体肌肉有很大比例是羽状肌，可不是只有肩部是羽状肌。

比如我们的股四头肌，也是典型的羽状肌比例很大的肌肉，肱三头肌也是羽状肌，对这些肌肉怎么不说该用轻重量训练呢？

最后介绍一下RM这个概念，我们刚才一直在使用它。

RM的意思，就是用一个重量来做动作，最多能重复多少次。

比如8RM，就是你用一个重量来做一个训练动作，一个接一个地做，完成8次重复后就没力气了，没办法再继续完成动作了。

而这个重量，就是你目前做这个动作使用的重量。

RM值越大，说明你一次能重复完成的数量越多，说明使用的重量越小。

很显然，通过刚才的学习我们知道，增肌最适合的训练重量的范围一般是6～12RM。

一般来说，对初学者，使用10～12RM比较合适；而对于中、高阶训练者来说，要进一步提高重量，可以考虑使用周期性的训练方式，比如多数时候用6～10RM，少数时候用1～6RM和15～20RM，不同重量配合着训练，这样可能是最有利于增肌的负重。

我们回忆一下前面Tony训练的时候是怎样选择重量的。他做哑铃推举这个动作，就是选择了大概11RM的重量，这是一个训练新手最适合的增肌负重范围。

———————————— ┼ 划重点 ┼ ————————————

对新手来说，一般认为10～12RM是最适合的增肌负重。

———————————————————————————————

那么，对于每个动作来说，我们又该如何确定一个适合的RM范围呢？其实很简单，想想上面例子中的Tony是如何判断RM的。

对，就是试出来的。

比如我们做哑铃推举，要选择10～12RM的重量。一开始我们先用5公斤的哑铃做做试试，发现这个动作用这个重量，能够一次一次不停地重复30次才没力气，那么这个重量就太轻了，我们需要再加一点。

加到10公斤一只的哑铃，我们发现每组完成10次重复就没力气了，那么这个重量就是刚好的，在10～12RM的范围之内。

当然，使用自己的1RM重量来计算，也能算出其他RM值的重量，但是那样比较麻烦，而且对于新手来说，测试1RM的重量也比较危险，不推荐使用。

这个重量我们不需要每次都去试。我们训练了一次，知道了某个部位的肌肉适合的重量是多少之后，在一段时间里，我们记住这个重量，直接拿来训练就可以了。

其实，经常训练的话，很快就有经验了，拿起一个重量掂量一下，基本就知道大概是不是我们要的重量了。

大家注意，一个动作训练一段时间之后，肌肉力量会增长，这时候原来的重量就不够了，太轻，我们需要增加重量。总之，我们要让使用的重量永远保持在每组只能完成规定次数的程度。

最后需要强调一点，我们说轻重量增肌不对，这个不对，仅限于"只用轻重量训练"而言，我们并不是说轻重量就一定不能用。

因为也有一些研究支持轻重量能更好地促进 I 型肌纤维增大的观点。所以，我们可以考虑把轻重量和大重量结合起来，适当地安排少量轻重量训练，作为周期训练的一部分。

但是这种周期训练安排也要注意下面几点。

- 轻重量只是辅助，训练的主体仍然应该是6～12RM的大重量。因为轻重量虽然更适合促进 I 型肌纤维增大，但是增肌潜力最大的仍然是Ⅱ型肌纤维。

也就是说，要增肌的话，我们应该更重视肌肉里的Ⅱ型肌纤维。

所以，在增肌训练的大多数时间里，还是应该牢牢把握住6~12RM这个重量。

- 不同的人，肌肉里的Ⅰ型、Ⅱ型肌纤维的比例也不同。假设一个人肌肉中Ⅱ型肌纤维的比例大，Ⅰ型肌纤维的比例小，那么他就适合安排更少的轻重量训练，甚至不安排。所以周期训练安排因人而异，不是每个人都应该安排一定量的轻重量训练。

- 轻重量训练或许能更好地促进肌肉中Ⅰ型肌纤维增大，但是轻重量也有它的弊端，它可能使肌肉的最大力量降低，这是不利于增肌的。所以如果要安排轻重量训练，一定要谨慎、适当。

增肌训练要素：个数与力竭

我们已经说了训练量、肌肉收缩方式和训练负重等训练要素了，接着说一下个数，也就是训练的时候每一组做多少次。

个数的话，其实RM值有了，个数也就有了。比如，我们使用的重量是8RM，那么每组最多也就做8个。或者再使使劲儿，拼一拼，做9个，想再多做也做不到。这里要强调的是要不要少做的问题。

也就是说，增肌训练，是应该每组做到做不动为止，做到力竭，还是在还有点力气的时候就停下来呢。

有人说，还能停下来吗？每组当然都要做到做不动为止了。其实，以增大最大力量为目的的力量训练不建议力竭，比如举重类的训练。而且，学术界确实也有关于增肌是否应该力竭的讨论。

力竭有力竭的缺点，比如可能这组力竭了，造成过大的疲劳，下一组就完不成预定次数了。

另外，经常每组力竭，也可能因为疲劳引起过度训练。比如有一项针对经常运动的男性的研究，实验对象持续做了16周的力量训练，每组力竭，最后观察到他们在安静时IGF-1浓度和睾酮浓度降低，这一般是过度训练的激素表现[1]。

当然，力竭也有它的好处，不然就不用去讨论力竭的问题了。这里就涉及增肌的机械刺激和代谢刺激了。

目前来看，力量训练能让肌肉增大，是多方面因素共同作用的结果，但其中有两个因素最重要，就是机械刺激和代谢刺激。

用最简单的话说，机械刺激就是训练时对肌纤维施加的张力。比如我们用20公斤的哑铃训练一个动作，肌肉就需要比用10公斤哑铃训练时更用力地收缩，这就拉扯着肌纤维，给肌纤维一个比10公斤更大的张力刺激，这就是机械刺激。

更形象一点说，如果把肌纤维比作绳子，你用这根绳子拉起20

1 Izquierdo, M, Ibanez, J, Gonzalez-Badillo, JJ, Hakkinen, K, Ratamess, NA, Kraemer, WJ, French, DN, Eslava, J, Altadill, A, Asiain, X, and Gorostiaga, EM. Differential effects of strength training leading to failure versus not to failure on hormonal responses, strength, and muscle power gains. J. Appl. Physiol. 100:1647-1656, 2006.

公斤的重物，就比用它拉起10公斤的重物，给它更大的机械刺激。

大重量训练，就是给肌肉提供更大的机械刺激。重视离心，也有助于给肌肉更大的机械刺激。

代谢刺激又是什么呢？简单说，就是训练时肌肉会产生多少代谢产物。

力量训练时，肌肉会因为无氧代谢（糖酵解）产生乳酸、氢离子等代谢产物，这些代谢产物越多，肌肉受到的代谢刺激就越大。

代谢刺激也是刺激肌肉增大的一个重要因素，部分原因是，它会让身体产生更多能让肌肉增大的合成代谢激素，也能直接刺激肌肉蛋白质的合成，抑制肌肉蛋白质分解。

⊢ 划重点 ⊣

机械刺激和代谢刺激，是增肌的两个永恒话题。

说回我们这一节的话题，力竭对于增肌来说，好处就是，它会造成更多代谢产物的堆积，提高训练的代谢刺激。

比如，有力竭训练经验的人都知道，越是力竭，肌肉训练的泵感就越强，肌肉很胀很硬。很多人也把这种感觉称为肌肉充血，实际上这不是充血，而是肌肉细胞里面的无氧代谢产物堆积，因为渗透压的作用，产生了肌肉"充水"。用大白话说，就是肌肉暂时性水肿。

而且，力竭可能也有助于肌肉在训练时募集到更多肌纤维，这也有助于增肌。

既然力竭有坏处，也有好处，那么增肌训练到底该不该力竭呢？

学术界对这个问题的研究还存在一些争议，支持力竭、反对力竭的证据都有[1,2]。一般来说，目前的建议如下。

- 力竭对增加代谢刺激有利，所以原则上，训练时能力竭还是尽量力竭，总体上学术界是建议增肌训练力竭的，但要注意规避力竭的负面影响。

- 如果力竭明显影响了每组完成的预定个数，那就不要力竭，或者只在最后一组追求力竭。

  比方说，如果做一个训练动作时，前两组都追求力竭，就没办法完成好后面的一组或几组训练了，那么这时就建议在前两组不力竭，保留1~2次的训练次数（做到还能完成1~2次才力竭的程度就停下）。后面的训练，如果有条件再力竭，尤其是最后一组，一般都可以力竭（反正也是这个动作的最后一组了）。

- 考虑到过度训练的问题，可以在做"大动作"的时候避免过多力竭。比如深蹲、硬拉、引体向上等，需要大量肌肉参与的多关节动作（训练时有一个以上的关节产生运动），可以考虑不力竭，因为"大动作"需要参与的"大肌肉"多，疲劳程度也就高。

---

1 Willardson, JM, Norton, L, and Wilson, G. Training to failure and beyond in mainstream resistance exercise programs. Strength Cond J 32: 21-29, 2010.

2 Nobrega, SR, Ugrinowitsch, C, Pintanel, L, Barcelos, C, and Libardi, CA. Effect of Resistance Training to Muscle Failure vs. Volitional Interruption at High- and Low-Intensities on Muscle Mass and Strength. J. Strength Cond Res. 32: 162-169, 2018.

而简单的单关节动作（训练时只有一个关节运动的训练动作，比如二头弯举、大多数三头训练动作、器械腿屈伸等）可以尽量力竭，因为不容易积累太多的疲劳。

─────────────────┤ 划重点 ├─────────────────

力竭的好处是能产生更大的代谢刺激，但坏处是过度疲劳。找到平衡点才是最好的办法。

美国运动医学会也建议周期性的力竭，这样能避免过度训练的风险。也就是说，一段时间力竭，一段时间不力竭，休息一下。

关于肌肉代谢刺激，我再补充一点内容。

首先，训练时肌肉泵感强，可能对增肌是有好处的。但是也必须再次强调，这不是一味追求泵感的理由。因为我刚才也强调了，机械刺激、代谢刺激要平衡才能更有效地增肌。

不过，有一种相对比较新的训练方法，似乎在机械刺激和代谢刺激两者之间，偏向了代谢刺激，也获得了看似明显的增肌效果，这就是加压训练，也叫血流阻断训练。

简单说，这种训练方式就是把我们四肢局部用加压带给扎起来，限制肌肉的血流量，这样能让训练时产生的代谢产物，更多地堆积在肌肉里，产生更大的代谢刺激。一般认为在这种情况下，可以用轻重量达到比较好的增肌效果。

也就是说，加压训练似乎因为有明显的代谢刺激，用轻重量就可以（不突出机械刺激）达到比较好的增肌效果。

事情没有这么简单。现在学术界还在研究加压训练，有不少证据确实证明它能在轻重量刺激下有效增肌，但是最终增肌效果能不能和传统增肌训练相比，还不好说，至少还没有人仅仅通过加压训练就达到健美冠军的训练水平。

也就是说，相对于传统训练，如果加压训练仅仅能在短期达到比较明显的增肌效果，不可能持续增肌，也不可能达到增肌最大化，就没多大意义。

而且很显然，加压训练也不能完全替代传统训练。别的先不说，有很多部位的肌肉，根本就不可能有效地加压，也就是不可能有效地阻断它们的血流，比如胸、背等躯干部位的肌肉。

另外这种训练方式也有一定的风险，比如造成血栓的风险增加等，所以它的应用领域更多是在康复训练当中，针对四肢局部肌肉适当地使用，而且要在有资质的教练的严密监控指导下使用。

增肌训练要素：组数

我们接下来说组数，即一个动作每次训练几组的问题。

关于力量训练中每个动作该做几组的问题，很久以前就有争议了。大家能在网上看到各种各样的说法，有的说要多组，比如每个动作5~6组，有的说不用那么多，2~3组就可以，还有的说每个动作做一组就可以了。

基本上每一种说法都有健美明星，甚至专家的支持。大众在听到这些不同观点的时候，往往首先会想，说这话的人够不够专业，得过几次奥赛冠军？

拿奥赛冠军来说，他们的个人经验是不是适合你，这是个问题。普通的训练爱好者，从基因天赋，到"科技水平"，和这些冠军的情况差别太大了，可能根本就是两种生物。

而且，个人经验终究是个人经验，我们还是要多看学术界的指南和建议，这才是适合大多数人的，也是更大概率适合你的。

组数方面，学术界对一组与多组有过很多讨论，但要注意，这些讨论有些是针对最大力量的提升效果的，有些是针对增肌效果的，还有些讨论同时研究了两者。

因为肌肉最大力量的增大也有利于增肌，有时候很难把两者截然分开，所以这里我把两者放在一起讨论。

关于训练组数，学术界在"一组还是多组"上存在争论。最初有一种观点认为，力量训练，起作用的就是第一组，你多练也没额外的作用。在健美圈子里，大家应该也听过类似的观点。

这种"一组就可以"的说法的确很有吸引力，但是实际上却很难找到科学佐证去支持它。

"一组和多组之争"最热闹的时候是在20世纪末21世纪初，我们能找到不少相关的研究。下面我对这些研究简单做个总结。

首先需要注意的是，针对力量训练初学者，或者没有做过力量训练的人来说，有一些研究的确发现，一组训练和多组训练的效果是类似的。所以，对初学者，多组不见得更好，一组可能就够用了。

当然，也有足够多的研究发现，即便对于力量训练初学者来说，多组也比一组好。

但是对于中、高阶训练者来说，绝大多数研究都认为，多组比一组好。在这个问题上，结论基本是统一的。

也就是说，对于没有做过力量训练的初学者来说，有些研究发现，做一组与做多组获得力量增长的效果类似。还是那句话，新手，练一练就有了。

但是对于有训练经验的人来说，多组就比一组好了。

而且，可以肯定的是，没有任何证据说明一组比多组好，也就是说，不管怎么样，一组最多也就是和多组效果类似，但绝不会比多组效果好。

这个结果不奇怪，其实在某种程度上，一组和多组之争，仍然是一个训练量的问题。一组代表低训练量，多组代表高训练量。

总结一下，除非你时间特别不充裕，而且还是纯粹的新手（训练年限非常短），否则我建议多组训练，并不建议一组训练。

美国国家体能协会同样建议，一组训练只适合没有经验的个体，或者刚开始训练的头几个月。对于中、高阶训练者，更大的训练量才能获得更大的增肌效果和肌肉力量。

其他权威组织的建议也基本类似。

虽然总是有一些声音说，一组就够，一组最好，但实际上，学术界很明确地建议，在大多数情况下，多组明显更好。

所以，最后的建议是，对于增肌者来说，新手最少训练一组，建议2～3组；有一定训练年限的老手，3～6组可能比较合适。训练年限越长，建议组数越多。

对于增肌者，关于组数的主流建议是：初学者每个动作做 1 ~ 3 组，中、高阶训练者每个动作做 3 ~ 6 组。

增肌训练要素：组间休息时间

组间休息时间，就是我们训练的时候，每2组动作之间需要休息多久。

组间休息时间，一般分短休息（30秒或30秒以下）、中等程度休息（30 ~ 90秒）和长休息（120 ~ 180秒）。

前面我们了解了机械刺激和代谢刺激，对于增肌来说，越短的休息，一般对应越强的代谢刺激，但对应越弱的机械刺激[1]。

原因很简单，增肌训练时，肌肉无氧代谢产生的代谢产物，是要在两组训练之间的休息时间里被基本清除的（目标是清除训练肌肉中的代谢产物，而不是血液中的），所以组间休息时间短，代谢产物清除得还不彻底，就又要进行下一组训练了，新的代谢产物产生堆积。

于是这样一组一组训练，代谢产物越堆积越多，代谢刺激就越大。

1　Ratamess, NA, Falvo, MJ, Mangine, GT, Hoffman, JR, Faigen- baum, AD, and Kang, J. The effect of rest interval length on metabolic responses to the bench press exercise. Eur. J.Appl. Physiol. 100: 1-17, 2007.

那为什么说组间休息时间短，机械刺激就弱呢？这是因为，组间休息时间短，疲劳无法恢复，下一组就很容易无法完成预定的重量，或无法完成预定训练量。

—————————┤ 划重点 ├—————————

短组间休息时间，通常会增强代谢刺激，减少机械刺激。长组间休息时间正相反。

所以，组间休息时间是长是短，最终解决方法往往是两个字：适度。

但是，学术界对这个"适度的组间休息时间"的研究，却是相互矛盾的。篇幅的限制，我们这里不做详细的介绍，直接看结论。

休息时间与疲劳问题相关。我们认为，复杂的"大动作"（多关节动作）更容易产生疲劳，所以一般建议长休息时间更好，比如120秒。

而对于简单的单关节动作，组间休息时间可以保持在60~90秒。

另外还有一个原则，那就是针对恢复能力特别好的人来说，在不会影响训练量、训练重量和每组的重复次数的情况下，组间休息时间可以缩短，而且越短越好。

也就是说，组间休息时间的长短主要看训练质量会不会受到影响。如果组间休息时间缩短，但是训练质量没有受到影响，那当然是更好的——既没有影响到机械刺激，同时又尽可能获得了更大的代谢刺激。

增肌训练的组间休息时间："大动作"120秒左右，"小动作"60~90秒。不影响训练质量的话，休息时间越短越好。

增肌训练要素：动作速度

动作速度，通俗地讲，就是我们做训练动作的时候做得有多快，是快速、中速，还是慢速。

动作速度一般可以这么表示：2—0—2，或者3—1—2。什么意思呢？这分别代表我们做一个动作的时候，向心收缩、等长收缩和离心收缩过程的大致时间。

2—0—2表示，我们做一个动作，用2秒左右完成向心收缩，中间基本不停顿，等长时间近似0秒，然后用2秒左右完成离心收缩。

我们在健身房或者网上都能看到，有的人训练，动作做得很快，好像很着急一样；有些人做得慢慢悠悠的，动作很稳当。哪种效果更好呢？

这里涉及一个重要的知识点，肌肉收缩的速度-张力关系。

肌肉的速度-张力关系如图2.8所示，肌肉收缩时，收缩速度与肌肉产生的力量有关。在向心收缩阶段，肌肉收缩速度和产生的力量成反比；在离心收缩阶段正好相反，肌肉收缩速度和产生的力量成正比。

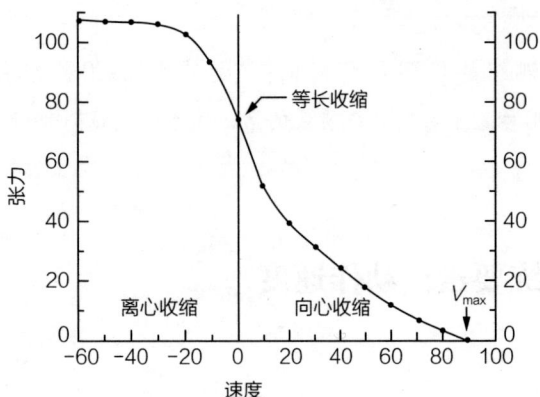

图2.8

　　具体是什么意思呢？我们用卧推作为例子。我们做卧推的时候，推起的过程，对于胸肌来说，是向心收缩；放下的过程，是离心收缩；推到一半停住了，撑住不动，是等长收缩。

　　这里面有4个重点。

• 根据肌肉的速度–张力关系，肌肉等长收缩的力量要比向心收缩时大。图2.8也很清楚地表明，肌肉收缩速度为0的时候，收缩张力是比向心收缩阶段（收缩速度为正值）大的。我们训练时也会有这种感受。你可能能撑住一个比较大的重量，但想要推起来就推不动了。也就是说这个重量你无法完成向心收缩，但可以保持等长收缩。

• 离心收缩时收缩张力要比向心收缩和等长收缩都更大。比如卧推时，一个很大的重量，你撑不住，更推不起来，等长收缩、向心收缩都不行，但是你能慢慢地、稳稳地放下，离心收缩能承受这个重量。我们在实际训练时也有这种感受。

- 在向心收缩阶段，随着收缩速度增加，收缩张力减小。这也符合我们的经验，在训练时使用的重量越大，动作速度就越快不起来。比如我们扔一个网球，可以快速扔出去；但扔一个铅球就只能用很慢的速度了，想快也快不起来。

- 在离心收缩阶段，动作速度越快，收缩张力越大。比如卧推举，你在放下杠铃的时候，你可以慢慢放下轻重量杠铃，但对于重量大的杠铃就必须快速放下了，想慢也做不到。注意，这里说的"快速放下"，指肌肉仍然在控制着杠铃。

另外，很多人对速度–张力关系有着下列误解。

误解一：从生活经验来看，为什么我们有时候猛然发力，感觉力量更大呢？这不是与速度–张力关系矛盾了吗？其实不矛盾。首先，猛然发力与速度–张力关系说的还不是一回事，它属于速度–爆发力关系，是遵循另外的曲线的。

大家一定要注意区分爆发力和肌肉力量，这两者之间有时候边界比较模糊。我们平时增肌训练指的是肌肉力量，而不是爆发力。

其次，猛然发力在有的情况下涉及牵张–缩短循环的因素（牵张–缩短循环比较复杂，这里先不讲）。

最后，很多时候猛然发力还有借力的因素。

误解二：很多人可能想，既然根据速度–张力关系，收缩速度慢的时候肌肉张力更大，那么在增肌训练的时候，是不是应该在向心收缩阶段刻意地慢速收缩呢？这样我们不就能推起或者举起更大的重量了吗?

这种想法完全不对。

速度－张力关系，不是说我们通过刻意地放慢速度，肌肉收缩力量就会变大；而是说，如果肌肉收缩力量大，收缩速度就不得不变慢（这都是在讨论肌肉收缩的向心阶段）。

也就是说，收缩速度的快慢，不是我们主观上想让它快就快，想让它慢就慢，而是客观上收缩速度的变化。

分清我们主观上刻意加快或放慢收缩速度，和客观上肌肉收缩速度的快慢，是非常重要的。

───────────┤ 划重点 ├───────────

速度－张力关系中，速度是个客观表现，我们通过主观发力来控制速度，是不会让力量变大的。

────────────────────────────────

还是以卧推为例，我们推50公斤的重量，很简单，可以用很快的速度推起来。但要推150公斤，那速度就只能慢下来了。这个慢，不是我们刻意去放慢速度，我们在推150公斤的时候，主观上也是在用自己最快的速度奋力去推，与我们推50公斤时主观上努力去推是一样的，但是客观结果上，150公斤只能推得很慢。

所以，如果你刻意放慢收缩速度去训练，刻意地慢慢推，想因此推起更大的重量，是错的，这种情况下你根本推不起更大的重量。如果你主观上依然想奋力快推、猛推，但客观上只能以比较慢的速度推起更大的重量，这是对的。大家注意区分。

速度–张力关系的知识，怎么运用到训练时动作速度的选择上呢？以下是我对训练时动作速度安排的建议。

过去很流行的快上慢下的方式是不建议的。

我上高中的时候就接触增肌了，那时候流行快上慢下，推起来速度极快，可能不到1秒，推起来之后还要停顿一下，然后进入很慢很慢的离心阶段，甚至接近10秒。

现在这么训练的人当然很少了，这么训练很滑稽，学术界也明确不建议。注意，是以增肌为目的的力量训练不建议这样训练。

原因是，若想达到快速推起的结果，就只能使用很轻的重量，但重量上不去，增肌效果就不好。而在离心阶段，这个重量就更不够了，完全达不到理想的张力刺激。肌肉的离心收缩阶段对增肌非常重要，一定要有足够的重量。

当然，也有一些研究认为，训练中稍慢的离心收缩过程——注意，仅仅是稍慢——似乎比非常快的离心收缩更有助于增肌。但这些研究在设计上往往存在问题，观点没有得到有力的证明。

过去还有一些学者提出所谓的超慢速训练，动作速度可能慢到5—3—5、10—0—4或者更慢，而且是刻意地放慢训练动作。他们认为这样训练更好，因为肌肉持续紧张发力的时间更长，有一种"肌肉得到了更长时间训练"的感觉（并不意外，这种奇葩想法的始作俑者很可能是日本人）。

但超慢速训练真的好吗？相关研究很少，多数并不支持这种奇怪的想法[1]，而是发现它的增肌效果明显比传统训练的效果差，尤其对于有一定训练经验的人来说。

慢速训练的问题在于，一旦刻意地用慢速训练，必然明显降低训练可以使用的重量。

学术界仍在讨论训练速度和增肌效果的关系，这里只能初步建议，对于多数训练动作，训练时动作速度以中速为佳，比如2—0—2（做一个动作，推起用2秒，中间基本不停顿，还原用2秒）。

当然，每组后面的几次重复，因为肌肉疲劳的原因，收缩速度必然会降低，可能前面几个是2—0—2，后面变成3—0—2、4—0—2，甚至最后你可能用了5秒才推起来，这都没问题，不是说一组里的每一次重复都必须保持2—0—2这个速度。

有些训练动作的动作轨迹比较长，比如深蹲，2—0—2这个速度可能有点快了，不用拘泥于这个速度。

为了保证训练安全，建议新手的收缩速度可以稍微放慢一点。对于新手来说，动作速度似乎不那么重要。

————————————— 划重点 —————————————

对于新手来说，增肌训练的动作速度以慢速到中速为最好；中、高阶训练者以中速为宜，比如2—0—2。

—————————————

1 Herman-Montemayor, JR, Hikida, RS, and Staron, RS. Ear- ly-phase satellite cell and myonuclear domain adaptations to slow-speed versus traditional resistance training programs. J. Strength Cond Res., 2015.

增肌训练要素：训练频率

我们再说一下训练频率。训练频率就是指一个部位的肌肉一周练几次。关于这个问题，目前有各种各样的说法，还没有达成一个共识。

原因可能在于，训练频率高度个人化，每个人的肌肉恢复速度不一样，有的人能多练，有的人稍微多练一点就容易过度训练。因为，肌肉训练一次后，一定要等它恢复了之后才能第二次训练。

恢复要多久呢？一般来说，足量的训练后，肌肉至少需要48小时才能恢复。有些大肌群，甚至需要72小时。

当然，每个人的恢复能力都不同，具体到个人，训练后要恢复多久，不可能给出一个统一的结论。

训练频率还与训练量的安排有关。并且，现在似乎有证据表明，只要总训练量一样，怎么安排训练频率都不影响增肌效果[1]。不管是把训练量分散开，提高训练频率，还是把训练量集中，降低训练频率，增肌效果都差不多。当然，除了极端地胡乱安排。

所以目前只能建议，先确定训练量，然后看如何把这些训练量整合到训练频率中去。如果你每周的训练量比较大，可以增加训练频率，把训练量适当分散一下。

还有一种训练频率的设计是一天两练，双分化。但双分化对增

1　Schoenfeld, BJ, Grgic, J, and Krieger, J. How many times per week should a muscle be trained to maximize muscle hypertrophy? A systematic review and meta-analysis of studies examining the effects of resistance training frequency. J. Sports Sci. 37: 1286-1295, 2019.

肌到底是有好处还是有坏处，有限的研究结论也并不统一。我个人不是很推荐双分化，它会导致比较高的疲劳程度，而且一天练2次，训练前后营养的补充和日常饮食的安排也会比较麻烦。

这里只给出一般建议。对于增肌新手，一个部位肌肉每周做2～3次训练。如果新手只做一组训练，每个部位肌肉每周可以训练3次；若是多组训练，则一个部位每周练2次，基本是比较合理的安排。

对于中、高阶增肌者，每周1～2次的频率可能是比较现实和合理的。

———————————————┤ 划重点 ├———————————————

对于增肌新手，每个部位肌肉每周训练2～3次；而中、高阶训练者每周1～2次为宜。

增肌训练要素：动作幅度

动作幅度其实就是我们通常说的全程收缩、半程收缩和部分收缩。

传统的研究一般支持全程收缩，也就是要把一个训练动作做完整，这样更有利于增肌。但后续的研究发现，实际情况要更复杂一些。比如有些研究发现，部分收缩与全程收缩的增肌效果一样好，甚至在有些情况下部分收缩的增肌效果超过全程收缩。

具体原因还不清楚，但可能是因为，训练时肌肉部分收缩比较省力，不像全程收缩那么累。所以部分收缩能使用更大的重量，这样就给了肌纤维更大的机械刺激。

但是，这些研究在设计上都有或多或少的不足。

另外，几乎所有研究都是针对某块特定的肌肉去设计的，比如有的用深蹲，针对的是股四头肌；有的用伸肘，针对的是肱三头肌。但是有个问题必须考虑，因为解剖学和生物力学的原因，不同部位的肌肉，其激活方式不见得一样。

针对某一块特定肌肉做实验，如果观察到对它来说半程收缩更好，那能不能把这个结论推广到其他所有肌肉上呢？这还要打个问号，因为每块肌肉的解剖学和生物力学都不同。

而且，很多训练动作，在不同的关节角度下，肌肉会产生不同侧重的激活。比如股四头肌，不同的关节角度会激活到不同的肌头。如果用半程收缩去训练，可能不能完整地训练到一块肌肉的所有部分。

所以目前一般的建议是，增肌训练的主体还是需要全程收缩。也就是说，在主要的训练量中，建议完整地做完一个动作，同时搭配半程或者部分收缩的训练，尝试对局部肌肉做灵活的安排。

划重点

建议训练主体以全程收缩为主，部分收缩可以作为搭配。

"胸中缝"可以单独训练吗

接下来我聊聊与训练相关的几个常见话题，通过解决这些训练当中的问题，大家可以学会很多与增肌相关的基础知识，对提升训练水平，和未来更深入地学习增肌都会很有帮助。

很多人认为所谓的"胸中缝"可以单独练，还给出某些专门练"胸中缝"的动作。这个部位真的可以单独练吗？

答案是，不可以。

第一个原因在于肌纤维"全或无"的收缩方式。如果要单独练习胸肌中缝，那我们就必须单独收缩胸肌中缝部位的肌肉，或者至少单独更用力地收缩胸肌中缝部位，而不那么用力地收缩胸肌的其他部位。

我们看图2.9，这是胸肌。无数根肌纤维从胸骨附近连接到上臂的肱骨。这些组成胸肌的肌纤维的收缩，让胸肌发生了收缩。

那么这些肌纤维是怎么收缩的呢？肌纤维，是由一个个叫"肌小节"的东西串联组成的，肌纤维的收缩，就是组成肌纤维的所有肌小节的同时收缩。

所以，肌纤维的收缩遵循"全或无"原则，就是这根肌纤维要么收缩，要么不收缩，它没有只收缩其中一部分而不收缩另一部分的能力，也没有用力收缩其中一部分而不那么用力收缩另一部分的能力。

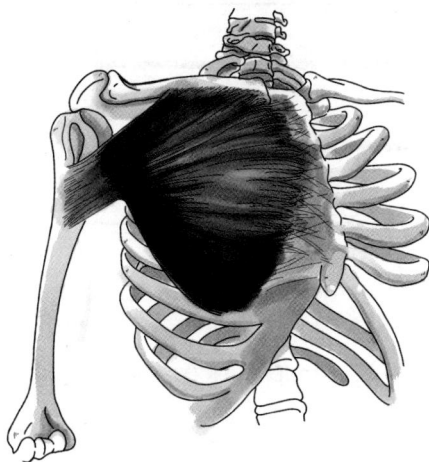

图2.9

┤ 划重点 ├

肌纤维收缩遵循"全或无"原则。

这就很明确了，我们的胸肌在收缩的时候，虽然不可能让所有肌纤维都收缩，但从宏观上看，整块胸肌要么都收缩，要么都不收缩，我们没有办法只收缩胸肌的中缝部位，或者相比胸肌其他部位更用力地收缩中缝部位。

而且，肌肉里的肌纤维，不见得都是完整的一根从肌肉的一端贯穿到另一端。我们的肌肉普遍存在串联肌纤维的情况，也就是肌肉中的一部分肌纤维，是由几根更短的肌纤维首尾相连串联起来的。

拿胸肌为例，我们看示意图2.10。

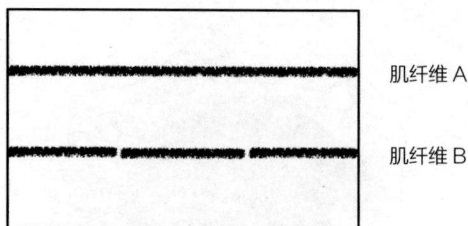

肌纤维 A

肌纤维 B

图 2.10

正常情况下，我们认为一根肌纤维，是从胸肌一端一直延伸到另一端，如肌纤维 A。但实际上还有一种情况，就是肌肉里某些肌纤维是由几根更短的肌纤维串联起来的，如肌纤维 B。

由两根，甚至更多根肌纤维串联，中间由结缔组织相连，就形成了一根长的肌纤维。组成这样的串联肌纤维中的每一根肌纤维，也是单独的一根肌纤维，在收缩的时候，可以单独收缩。

这可能对练胸肌中缝是个好消息。假设胸肌里面的每一根肌纤维都像图 2.10 中的肌纤维 B 那样，排列整齐地串联在一起，那么理论上说，胸肌中缝就可以单独收缩。

但是，很可惜，不是这样。我们的串联肌纤维并不是整齐排列的，而是混乱排列的，就像图 2.11 所示，每一根串联肌纤维都不一样，而且其中还夹杂着无数根完整贯穿肌肉的非串联肌纤维。

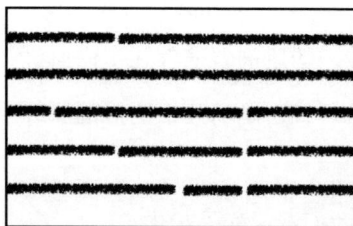

图 2.11

胸肌里虽然有一部分肌纤维是串联的，但串联肌纤维的排列并不规律，所以就不可能实现胸肌的一个局部单独收缩或者单独更用力收缩的情况。

不能单独练胸肌中缝还有一个原因。假设我们的胸肌都是串联肌纤维，而且是排列整齐的，但是我们自己是没法去特别控制胸肌中缝的肌纤维收缩，或者外侧的肌纤维收缩的。

这个问题要讲清楚很复杂。大家还记得运动单位吧？一块肌肉里的所有肌纤维，都分成很多大小不同的运动单位，肌肉是通过运动单位来收缩的。

一个运动单位收缩的时候，这个运动单位里的所有肌纤维都会同时收缩。而且，还有一个很有意思的现象，一个运动单位里的所有肌纤维并不都是在一起的，它们分散在一块肌肉里的不同地方。

举个例子形象说明一下。一个学校有10个班，校长把所有同学都叫到操场，但是要求大家不要按班站在一起，而是随机打乱了站。站好后，校长让3班的同学举手，可能在操场各处都有人举起手来，他们不是挨在一块的。

串联肌纤维的情况也是这样。一根长串联肌纤维上的几根短肌纤维往往属于不同的运动单位。

总的来说，肌纤维的分布和控制都比我们想象的复杂得多。所以，就算串联肌纤维排列整齐，我们也根本没办法单独收缩或者着重收缩一块肌肉里局部的肌纤维。

肌纤维的分布和对它们的控制都是非常复杂的，且不受我们的主观意识决定。

目前没有任何研究能证明我们能通过特殊的方式更有效地训练胸肌中缝。

但是，为什么大家在夹胸的时候，能感觉胸肌中缝有种说不清的"被训练到"的感觉呢？

首先，我总是强调，个人的主观感觉是不能作为科学依据的，科学要看客观的数据，而且是在设计科学的实验中得到检验后得出的数据。

另外，训练中肌肉的某个局部感觉更强烈，可能是受到其他因素的影响。如果某个训练动作刚好能更明显地挤压到一块肌肉的某个局部，就可能导致你局部感受特别明显。或者，肌肉局部代谢产物的清除率不均等，也可能会对泵感产生特别的影响。

但是我要强调，这不是说夹胸这个动作就没有意义了。夹胸虽然不能单独训练胸肌中缝，但它仍然是训练整个胸肌很好的动作。胸肌练好了，胸肌中缝自然也就有了。

随着胸肌训练年限的提高，胸肌的肌肉体积越来越大，胸肌中缝也就会越来越明显。

于是，训练者可能在某段时间着重做某一个胸肌训练动作，而这段时间，也刚好是胸肌中缝逐渐变明显的阶段，于是他就把两件事联系起来，认为是某个动作练到了胸肌中缝。

还要注意，胸肌中缝不能单独训练不代表所有的肌肉都不能单独侧重训练。有很多解剖学上更复杂的肌肉是可以通过不同的训练安排，侧重训练其中的一个部分的。

"触胸反弹" 是错的吗

推胸要不要触胸，这是大家经常讨论的问题。讲这个问题之前要先讲一下"本体感觉"。

简单说，我们无时无刻不在收缩肌肉，让身体做各种活动，但你要准确地做出这些活动，你的神经动作控制系统就要知道肌肉的收缩情况，比如肌肉正在以多快的速度收缩、多大的力量收缩，等等。

举个例子，你现在要抓起一个鸡蛋，你的大脑知道，鸡蛋这东西很脆，力量大了，鸡蛋会被捏碎。所以你的神经动作控制系统会控制你的手部肌肉，以一个合适的、刚好能抓起鸡蛋，但又不会把鸡蛋捏碎的力量去抓它。

这时你的神经动作控制系统就需要知道，你的手部哪些复杂的肌肉，各自都使用了多大的收缩力和多快的收缩速度，让你成功地抓起鸡蛋。

神经动作控制系统对这些肌肉运动情况的感知，就是本体感觉。当然，广义的本体感觉的含义还要更丰富。

那我们为什么会有本体感觉的能力呢？这是因为肌肉里有很多

本体感受器，这些感受器就是一个一个小的传感器，能感知肌肉的收缩情况。

本体感受器的种类有很多，最重要的是肌梭和高尔基腱器官。在这里我们关注肌梭，如图2.12所示。

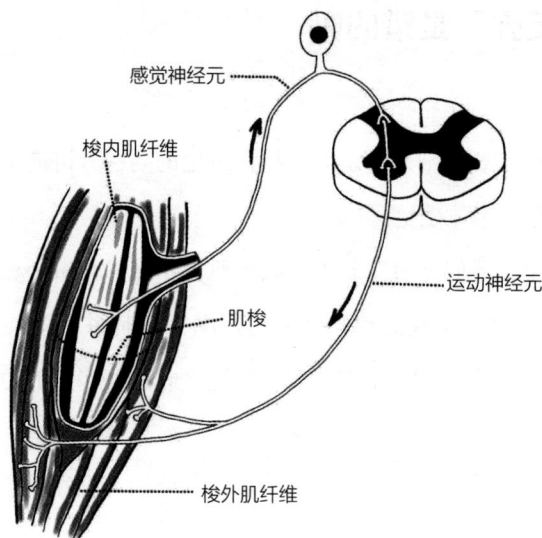

感觉神经元

梭内肌纤维

肌梭

运动神经元

梭外肌纤维

图2.12

肌梭分布在肌肉里，我们的每一块肌肉里都有若干肌梭。肌梭能干什么呢？它能感受肌肉长度的变化以及长度变化的速度。

也就是说，肌梭能感受到肌肉是不是被拉长了，同时也能感受到被拉长的速度。比如你下蹲，你的股四头肌会被拉长，你快速下蹲，股四头肌拉长的速度就快，你慢速下蹲，股四头肌被拉长的速度就慢，这些肌梭都能感受到。

那肌梭感受到了肌肉被拉长之后会怎么样呢？简单说，当肌梭感受到你的肌肉被缓慢拉长的时候，它不管。当它感受到你的肌肉被快速拉长的时候，肌梭就会被激活，马上把这个信息告诉脊髓，脊髓马上命令肌梭所在的肌肉收缩。

膝跳反射是反映肌梭的这种作用的最典型的例子。

用小锤敲膝盖下方的肌腱，这个肌腱连接着股四头肌，小锤一敲，相当于股四头肌被快速地拽了一下，即快速地被拉长了。于是，股四头肌里的肌梭感受到股四头肌被快速拉长，肌梭被激活，它传送一个信号给脊髓，脊髓迅速再发出一个信号，让股四头肌马上收缩。这时候，被小锤敲的腿就会往前踢一下。这就是膝跳反射的原理，这个过程叫牵张反射，如图2.13所示。

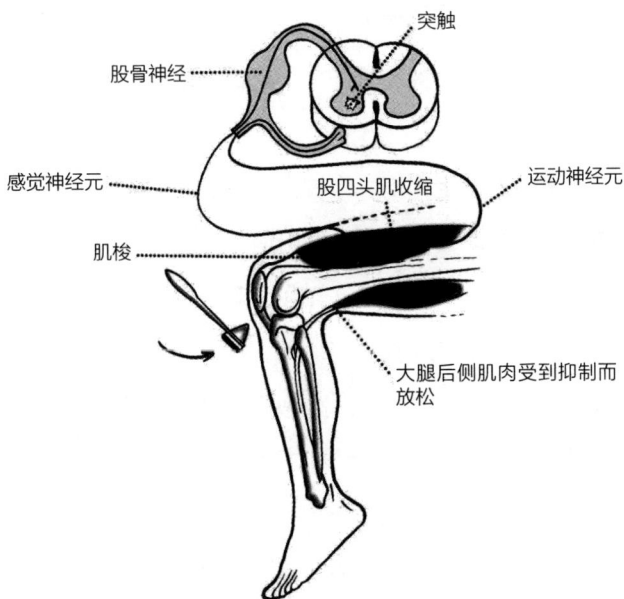

图2.13

这里要注意的是，肌肉必须快速被拉长才能激活肌梭。就像膝跳反射，敲髌骨下方的肌腱，股四头肌快速被拉长，但如果慢慢地按压髌骨下方的肌腱，股四头肌被缓慢地拉长，那肌梭是不会被激活的。

─────────────┤ 划重点 ├─────────────

肌梭是感受肌肉收缩和收缩速度的传感器，收缩速度快，肌梭才会被激活。

人体为什么进化出了肌梭，而且专门用来感受肌肉的快速收缩呢？原因有很多，其中一个主要原因是它能帮助我们调节肌肉收缩力。

我们可以这样想，假如给你的肩膀上突然压一个很重的杠铃，因为杠铃的重量，你会被压得往下蹲。杠铃重量越大，你下蹲的速度就越快。

如果重量大到一定程度，你被压下蹲的速度快到一定程度，这时候肌肉里的肌梭就会被激活，发出信号，让你的肌肉马上反射性收缩，去及时对抗这个压力，这样你面对外力，就能自然、快速地发挥出合理的肌肉收缩力了。

把肌梭的知识用到健身上，就是牵张-缩短循环。什么叫牵张-缩短循环呢？这就和我们这一节要讨论的主题联系上了。

做卧推时的触胸反弹过程就是牵张-缩短循环。"牵张"，就是杠铃快速下落，你的胸肌被这个外力快速牵拉、舒张，也就是被拉长；"缩短"，就是你胸肌收缩，推起杠铃。

这样做卧推会怎么样呢？经验告诉你，这样推胸，你推起的重量会更大，牵张–缩短循环是会让力量提高的。

┤ 划重点 ├

牵张–缩短循环会使肌肉收缩力增大。

为什么呢？这个过程里面就有肌梭的参与。你让杠铃快速下落，胸肌被快速拉长，肌梭会感受到，所以这时候你的胸肌就会反射性地快速收缩。大家回忆一下膝跳反射的例子。

这个反射性的收缩力，与你主动发力推起杠铃的力量结合在一起，使你推起杠铃的力量提高。

反过来说，如果你让杠铃慢慢下落，没有激活肌梭，你再推起杠铃的力量就没有那么大。

当然，牵张–缩短循环让力量增强，其中还有串联弹性结构势能等原因，但这里我们先不讨论。

在举重项目中，就可以利用牵张–缩短循环原理，使举起来的重量更大。当然，这与运动规则有关，有时候规则不允许借助牵张–缩短循环。

说回增肌训练，有人认为一定不能利用牵张–缩短循环来举起重量，因为牵张–缩短循环是有"助力"的，而增肌必须用"真实"的力量去训练才能有效果。

这种观点认为，卧推不能触胸反弹，而应该停顿一下，甚至停顿3~4秒再推起来，否则就是训练作弊，影响增肌效果；甚至还有人说，不停顿就不能增肌。

这种说法纯属想当然。

一般来说，牵张–缩短循环确实不用来做增肌训练，它主要用于爆发力训练，运动生理学已经很明确地指出，牵张–缩短循环对提高爆发力效果很好。

但是，这也不是说，增肌时出现了牵张–缩短循环就完全是错的，就无法增肌。

拿卧推触胸反弹来说，有些人过分强调避免牵张–缩短循环，认为卧推中间必须停顿几秒再推起来，提出所谓的"几秒原则"。其实，这些说法是没有根据的，目前还缺乏设计良好的实验来证明，到底增肌训练的向心和离心动作之间如何间隔更有利于增肌。

而且，在停顿的几秒钟你要一直等长收缩着，等长收缩消耗了太多力量，根据肌肉的疲劳–张力关系，之后你能推起的重量也会减小，这样必然会影响训练效果。

所以，在增肌训练过程中，就算触胸反弹不一定好，那适当停顿一下就可以了，完全不需要刻意停顿太久。

我们把话题再延伸一下。

假如你不以增肌为目的，而是在一般的运动中，比如一些需要爆发力的运动，想要借助牵张–缩短循环的帮助，让你输出更大的力量，应该怎么做呢？这就是在讨论影响牵张–缩短循环增强幅度的因素。也就是说，怎么做能让牵张–缩短循环更有效。

主要有以下两点。

第一，离心收缩的速度要快，承受的力量要大，也就是肌肉先被拉长的速度要快，拉长的力量要大。

牵张过程的速度越快，受力越大，之后牵张–缩短循环发挥的力量就越大。

还是以卧推为例，杠铃下落的速度越快，力道越大，之后反弹推起的力量也越大。

当然，这个下落也是要有所控制的，不能完全不控制。另外，这个过程要在安全范围内，离心收缩受伤的风险比较高，一定要保证关节和肌肉安全。

第二，耦合时间要尽可能短。

耦合时间，也就是在牵张–缩短循环中，先牵张后缩短，二者之间间隔的时间。比如你做卧推，让杠铃快速落下，触胸反弹快速推起，这个落下和推起之间的时间，就是耦合时间。

耦合时间越短，之后牵张–缩短循环产生的力量就越大。也就是说，卧推时，杠铃快速下落，如果你不停顿，马上顺势反弹推起，这时候力量最大。如果你停顿了一下再推起，力量就小了。

———————————— ┤ 划重点 ├————————————

牵张–缩短循环一般用在提高爆发力上，我们可以用合理的方法让它发挥更大的作用。

———————————————————————————————————

所以，如果你想利用好牵张–缩短循环，就应该注意上面这两个因素。再次强调，牵张–缩短循环能增加力量，但是它的受伤风险也很高，所以一定要首先确保安全再去使用。

第二天的酸痛——运动后延迟性肌肉酸痛

说起训练频率和恢复，很多人会想到训练后第二天的肌肉酸痛。做过力量训练的人都有这样的经历，刚训练完没事，第二天，训练的部位肌肉开始疼，一用力就疼，一碰也疼。一般要疼一两天，有时候甚至会疼三四天。

因为这种酸痛感不是训练后马上出现的，而是第二天（有的人甚至更晚）才出现，所以学术上将这种现象叫作运动后延迟性肌肉酸痛。

那么是什么原因导致这种酸痛的呢？目前还没有明确的说法。1902年，运动医学界开始研究延迟性肌肉酸痛（DOMS），陆陆续续提出过一些理论，但直到现在，这个问题还没弄清楚。其实也不奇怪，学医的同学都知道，人体的疼痛机制本身就非常复杂，所以延迟性肌肉酸痛真的很难解释。

不过民间对此有许多说法，最有市场的就是延迟性肌肉酸痛是因为乳酸，训练产生了乳酸，乳酸没有排出去，所以第二天就开始酸痛了。这种说法很明显站不住脚，如果酸痛真的是乳酸排不出去导致的，那为什么当时不酸痛，非要等到第二天？

力量训练的确会因为糖类的无氧代谢产生大量乳酸，但是乳酸产生的同时也在清除，肌肉中的乳酸清除速度很快，即便是血乳酸，在运动后的1~2个小时内也会清除干净，根本不会等到第二天去让肌肉酸痛。

这种荒唐的解释还引发了另一种说法，说训练后必须拉伸、排酸，否则第二天肌肉就会酸痛。既然肌肉酸痛与乳酸没有关系，那这种说法也就毫无根据了。

而且，有些研究逐渐发现，穿压力衣、冷冻疗法、冷热水交替疗法等，可能有助于缓解DOMS[1]，但偏偏没有发现拉伸对DOMS有帮助。

如果不喜欢延迟性肌肉酸痛，预防仍然是最有效的手段。

离心运动更容易造成延迟性肌肉酸痛，从经验上看确实也是这样。在日常生活中，下楼梯、下山等，对腿部肌肉来说，都是典型的密集离心运动。经常不活动的人，突然做这类离心运动后，第二天往往会出现肌肉酸痛。

延迟性肌肉酸痛还有一个特点，就是平时越不习惯的运动或动作，越容易造成延迟性肌肉酸痛。比如我们练肌肉，老用一个动作练，慢慢地，延迟性肌肉酸痛的感觉就会越来越不明显。但同样的肌肉部位，如果换个新动作来练，延迟性肌肉酸痛的感觉又会变得很明显了。

练肌肉的人往往很喜欢延迟性肌肉酸痛。一方面，酸痛期间伴随着肌肉的肿胀感，很有感觉；另一方面，很多人认为，训练后第

---

1 Dupuy, O, Douzi, W, Theurot, D, Bosquet, L, and Dugue,B. An Evidence-Based Approach for Choosing Post-exercise Recovery Techniques to Reduce Markers of Muscle Damage, Soreness, Fatigue, and Inflammation: A Systematic Review With Meta-Analysis. Front. Physiol. 9: 403, 2018.

二天如果肌肉酸痛就代表练到位了，所以心里很有满足感。

那么，延迟性肌肉酸痛是否能代表肌肉训练到位了呢？目前还不能下结论，但可以这么说，延迟性肌肉酸痛很可能与肌肉增大关系密切。比如有些研究认为，延迟性肌肉酸痛可以使肌肉卫星细胞大量增殖。我们知道，卫星细胞负责肌肉的修复再生。所以，很可能，注意是很可能，延迟性肌肉酸痛是让我们肌肉增长的一个因素。

所以，一方面，我们不要"唯延迟性肌肉酸痛论"，认为只要不疼，就是没练到位；另一方面，我们也应该重视延迟性肌肉酸痛，尤其是新手。如果一个新手刚开始练肌肉，练完没有酸痛感，那可以肯定地说他没练到位；而对有一定训练经验的人来说，如果训练后肌肉不酸痛，这可能是在提示需要更换动作了。

──────┤ 划重点 ├──────

肌肉酸痛可能对增肌比较重要，但是不能用肌肉酸痛与否作为衡量是否增肌的唯一标准。

常有人问，为什么我怎么练都没有酸痛感？这怎么办？这种情况一般多见于训练老手。如果想追求延迟性肌肉酸痛，一个方法是换动作，用新的动作刺激肌肉；另一个方法，就是强调离心收缩的过程。比如可以专门增加一个纯离心组，使用大负重单做离心训练，但是要注意安全。

很多人关注的另外一个问题是，肌肉酸痛期间该不该继续训练？一般不建议。

延迟性肌肉酸痛期间，肌肉收缩力会降低，而且肌肉运动单位的募集模式也可能发生改变，这可能是因为有一部分肌纤维出现了明显的损伤。总之在肌肉酸痛期间，最好不要进一步做大重量的训练，否则导致肌肉严重损伤的可能性会升高。

训练后冷水疗法有助于增肌吗

现在好像很流行训练后用冷水或者冰水敷训练的肌肉，甚至干脆泡在冰水里面，很多人认为这样能促进恢复，有利于增肌，真的是这样吗？

这种方法可能对延缓DOMS有帮助，但对增肌不见得有用，甚至可能有负面作用，比如会影响训练后肌肉蛋白质的合成，甚至对增肌有直接的影响[1,2]。

增肌训练和有氧运动怎么搭配

很多增肌者不知道在训练的同时有氧运动该怎么做，有的人说，增肌训练的同时必须做有氧，不然会把身体练伤；还有人说，

1 Roberts, LA, Raastad, T, Markworth, JF Figueiredo, VC, Egner, IM, Shield, A, Cameron-Smith, D, Coombes, JS, and Peake, JM. Post-exercise cold water immersion attenuates acute anabolic signalling and long-term adaptations in muscle to strength training. J. Physiol. 593: 4285-4301, 2015.

2 Yamane, M, Ohnishi, N, and Matsumoto, T. Does Regular Post-exercise Cold Application Attenuate Trained Muscle Adaptation? Int. J. Sports Med. 36: 647-653,2015.

做有氧运动会"掉肌肉"，增肌的人不能做有氧运动。

到底该怎么做呢？本节就来讲增肌训练和有氧运动的搭配。

首先简单说一下什么是有氧运动，什么是无氧运动。

这就涉及肌肉能量代谢方面的基础知识了。肌肉收缩要消耗能量，人体中能提供能量的物质，最主要的是三种：糖、脂肪、磷酸肌酸。当然，蛋白质、酒精和乳酸对我们来说也都是能量物质，但这里说的是最主要的能量物质。

有的同学可能会说，ATP（三磷酸腺苷）也是一种能量物质吧？是的，但是ATP与糖、脂肪这些能量物质相比，类型还是不太一样。怎么理解呢？我给大家打个比方。

比如你去商场里面的游戏厅玩游戏，你手机微信里有钱，兜里也有人民币，但是你能直接拿它们玩游戏吗？不能，你必须先把这些钱换成游戏币，然后用游戏币启动游戏机。

若人体是游戏厅，那ATP就相当于游戏币。我们平时说的糖供能、脂肪供能的过程是，糖、脂肪先把自己所带有的能量放到ATP上，然后细胞再用ATP来供能。

人体中所有的能量物质供能都遵循这样一个过程，从本质上讲，就是用能量物质生产ATP的过程。

所以ATP也算一种能量物质，但它的性质与其他能量物质是不一样的。

而且，人体基本不储存ATP，平时细胞里当然有一点ATP，但是非常少。比如肌肉细胞里现有的ATP，只够你全力运动1~2秒的时间，然后就没了。而我们平时消耗能量，消耗的ATP，都是现生产现消耗。

接下来我介绍一下磷酸肌酸是什么。磷酸肌酸是肌肉里面储存的一种能量物质。大家比较熟悉的肌酸是一种补充剂，其实磷酸肌酸与肌酸本质上是一种东西。大家记住，肌酸就相当于没有充电的磷酸肌酸。

我们摄入肌酸后，理想情况下，它会进入肌肉，然后其中一部分肌酸带上一种叫磷酸基团的东西，变成了磷酸肌酸。这时候的肌酸就有了能量。

当肌肉需要消耗能量的时候，这些磷酸肌酸就会合成ATP，提供能量。之后，这些磷酸肌酸又变回肌酸，相当于充电电池的电用完了。

当然，这些肌酸不是没用了，"用完电"的肌酸还能在身体里再"充电"，重新变成磷酸肌酸，等待下一次被使用，就这样循环。

虽然肌酸在供能的时候不会被真的消耗完，而是可以循环使用，但是我们别觉得只要补充一次肌酸就够用一辈子了，它每天都会通过代谢丢失掉一些。

糖、脂肪、磷酸肌酸，这三种最主要的能量物质，差别很大。我们这里关注一个最主要的差别，就是它们的供能速度不一样。

我们的身体在不同的场景下需要能量，比如散步，单位时间里需要的能量很少，细胞只需要用很慢的速度合成ATP就可以了；而在赶飞机需要快跑起来的时候，就需要快速合成ATP。

所以简单说，进化让我们有了三种主要的能量物质，来应对不同的能量需求场景。其中磷酸肌酸供能速度最快，在身体特别急需能量的时候就靠它。糖的供能速度第二。脂肪的供能速度最慢，平时不急需能量的时候用脂肪供能。

如图2.14所示，纵轴是供能速度。我们能看到，磷酸肌酸供能速度是最快的，糖酵解其次，糖类氧化作用第三，脂肪氧化作用最慢。

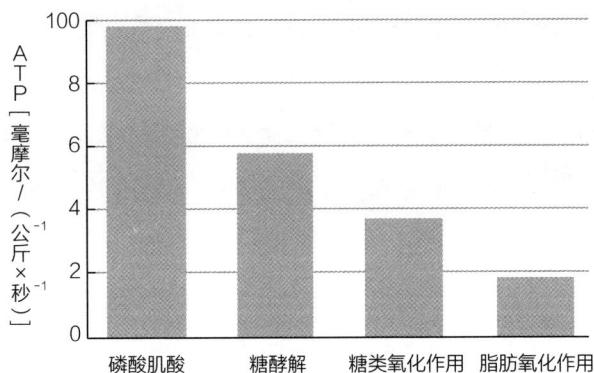

图2.14

其中糖酵解和糖类氧化作用都属于糖供能，只不过一个是糖的无氧代谢供能，一个是糖的有氧代谢供能。

──────────────┤ 划重点 ├──────────────

不同的能量物质供能的速度不一样。

这就涉及这三种能量物质供能的另外一个差别——需不需要氧气。

磷酸肌酸供能是不需要氧气的，它可以无氧代谢产生能量。糖可以有氧代谢产生能量，也可以无氧代谢产生能量。脂肪就只能通过有氧代谢才能产生能量。

所以我们平时说的有氧运动、无氧运动，说到底看的是供能方式。以有氧代谢为主要供能方式的运动是有氧运动；以无氧代谢为主要供能方式的就是无氧运动。

最后，这三种能量物质还有一个差别，就是储存的位置不同。这里咱们不需要讲得太复杂，大家熟悉一个概念就可以：肌糖原。

肌糖原，就是储存在肌肉里的糖，平时基本用不到它，运动的时候，需要糖供能了，肌肉里的肌糖原才会被使用。

这里需要注意，虽然能量物质的供能速度不一样，是否需要氧气也不一样，但当我们运动时，并不是只选择其中一种能量物质来用，而是同使选择几种，只不过各自的比例不一样。

比如运动强度低的时候，脂肪用得多，糖少一些，磷酸肌酸就更少了；运动强度高的时候，糖和磷酸肌酸用得多，脂肪用得少。

────┤ 划重点 ├────

几乎在任何时间里，所有能量物质都是同时被利用的，只是比例不同。

我们看图2.15，这是运动时糖和脂肪的利用情况。横轴是运动强度，用最大摄氧量比例来表示，越往右运动强度越大。纵轴是能量物质的供能比例。我们能看到，运动强度越大，糖供能的比例越大，脂肪供能的比例越小，它俩正好相反，打了个叉。

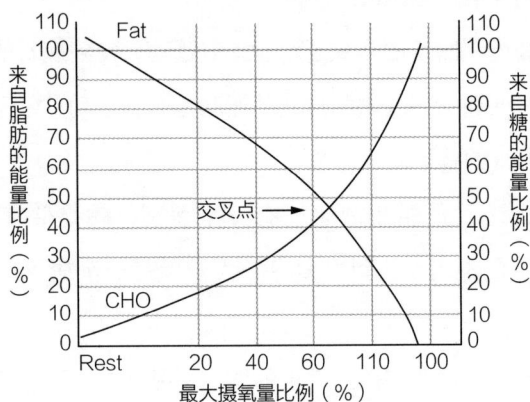

图2.15

比如跑步，慢跑的时候，脂肪和糖的供能比例可能是6∶4；如果跑快一点，可能就是5∶5了；再快一点，糖比例增加，可能就是4∶6；如果是极速跑步，那糖占的比例就更大了。

单独说糖的话，糖既能有氧供能，也能无氧供能，这两种供能方式也是同时进行的。运动强度越大，需要合成ATP的速度就越快，那么自然，糖的无氧供能比例就会提高，有氧供能比例就会降低，反之亦然。因为糖无氧供能产生能量的速度会更快。

那增肌训练又是以什么能量物质为主供能呢？

增肌训练的强度还是比较高的，训练的时候，如果用10RM的重量，每一组我们持续完成动作，持续做几十秒就没劲儿了。增肌训练的能量主要来自糖酵解，也就是糖的无氧代谢提供的。

增肌训练使用的能量物质主要是肌糖原。大家在这里记住，增肌训练很依赖肌肉中的肌糖原。这时候不是不能利用血糖，但它不如肌糖原好用。

当然，其中也有一定比例的磷酸肌酸供能。这两种无氧代谢供能方式，提供了增肌训练时的主要能量。剩下的比较小部分的能量则由有氧代谢提供。

所以我们知道，增肌属于无氧运动，就是因为它的主要供能方式是无氧代谢供能。

一般来说，全力去运动，运动时间能持续30～120秒的，都是以糖酵解供能为主的运动。

而比增肌训练强度更高、持续时间更短的运动，比如50米冲刺、100米冲刺、挺举、铅球、跳高等，主要通过磷酸肌酸来提供能量。一般来说，持续时间在6～8秒的极高强度运动，都是以磷酸肌酸供能为主的运动。

运动时选择哪种能量物质供能，最主要就是看运动强度。

我们看图2.16，这是不同运动通过有氧代谢、无氧代谢供能的大致比例。

但还是要强调，一切都是比例问题，不管什么运动，所有能量物质基本都是同时被利用的。

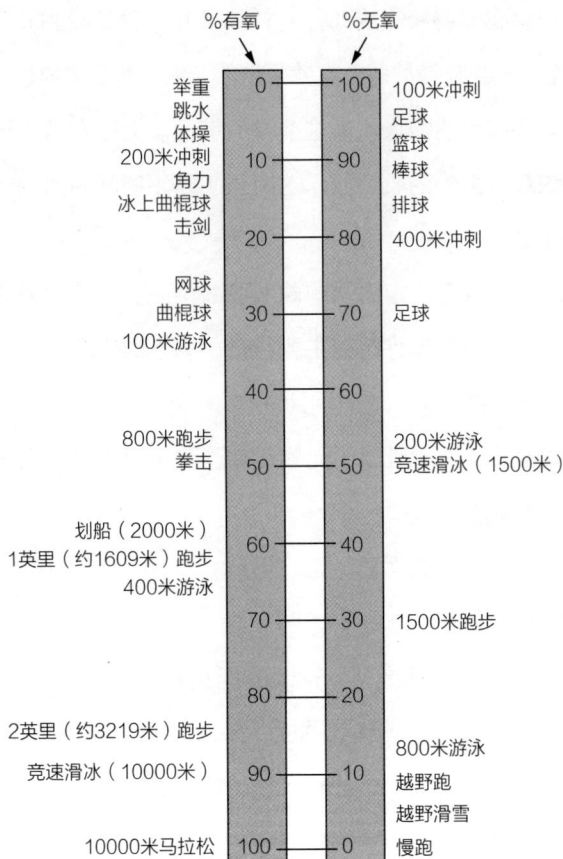

图 2.16

　　而且，同样的运动，如果运动者的运动能力不同，身体的能量代谢也不一样。举个极端的例子，对于一个长期卧床的人来说，可能起来快走几步的强度就很大，那么无氧代谢的比例就比较高；但对于普通人来说，快走基本上完全是有氧运动。

　　增肌者应该怎么做有氧运动？

首先，目前来看，增肌训练不做有氧运动会把自己"练伤"的说法有点杞人忧天。现在还不能说增肌训练对身体健康有什么必然的伤害。

有的人担心，增肌训练会使人在安静时的血压变高，把人"练"成高血压。在增肌训练的时候，血压的确会短暂升高，但是说增肌训练会让人平时的血压也升高，把人练成高血压，还缺乏明确的依据。

当然，有氧运动对身体有很多好处，这几乎是适用所有人的。所以，如果增肌者适度做有氧运动，毫无疑问也会获得这些好处。从这个角度讲，增肌者也应该做一些有氧运动。

反过来，有人说增肌者做有氧运动，比如跑步，会"掉"肌肉，这也不是绝对的。

假如增肌者每天慢跑十几分钟，这样的运动量根本不会把肌肉"跑掉"。但是如果增肌者每天快跑一两个小时，那对增肌就有影响了。

所以，增肌者跑步会不会"掉"肌肉，关键看两点：一个是跑步的强度，一个是跑步的时间。

如果跑步强度不高，属于中等偏下，那么一般不用担心"掉"肌肉，除非跑步的时间实在太长；如果跑步强度高，但是跑的时间短，也不用担心。

就怕跑步强度高，跑的时间又长，跟长跑比赛似的，甚至跑到跑不动了为止，那就对增肌训练比较不利了。所以有些增肌者想跑马拉松，这不是一个好的选择，因为会对增肌训练有很大影响。

中、高强度且长时间的有氧运动，容易减"掉肌肉"。

我们通过一个经典的实验，更直观地看一下有氧运动对增肌的影响。

这项研究把受试者分成5组，在3个月的时间里，让他们做高强度力量训练和高强度耐力训练（有氧运动）。下面是这5组的分组情况。

第1组：同时做力量训练和耐力训练。

第2组：只做上肢力量训练和耐力训练。

第3组：只做力量训练。

第4组：只做耐力训练。

第5组：对照组。

我们来看实验结果。首先，同时做两种训练的第1组，比只做力量训练的第3组，力量增长要小。也就是说，耐力训练和力量训练一起做，对力量增长是有影响的，这个结论和我们预料的一样。

另外，力量训练和耐力训练一起做的第1组，增肌效果也没有只做力量训练的第3组好。而只做耐力训练的第4组，肌肉量有所减少。

总之，我们能看到，耐力训练会影响力量训练的力量增大和增肌效果。我在这里再次强调，耐力训练会不会影响力量训练的效果，主要取决于耐力训练的量大不大。如果这项实验安排的耐力训练量很小，那就不会产生这些影响了。

关于耐力训练和力量训练一起做会不会相互影响的研究，在20世纪80年代就开始了，之后这类研究越来越多，但是结论却不是非常统一。这是因为，不同的研究安排的耐力训练量不一样，有的量大，有的量小。

通过综合分析，我们发现只要耐力训练量比较大，就很可能影响力量训练的效果。

所以，我给大家一个具体的建议。

增肌者要安排耐力训练的话，每周建议不超过2天，每天不要大于30分钟，稍微做一点就行，否则就很可能对力量增大和增肌效果产生影响。

当然，这里是说强度较高的耐力训练，如果强度低的话，比如慢跑、快步走，就无所谓了，时间完全可以长一些。

另外，如果耐力训练和力量训练用的不是一块肌肉，那影响也要小很多。比如跑步，对你上肢力量训练的影响可能就不那么大了。但是理论上仍然会有影响，因为激素或者过度训练的原因。

那为什么耐力训练和力量训练一起做，对力量训练的效果会有影响呢？这里有一些可能的机制，我简单说一说。

首先，神经方面的因素。耐力训练可能会影响肌肉中运动单位的募集。通俗地说，就是耐力训练可能会让我们在举重物的时候动员的肌纤维数量减少了，那力量就小了。

另外，耐力训练会消耗大量储存在肌肉里的肌糖原，肌糖原的恢复又需要时间，所以如果频繁做耐力训练，肌肉里的能量物质大量消耗，就会影响力量训练时所需的能量供给。

我们刚才讲了，力量训练，尤其是增肌力量训练，主要是消耗糖，靠糖酵解供能。而如果耐力训练的强度很高，也会消耗大量肌糖原，这就产生了冲突。

还有就是过度训练的可能。耐力训练加上力量训练，运动总量更大，过度训练的风险就更高。如果出现过度训练，那么对力量增大和增肌都会有明显的影响。

最后，在蛋白质合成方面，简单说，耐力训练可能会抑制肌肉蛋白质的合成通路，就可能影响增肌。

当然，也有一些研究认为，合理安排适量的耐力训练，对增肌可能有好处，不过目前这件事还不明确。而且，所谓"适量"，也是因人而异，个人很难把握对自己来说，什么量是适量的，什么量就是超量了。适量和超量，这个界限区间可能很窄，一不小心就会对力量训练产生负面影响。

所以，若增肌者希望增肌效果最大化的话，做耐力训练时还是要谨慎。

第三章

人人都能学会的训练动作

训练动作是重要的，尤其对于新手来说，要把握训练动作的底层逻辑。但我们也不必过度关注训练动作，从增肌效果上来说，训练动作的影响通常远远小于训练要素，这也是学术界非常明确的。

没有哪个训练动作是最好的，训练动作就像营养素，均衡全面多样化才最好，才最有利于全面发展肌肉形态。

关于训练动作，你知道的可能是错的

关于训练动作，很多人都有个误区，认为每个训练动作都有一个绝对正确的"标准"。增肌训练不是舞蹈，不是武术，所谓唯一的绝对的标准动作，其实是不存在的。

书本、培训老师甚至训练老手都喜欢告诉你，你这样练不对，应该那样练，手应该放这里，脚应该放那里，等等。

训练动作的规范肯定是有的，而且很重要，不过，是不是所有人都必须遵守一个范本呢？不是。

每个人的生理结构都不一样，我们的骨骼、肌肉、结缔组织的形态都是千差万别的，甚至差异很大。

所以，真正安全有效的动作，还是要配合每个人具体的身体形态。同样一个动作，可能具体到个人，所谓的"标准"就不太一样了。

也就是说，标准动作是有的，但这个"标准"只是相对的"标准"，是有一定"正确区间的标准"，允许根据每个人的情况做一些相应调整的"标准"。

在对很多训练动作做一些变形处理之后，不能说它们就错了，而是训练的侧重点产生了一些变化。

总之，绝对的标准动作不存在。我们在训练的时候，应该注意动作规范，这是绝对没错的事。但是不能教条，要根据个人的情况来做适当调整。

举个真实的例子。我认识一个人，他的肩峰下空间先天就比较小。通俗地说，他的骨头长得比较特殊（这种特殊在人群中的比例并不算小）。他用侧平举动作练肩时，听说标准动作要有一个"倒水"的感觉，上臂内旋，拳眼向下指，于是他也照做，久而久之把肩膀弄伤了，现在胳膊都抬不高了。这就是因为他本身的骨骼形态特征不适合这样练。

还是那句话，训练的时候，要根据自己的具体情况来做动作，不能太教条。

另外，现在的培训机构和所谓的老手，都存在一种不好的风气，就是喜欢化简为繁。我们知道，肌肉构成是很复杂的，把本来就复杂的运动解剖讲清楚已经非常不容易，提炼精华、深入浅出、简明扼要地阐述复杂的问题就更难了。很多人喜欢把运动解剖复杂化，实在是有故弄玄虚的嫌疑。

对于增肌训练而言，太复杂的运动解剖我们真的都能用得上吗？这还要打个问号。有的时候，真的是够了就好，多了反而容易把人弄迷糊。

所以我建议大家在学习运动解剖知识的时候，要遵循从简到繁的基本学习原理，先把握主干知识。我建议不必纠结于很多小肌肉的复杂解剖，甚至可以刻意避开它们。

另外还要强调一件事，增肌训练遵循"外行看动作，内行看要素"。过分重视训练动作，说明你还没入门。

所以，训练动作不是这本书的重点，这一章也只涉及最基础的肌肉运动解剖知识和每个肌肉部位最基础的核心动作，不多讲，点到即止。我的目的是帮助大家把训练动作的基础打好，帮助大家在思路上入门，这就够了。

运动解剖太复杂，如何秒懂训练动作

很多人觉得训练动作很难，实际上，这是因为你没有掌握好学习方法，没有把握肌肉训练动作的根本。

所以，我们首先讲如何把握一个训练动作的核心，如何迅速地掌握一块肌肉的运动解剖，从而达到快速入门的目的。

先看图3.1，这是我们胳膊上肱二头肌的解剖图。

在图里能看到，中间深色、如梭子状的东西就是肌肉。为什么叫肱二头肌呢？因为我们能看到两个"梭子"，这两个梭子下

面连在一起，上面分出两个
"头"，这个"头"就叫"肌
头"。有两个"肌头"，所以叫
肱二头肌。

我们身上有很多肌肉都是
这种梭子形的（还有一些肌肉
是其他形状的）。了解肌肉，
主要把握两个要点。

**第一，把肌肉想象成一根
能收缩的链条，能长能短。**

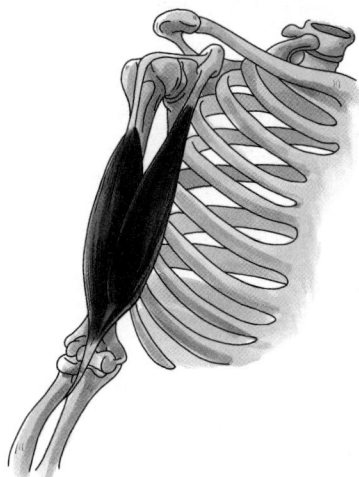

图 3.1

链条缩短、拉紧，就产生力量。肌肉也一样，肌肉能自己收缩，
收缩时就能产生力量，就是这个力量让我们的身体做出各种动作。

第二，肌肉是附着在骨头上的，而且是跨越关节的。

人体由骨头支撑，我们身体的活动、动作其实都是因为骨头在
动。骨头和骨头之间形成关节，骨头一动，关节的角度就发生变
化。肌肉的两头附着在骨头上，而且是分别附着在不同的骨头上，
跨越关节。肌肉一收缩，骨头就以关节为轴运动，就形成动作。了
解了这两点，我们看一下肱二头肌。

对应解剖图 3.1，找到肱二头肌的位置，想象一下，并且试一
下，肱二头肌收缩的时候，我们在做什么动作。

肱二头肌一头连在前臂上，另外一头连在肩膀上。所以，它一
收缩，一拉紧，形成的动作就是前臂向肩膀靠近。

再看关节。肱二头肌跨越了两个关节，一个是肘关节，另一个是肩关节，所以，它能让这两个关节都活动，形成很复杂的动作。

前臂和肩膀的活动关节是肘关节，想一下这是什么动作。就是我们肘部弯曲的动作。这个动作在解剖学上叫屈肘。

训练新手最熟悉的二头肌弯举就是屈肘的动作。

此外，肱二头肌还同时跨越肩关节。所以很多人不知道，肱二头肌除了屈肘，还有一个功能，就是参与肩部活动。比如我们做手臂侧平举这个动作的时候，肱二头肌也能参与发力。

肌肉只要跨越一个以上的关节，那这块肌肉的功能就比较复杂了。

说到这儿，大家可能就知道我们该如何把握一块肌肉的功能，或者一个动作的实质了。

比如，我们老是弄不明白，某个动作到底是训练哪块肌肉的。其实，我们只需要看看，这个动作使哪块骨头靠近哪块骨头，那么一般来说，这个动作就是训练连接这两块骨头的肌肉的。

此外也可以看关节。一个动作使哪个关节活动了，那么这个动作一般就会训练到跨越这个关节的肌肉。

反过来说，想知道一块肌肉应该用什么动作去训练，只需关注肌肉附着在哪两块骨头上以及跨越哪个关节。一个动作如果能让这两块骨头靠近，关节角度发生变化，我们就能确定这个动作是训练这块肌肉的。

还是拿肱二头肌举例。肱二头肌在肘关节上的功能就是屈肘，使前臂靠近肩膀。所以，只要是屈肘的动作，都能训练肱二头肌。

反之，如果想练肱二头肌，一般安排一个屈肘动作就可以了。

训练背部肌肉的动作也包含屈肘，所以也能同时训练肱二头肌。

男人的标志——白话胸肌运动解剖

下面我们开始讲具体的训练动作，先讲胸肌。大家结合我前面讲的知识，就能很快弄懂胸肌的功能及其训练动作。我们先看一下胸肌的解剖图，如图3.2所示。

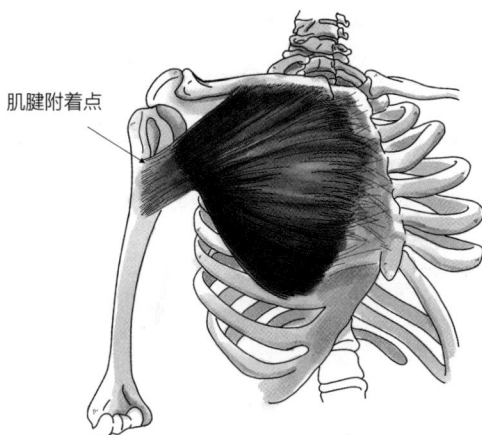

肌腱附着点

图 3.2

根据上一节的方法，我们先弄清两个问题。

- 胸肌连着哪两根骨头（或者哪两个地方）。
- 胸肌跨越什么关节。

要回答这两个问题，我们看解剖图便一目了然了。从图中能看到，胸肌不再是梭子形的了，而是一块扁宽的肌肉。它的一头连着上臂，另外一头是条弧线，其中一部分连着锁骨，另一部分连着胸骨。

胸肌跨越什么关节呢？肩关节（实际上还有肩胛胸壁关节，但这里我们只看肩关节）。

简单一点说，胸肌就是一头连着上臂，另一头连着胸部，跨越肩关节。所以，只要是上臂靠近胸部的动作，都能训练胸肌。毫无疑问，这时候肩关节也活动了。

我们举个所有人都知道的动作为例——俯卧撑。俯卧撑，很多人可能觉得是训练胳膊的，因为好像只有胳膊在动，其实不完全对。

我们想一下，胸肌的一头连着上臂，所以，上臂的很多动作肯定与胸肌有关，而不仅仅只训练胳膊上的肌肉。

实际上，我们可以记住一个规律：躯干上的肌肉收缩，上臂动；上臂的肌肉收缩，前臂动；前臂的肌肉收缩，手腕和手指头动（我们有时候用手洗衣服、拧衣服，会觉得前臂很酸，就是这个道理），都是"错一级"的。我们想想这些肌肉连着的那些骨头，就能明白了。

再看俯卧撑，我们会发现，做俯卧撑的时候，上臂是靠近胸部的。所以，俯卧撑虽然也能训练到胳膊上的肌肉，但是主要的训练部位还是胸肌。

———— 划重点 ————

上臂靠近胸部的说法让有些人觉得糊涂，我换一种更简单直接的说法。大家注意，所有从身体后侧向身体前侧运动的肘部动作，都是训练胸肌的。

毫无疑问，俯卧撑就是这样一个动作轨迹，肘部从身体后侧向身体前侧运动。但是也要注意，这里还有一个阻力方向问题。阻力方向和关节的运动方向要基本平行才行。也就是说，目标肌肉要能使得上劲儿才能达到训练的效果。比如哑铃扩胸这个动作，虽然也是两肘从后往前运动，但并不能训练到胸肌。因为哑铃的阻力方向是垂直于地面的，而肘部的运动方向是平行于地面的，所以虽然胸肌收缩，但是根本用不上多少力，真正发力的是肩部肌肉。

我们现在回去看一下胸肌的肌肉解剖图。我们注意看胸肌，是不是能看到一丝一丝的"线"？这东西就是"肌纤维"（这个肌纤维要打引号，原因比较复杂，这里暂时不讲）。肌肉就是由一根根肌纤维按照一定的顺序排列组成的。

肌肉收缩，其实就是肌纤维在收缩。对于梭子形的肌肉，肌纤维互相平行的，所以当所有肌纤维同时收缩，肌肉收缩力的方向就是一个方向，很简单。

但是，像胸肌这样又扁又宽大的肌肉，肌纤维不是平行的。胸肌好像一把扇子，肌纤维好像扇子的扇骨。

那么我们设想一下，胸肌的肌纤维同时收缩的时候，产生的收缩力的方向是一致的吗？

所以，整体上，胸肌的功能是使肘部从后往前运动，但是因为肌纤维的角度不一样，这个从后往前的运动也就有很多角度。比如可以是从后下方往前上方运动，可以是从后上方往前下方运动，当然也可以平着运动，即上臂和地面平行，肘部从后往前运动。

所以，都是训练胸肌的动作，动作稍做变形，侧重训练的胸肌的肌纤维就不同。

总的来说，我们把胸肌上的肌纤维分成两部分，一部分叫上部胸肌，或者叫胸肌的锁骨部分，简单地说就是连接锁骨的那部分胸肌肌纤维。另外一部分叫中下部胸肌，或者叫胸肌的胸骨部分，也就是连接胸骨的胸肌肌纤维。

不同的动作，对上中下部胸肌的训练侧重各不相同。

———————————| 划重点 |———————————

肘部从后下方往前上方运动的动作，偏重训练上部胸肌；从后上方往前下方运动的动作，偏重训练中下部胸肌。平行运动的动作，两部分胸肌都能训练到，且各自所占的比重差不多。

———————————————————————————————

我们可以边看书边感受一下这三类训练动作。

胸肌训练基本动作——推胸

下面我们讲一下训练胸肌的几个常见动作。

在做一个肌肉部位的训练动作时，一定要先把握基本动作，再把握变形动作。基本动作是基础，变形动作都是从基本动作衍生得来的，这个逻辑很重要。

对于胸肌来说，基本动作就两个：一个是推胸，一个是夹胸。推胸，顾名思义，就是一个推的动作，我们想象一下用双手一起推

门，大概就能明白这个动作了。看图3.3、图3.4
的动作。这是胸肌训练的一个最基本动作：卧
推。说白了，就是人躺着，双手往上推重物。这
时我们可以回想一下，卧推和俯卧撑是不是一个
动作？只不过一个是用杠铃、哑铃当重物，身体
不动，重物移动；一个是用身体的体重当重物，
双手不动，身体上下移动。

图3.3

图3.4

所以，把握训练动作的实质很重要，这样你就能摸清复杂动作的脉络了。

杠铃卧推这个动作很简单，基本分解如下所述。

- 平躺在卧推板上，双脚分开支撑地面使身体稳定。挺胸，肩胛骨自然稍微内收。

- 双手比肩宽，找到杠铃的平衡位置，握杠。新手建议使用"闭锁"的握法，也就是双手就像正常抓东西一样，好处是相对安全。上图中模特使用的是"开放"握法，适合有训练经验的人。这两种握法都可以。

- 把杠铃从杠铃架上取下来，慢慢下放到杠铃杆触碰胸部大概乳头的位置，然后慢慢推起。

- 完成一组后，把杠铃放回杠铃架上。

杠铃卧推的注意要点如下所述。

- 双手的距离要比肩宽，做动作时两个手肘要打开，不能有夹着的感觉。

- 腰部可以稍微反曲，让臀部和肩胛骨稳定贴近卧推板，但不要过度反曲。

杠铃卧推是推胸动作的代表，但不是很适合新手训练，主要原因是不太安全。新手更适合使用卧推器训练，如图3.5、图3.6所示的动作。

图 3.5 │ 图 3.6

我们能看到，这个动作其实与杠铃卧推没多大差别，只不过人是坐着的，用的是固定器械，运动轨迹是固定的，这样安全得多。

同样，用哑铃也可以做卧推这个动作，如图 3.7、图 3.8 所示。

卧推是基本动作，它的变形动作主要表现在推的方向上，即上斜卧推和下斜卧推。

上斜卧推，就是卧推板不是水平的，而是向上倾斜的，如图 3.9、图 3.10 所示。

图 3.7

图 3.8

图 3.9

图 3.10

我们观察上斜卧推这个动作，看肘部是不是从后下方往前上方移动？我们前面讲过，这个变形动作侧重训练的是上部胸肌。

有上斜自然就有下斜。下斜卧推，肘部的动作轨迹是从后上方往前下方移动，所以下斜卧推偏重训练下部胸肌，如图3.11、图3.12所示。

图 3.11

图 3.12

哑铃卧推、坐姿卧推器也是一样。我们观察肘部的运动轨迹，就能判断这种卧推侧重训练的是哪部分胸肌。

留一个思考题：俯卧撑也是一个推胸动作，如果做脚高于头部（双脚支撑在高于地面的地方）的俯卧撑，那么侧重训练的是胸肌的哪个部分呢？

关于卧推的变形动作，需要补充说明几点。

- 对于所谓的"中部胸肌"来说，平板卧推的效果最好。
- 上斜卧推对三角肌的前束也有不错的刺激。
- 卧推时，两只手的握距较宽，对胸肌的训练效果较好；握距窄，比如窄于肩宽，对肱三头肌的刺激会增加。其实我们会发现，握距变窄的时候，双肘就无法自然打开了。所以对于大多数的上肢训练动作，"动作变化看肘部"是一个很好的原则。
- 卧推训练实际上也能使用到背阔肌，胸肌和背阔肌互为拮抗肌，在训练时会出现交叉刺激。通过肌电研究发现，卧推的变形动作中，对背阔肌刺激效果最明显的是下斜卧推。
- 一般来说，下斜卧推能推起最大的重量，其次是平板卧推，推起力量最小的是上斜卧推。

在训练胸肌的"推"的动作当中，还有一个比较特殊，就是双杠臂屈伸。这个动作的肘部运动轨迹也是从后往前，而且是很明显地从后上方往前下方运动，如图3.13、图3.14所示。

图 3.13 ｜ 图 3.14

由此我们知道，这个动作侧重下部胸肌的训练。

同时这也是一个训练肱三头肌的动作。当我们做这个动作的时候，身体前倾，对胸肌刺激就更明显一些；身体直立，对肱三头肌刺激就更多一些。

胸肌训练基本动作——夹胸

本节讲胸肌训练的第二个基本动作：夹胸。

夹胸，就是两只胳膊往里夹的动作，这时上臂是从后往前运动。夹胸动作除了训练胸肌，还能训练三角肌的前束。最基本的夹胸动作是仰卧飞鸟，如图3.15、图3.16所示。

图 3.15

图 3.16

142

做仰卧飞鸟时，两只胳膊的动作就好像飞鸟扇动翅膀一样，所以顾名思义。

仰卧飞鸟的基本动作分解如下所述。

- 仰卧在平板上，挺胸，肩胛骨自然内收。
- 双手抓哑铃，两臂展开，双肘自然微微弯曲。
- 保持双肘弯曲，胸部发力，掌心相对，两臂向中间夹。

仰卧飞鸟的注意要点如下所述。

- 双肘打开，不要夹肘。
- 做动作时双肘始终保持自然微屈，角度基本不变。
- 双手打开时，不用放得特别低，基本上达到自然拉伸胸肌的程度就可以了。

仰卧飞鸟，同样也可以用上斜板或者下斜板来做。同样，上斜板飞鸟侧重训练上部胸肌，下斜板飞鸟侧重训练中下部胸肌。

夹胸动作分很多种，其实都是仰卧飞鸟的变形，比如用固定器械蝴蝶机夹胸，如图3.17、图3.18所示。

图3.17 | 图3.18

做蝴蝶机夹胸时，座椅的高低决定了训练的侧重点。座椅调得比较高，双手合拢的位置在胸部靠下的位置，那么侧重训练的就是中下部胸肌；反之，则是上部胸肌。双手合拢的位置在哪儿，就主要训练哪儿。

　　夹胸动作也可以用龙门架来做，如图3.19、图3.20所示。

　　如果双手合拢的位置比较靠上，那么侧重训练胸肌的位置就比较靠上；反之，如果双手合拢的位置靠下，则侧重训练下部胸肌。

　　不管采用什么方式做夹胸动作，它的基本要点是双肘应始终保持一个微弯曲的角度不变，仅仅是肩关节活动，肘关节不要活动。

图3.19 ｜ 图3.20

腋下生"翅"——白话背阔肌运动解剖

我们再说说背部的训练动作。

刚才说过，胸肌和背阔肌是一对拮抗肌。我们参考背部肌肉解剖图，简单解释一下拮抗肌的意思。

图3.21是背阔肌的肌肉解剖图。背部肌肉其实是一个肌肉群，不光有背阔肌，但是背阔肌是背部肌肉群中最核心，也是最重要的一块肌肉。

这个解剖图的视角是从后面看身体，我们能看到，背阔肌连接的地方是上臂（肱骨）和脊柱等。用白话来说，就是一头连接大胳膊，另外一头连接后背以及腰。

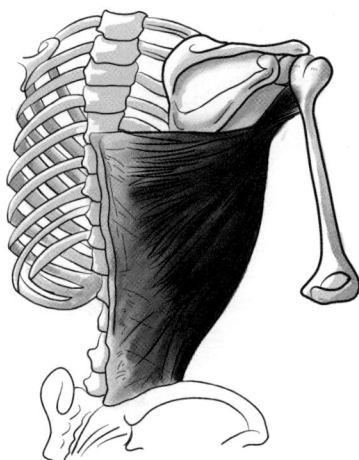

图 3.21

那么我们想象一下，如果背阔肌收缩，我们的胳膊会怎么运动？一定是从前往后运动。

胸肌的功能是让胳膊从后往前运动，背阔肌则是从前往后运动，这两个部位的肌肉的运动轨迹正好是相对的，所以，它们是一对拮抗肌。

同样，屈肘（让胳膊弯曲）和伸肘（让胳膊伸直）也是一对相对的动作，所以做这两个动作的主要肌肉——肱二头肌和肱三头肌，也是一对拮抗肌。

拮抗肌可以放在一起理解，这样比较容易把握它们各自的运动轨迹，理解训练动作。另外，拮抗肌之间也互相影响，比如，如果胸肌收缩的时候背阔肌也使劲收缩，那么背阔肌收缩就会给胸肌收缩"帮倒忙"，给它一个负力。

所以，我们做一个动作时，如果想让这个动作产生最大效果，那么拮抗肌最好不要强烈收缩。

但是，如果胸肌收缩的时候背阔肌完全不收缩行不行呢？也不行。你可以试一下，保持直立状态，双手自然下垂，这时不做任何动作，但是绷紧你的胸肌，你会发现背阔肌也同时绷紧了，在这个状态下想要绷紧胸肌而放松背阔肌是不可能的。

这是因为，胸肌绷紧收缩，会拉动你的胳膊往前跑，而你想要保持胳膊不动，那么背阔肌也必须收缩，以对抗胸肌拉动胳膊的力。

所以，拮抗肌在保持关节稳定方面发挥着很大的作用。假如一个关节周围的拮抗肌在一个方向力量很大，另一个方向力量很小，那么运动的时候关节就不容易稳定，甚至出现问题。

下面我们讲一下背阔肌的功能。

———————————————— ┤ 划重点 ├ ————————————————

背阔肌的功能，简单来说，就是让胳膊从前往后运动。任何上臂靠近脊柱的训练动作都能训练到背阔肌。

———

大家可以想象一下，上臂靠近脊柱有几种靠近的方式呢？最主要的有两种：一种是从上往下靠近，一种是从前往后靠近。

从上往下靠近怎么理解？比如我们做广播体操时，有个动作叫两臂侧平举。在两臂举起来的过程中，上臂是从下往上远离脊柱；而动作还原，两臂再放回体侧，就是上臂从上往下靠近脊柱。

还有一种靠近是从前往后，最典型的动作就是划船。我们想象一下划双桨的动作，上臂的运动轨迹就是从前往后靠近脊柱。

背阔肌训练基本动作——下拉

两种上臂靠近脊柱的方式产生了两个最重要的背阔肌训练基本动作：一个是下拉，另一个是划船。

下拉动作如图3.22、图3.23所示。

图 3.22 ｜ 图 3.23

这个动作叫高位下拉，或者下拉。我们观察图中模特上臂或肘关节从上往下靠近脊柱的动作。

下拉的基本分解动作如下所述。

- 坐在器械座椅上，挺胸直腰，稍稍自然抬头。两只手握住拉杆两侧，双手距离稍远一点，基本握住拉杆最边缘的位置。
- 双手向下拉拉杆，同时保持挺胸，上身可以稍稍后仰。
- 让拉杆基本触碰到上胸部之后，慢慢还原动作。

下拉的注意要点如下所述。

- 始终保持挺胸抬头的状态，两个肩胛骨可以稍微自然地夹紧，一定不要弯腰驼背。
- 在下拉的过程中，上身可以稍微后仰，这样动作比较自然，同时下拉的幅度也会更大。
- 拉到底端的时候，注意要更加挺胸，腰部可以稍稍反曲。

这时我们会发现，有一个我们很熟悉的动作和下拉是一回事，那就是引体向上。

引体向上和下拉是一样的，也是上臂从上往下靠近脊柱，只不过引体向上是将我们自身的体重当成重物，把身体拉起来。而下拉是身体不动，把重物拉下来。

引体向上之于下拉，如同俯卧撑之于卧推。

下面我们说说下拉的变形动作。下拉的变形，只能在双手的握距和握法上做文章（当然，还有人喜欢颈后下拉，这个动作安全性低，我们不推荐），一般分成如下几种。

- 两只手握距近一点，这叫窄握下拉。

- 两只手手心向前握（正握），也就是图片中模特的握法。

- 两只手手心向后握（反握）。

有人说，这些握法的不同导致训练背阔肌的宽度和厚度不同，其实不然。不同的握法主要会让参与这个动作的其他肌肉的发力程度有所不同，这些肌肉主要有：肱三头肌、大圆肌和三角肌后束。

但总的来说，我们的原则是多样化地选择动作，让动作的多样性去解决问题，自然就能顾及全面的训练目标。虽然不同的握法侧重训练不同的协同肌肉，但是因为运动解剖和生物力学方面的个体差异，我们很难找到一个适合所有人的规律。

大家一定要意识到，不同的人在做不同的动作时，神经对肌肉的控制是不同的，甚至可能差异很大。当然，做下拉的时候，几乎对所有人来说，背阔肌都是重要的发力肌肉，但是参与动作起协同作用的其他背部小肌肉之间的差异可能就会比较大了。

所以，讲究动作的细节，一个人一种讲究，显然不可能做到。所以，多样化的动作选择和多样化的动作变形，可能是解决问题更好的方法。

背阔肌训练基本动作——划船

我们再讲一下训练背阔肌的另一个基本动作，划船，如图3.24、图3.25所示。

图 3.24 │ 图 3.25

划船就是上臂从前往后靠近脊柱的动作。划船动作也是一个系列，有很多变形动作。最基本的划船动作是器械坐姿划船。

坐姿划船的基本分解动作如下所述。

- 坐在座椅上，双脚踏住踏板，挺胸抬头，腰部挺直。
- 双手握紧拉杆，掌心相对或向上、向下都可以，不同握法有不同的训练侧重。
- 保持挺胸抬头、腰部挺直的姿势不变，双肘自然下垂，把拉杆拉向腹部。

坐姿划船的注意要点如下所述。

- 要始终保持挺胸抬头的姿势，不能驼背。
- 腰部始终要挺直。
- 双手向后拉的时候，身体可以稍稍后仰，但是不要明显后仰。

坐姿划船的器械种类很多，它们的基本动作都是一样的。坐姿划船的变形动作与下拉的变形动作一样，主要是手的握法的差别。比如图3.26、图3.27所示的宽握和反握的变形。

还有宽握和正握的变形，如图3.28、图3.29所示。

图 3.26	图 3.27
图 3.28	图 3.29

我们可以留心观察并且感受一下，宽握、窄握、正握、反握的时候，发生变化的主要是在肘部的位置（上肢动作看肘部）。

例如，宽握的时候，两肘打得更开，更远离身体；窄握的时候，两肘更靠近身体，有种"夹着"的感觉。

肘部"夹"在身体两侧时，更侧重训练背阔肌；肘部打开一些，会更多地训练到斜方肌；肘部靠下，更多地训练背部和斜方肌下部；肘部靠上，则侧重于训练背部和斜方肌上部。

当然，前面说了，不同的动作变形对个体的训练效果，可能会有很大的差异，所以大家要参考自身情况来训练。

我们顺便简单讲一下斜方肌。

斜方肌是从脖子一直延伸到背部的两个"大三角"，如图3.30所示，我们可以粗略地认为，斜方肌连接的是肩胛骨和脊柱。

所以总的来说，斜方肌的功能是让肩胛骨靠近脊柱，夹紧两个肩胛骨的动作主要就是斜方肌在收缩。

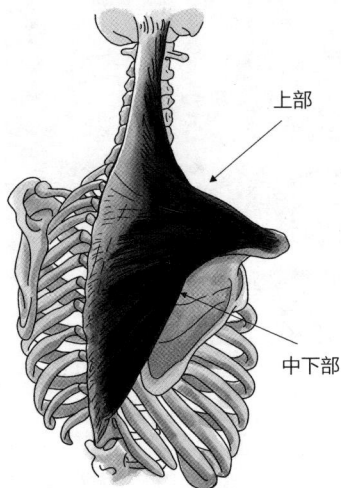

上部

中下部

图 3.30

━━━━━┥ 划重点 ┝━━━━━

斜方肌的主要功能就是让肩胛骨靠近脊柱。

从图3.30中我们可以观察到，斜方肌有点像胸肌，肌纤维的走向也很复杂，有的向斜上方，有的水平，有的向斜下方。所以，斜方肌其实也分成上、中、下三个部分。

斜方肌的上部，相当于把枕部、脖子和肩胛骨连在一起了，所以其主要作用就是让肩胛骨靠近脖子和头，即做耸肩的动作；斜方肌中部的主要作用是让肩胛骨往内收，也就是肩胛骨往里夹；斜方肌下部则让肩胛骨往下沉。

斜方肌上中下部同时收缩时，其作用就和斜方肌中部一样，让肩胛骨往里夹。

如果斜方肌发达，这个人会显得很有力量（脖子很宽甚至"没脖子"）。斜方肌上部的训练动作主要是耸肩，比如哑铃耸肩，如图3.31、图3.32所示。

图3.31 ｜ 图3.32

双臂侧平举这个动作，如果举得高，也会用到斜方肌的上部，我们讲到肩部训练的时候会讲到。

下面再说回划船，划船还有几个变形动作，比如用杠铃和哑铃也可以做划船动作。如图3.33和图3.34中的动作就叫单臂哑铃划船。

单臂哑铃划船的基本分解动作如下所述。

- 一条腿跪在哑铃凳上，同侧手支撑，另一条腿稍微向后跨步支撑。

扫码看动作视频

图 3.33
图 3.34

- 上身与哑铃凳基本平行，腰部绷直，单手握哑铃，掌心向内或者向后都不算错，推荐向内，比较舒服。
- 向上沿弧线拉起哑铃，哑铃收在腰部的位置。

单臂哑铃划船的注意要点如下所述。

- 腰部要始终绷直。
- 支撑脚稍微靠后，给动作留出空间。
- 哑铃要弧线拉起，千万不要耸肩。

其实单臂哑铃划船这个动作与坐姿划船本质上是一样的。大家注意，说某两个动作本质上是一样的，不代表说这两个动作可以相互替代，也不代表这两个动作的训练效果完全一样，只是说它们属于同一类基本动作。

用杠铃也可以做划船的动作，如图3.35、图3.36所示。

图 3.35 ｜ 图 3.36

做杠铃划船动作时需要特别注意的是，腰部一定要始终绷紧挺直，杠铃同样要弧线拉起。杠铃划船动作并不太适合新手，因为相对来说安全性要低一些。

宽阔的双肩——白话三角肌运动解剖

接下来我们讲三角肌，如图3.37所示，从身体旁侧看它好像一个壳一样扣在我们的肩膀上，构成了肩部肌肉。

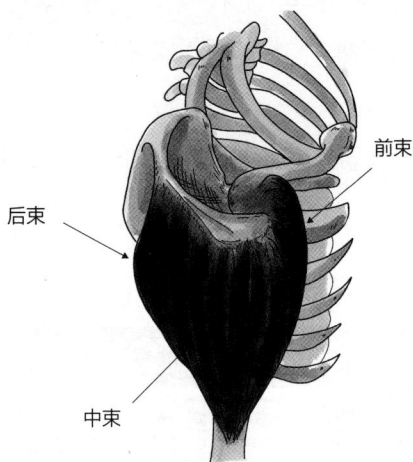

图 3.37

三角肌分成3个部分，分别是前束、中束、后束。

三角肌这三个束，其中一头都连在肱骨上，也就是上臂上。由此我们可以知道，三角肌是负责胳膊活动的。这三个束的另外一头连在锁骨和肩胛骨上。

说到锁骨和肩胛骨，可能很多人没有概念。我们可以这样理解，三角肌一头连着胳膊，另外一头连着肩膀，跨越的关节是肩关节。

所以，三角肌一收缩，就把胳膊往起抬。也就是说，我们抬胳膊，不管是往前抬，还是侧平举，或者是往后抬，都要用到三角肌。

而三角肌的前束、中束、后束，刚好就分别偏重负责胳膊往前抬（上臂前屈）、侧平举（上臂外展）和往后抬（上臂后伸）。

为什么叫"偏重负责"呢？因为胳膊不管怎么抬，都不会只用到三角肌其中的某一个束。往前抬就偏重训练三角肌前束，侧平举偏重训练中束，而往后抬则偏重训练三角肌后束。

比如我们很熟悉的举重，运动员最后要把杠铃从肩膀举过头顶，这个举杠铃的动作就主要用到肩部肌肉。我们不看前臂，看上臂，其实它就是一个抬胳膊的动作。

三角肌的前束和后束还分别有一个功能，就是让胳膊在水平面上从后往前和从前往后运动。

三角肌前束，可以让胳膊在水平面上从后往前运动。这个动作就是我们前面说的夹胸。在做夹胸动作的过程中，胸肌发力的同时，也会用到三角肌前束。而夹胸动作的还原动作，则是三角肌后束在发力。

如图3.38、图3.39所示，它是训练三角肌后束的一个动作，把蝴蝶机夹胸反着做。

157

图 3.38 │ 图 3.39

三角肌训练基本动作——推举

三角肌训练有两个基本动作：一个是推举，一个是平举。

如图3.40、图3.41所示，这是一个哑铃推举的动作，是肩部训练的推举动作中最常用的。当然你也可以用杠铃推举，只是杠铃推举的难度要比哑铃推举大一些，不是很适合新手。

哑铃推举的基本分解动作如下所述。

- 坐在训练椅上，腰部和肩胛骨贴紧椅背。

- 挺胸抬头，腰部挺直，双手执哑铃，放在大概耳朵的高度上。

- 双手推起哑铃，手臂不需要伸得特别直。

哑铃推举的动作要点如下所述。

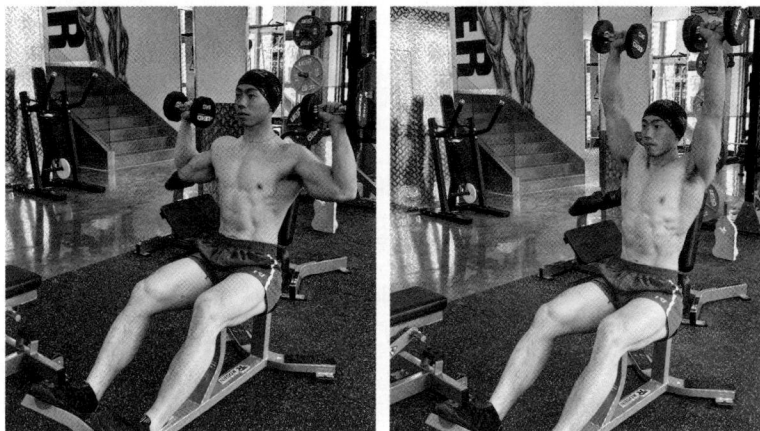

图 3.40 │ 图 3.41

- 要始终挺胸抬头，腰部挺直。
- 推起哑铃的时候不要耸肩。
- 注意感受上臂带动前臂往上推的感觉。

当然，哑铃推举也可以采用站姿，但是坐姿推举对肩部肌肉的训练效果更好。原因是坐着推举身体更稳定，这样你就能推起更重的重量；而站姿推举重心高，身体不稳，所以很难推起特别重的重量。

但是，如果你希望提高平衡能力的话，那么站姿推举就更好了。或者你想通过力量训练减脂，那么也应该选择站姿推举，因为站姿推举时会有更多肌肉参与收缩，稳定身体姿态。

下面我们说说推举重点训练三角肌的哪个束。很多人可能会觉得，做推举动作时胳膊是从中间抬起的，那训练的肯定是三角肌的中束。其实不然，推举主要训练的还是三角肌的前束。这是因为，坐姿推举的时候，身体一般都会稍微后仰，训练椅的椅背一般也是后仰的，这样训练的重点就从中束变成了前束。

如果身体完全挺直，那么中束的训练效果就会相对明显，只是动作比较别扭。

有些人喜欢颈后推举，我不推荐这个动作。尤其对那些肩部结构不太适合的人来说，颈后推举会明显增加肩部受伤的风险。

推举没有什么变形动作，无非是使用哑铃、杠铃或训练器推举的区别。

如图3.42、图3.43所示，使用训练器推举。

图 3.42
图 3.43

160

三角肌训练基本动作——平举

我们再说说三角肌训练的第二个基本动作：平举。

平举主要是侧平举，基本做法是使用哑铃做侧平举，如图3.44、图3.45所示，偏重训练的是三角肌中束。

哑铃侧平举这个动作很简单，我们只讲一下训练要点。

- 可以采用站姿，也可以采用坐姿。站姿的好处是动作比较顺；坐姿的好处是不容易借力，也就是不容易借助身体的力量向上甩哑铃。

- 身体不需要特别挺直，甚至可以稍稍往前倾。

- 完成动作时不要耸肩。

- 也可以单手完成，轮流训练两只手。单手哑铃侧平举时容易举起更大的重量。

- 不需要举得很高，手臂基本与地面平行即可。

图 3.44 ｜ 图 3.45

有人认为哑铃侧平举不可以举得很高，那也不一定。哑铃侧平举在举起约45度的时候，斜方肌发力比较少，超过这个角度，斜方肌发力会逐渐增加。所以，如果举得很高，那么基本上偏重训练的是斜方肌了。所以举得高不能算错，它同时训练了肩部三角肌中束和斜方肌。

哑铃侧平举还可以用带滑轮和绳索的训练器来训练。它的好处是，在动作的初始阶段肌肉就承受比较大的张力。而哑铃侧平举的阻力是竖直向下的，所以在一开始的时候，肩部受力并不明显。

平举有一个变形动作，就是直立划船，或者叫直立提拉。如图3.46、图3.47所示，我们注意看图中模特上臂的动作，其实也是个平举动作。

图 3.46 ｜ 图 3.47

直立提拉的基本分解动作如下所述。

- 正常姿势站立，不需要过分挺胸。

- 两手抓杠铃，握距比肩略窄。

- 双肩发力，提起杠铃，直到杠铃杆差不多碰到下巴。

- 慢慢还原动作。

直立提拉的动作要点如下所述。

- 提拉要足够高，手肘至少要高于肩膀。

- 提拉过程中不要耸肩。

- 杠铃杆要贴近身体。

同样是平举，除了侧平举还有前平举，也就是胳膊往前抬，这是侧重训练三角肌前束的动作。

如图3.48、图3.49所示，前平举可以使用杠铃，也可以使用哑铃。

图 3.48 │ 图 3.49

三角肌后束训练基本动作

那么三角肌后束怎么练呢？我们先看一下三角肌后束的其中一个功能：让胳膊往后抬，上臂后伸。

但是上臂后伸这个动作的幅度很小，不好设计训练动作。所以训练后束一般利用它的另外一个功能，就是让上臂水平地从前往后运动。

我们上面说过的蝴蝶机夹胸反着做，就是训练三角肌后束的动作。同样，这个动作也可以用哑铃做，叫俯立平举，如图3.50、图3.51所示。

俯立平举虽然简单，但是要注意以下两点。

- 可以站姿也可以坐姿，怎么舒服怎么做。站姿的时候，可以把额头顶在长凳的靠背上。
- 肘部自然弯曲，在做动作的过程中不需要伸得过直。

图3.50 ｜ 图3.51

肱二头肌基本训练动作——弯举

肱二头肌可能是我们最熟悉的肌肉，我在本章前面的小节里讲过它。如图3.52所示，肱二头肌连接着前臂和肩膀，跨越肘关节和肩关节两个关节，它的基本功能是弯曲胳膊，也就是屈肘。

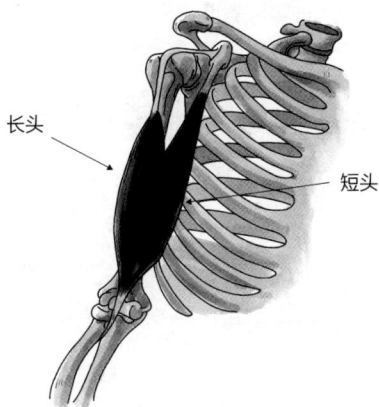

长头

短头

图 3.52

所有屈肘的训练动作，都能训练肱二头肌，所以绝大多数背部肌肉的训练动作都能练到肱二头肌。肱二头肌的基本训练动作如图3.53～图3.56所示。

弯举动作很简单，可以用杠铃做站姿弯举，也可以用单只哑铃做集中弯举。

做集中弯举时，手肘靠在大腿上，上身稍微前倾，如图3.55、图3.56所示。把手肘靠在一个地方做弯举，好处是没法借助身体的力量甩哑铃。

图 3.53	图 3.54
图 3.55	图 3.56

变形动作还包括牧师椅弯举。所谓的"牧师椅"就是为了把肘部支撑起来，让它不能乱动。

此外还有固定器械弯举，如图3.57、图3.58所示。它的好处是，拉力绳始终会给你一个拉力。

图 3.57
图 3.58

不同的握法，如宽握、窄握、正握、反握、自然握法，形成了弯举的变形动作。一般来说，宽握（两手距离明显比肩宽）更多侧重训练肱二头肌内侧的短头；窄握则更多刺激肱二头肌外侧的长头。

撑爆衣袖——白话肱三头肌运动解剖

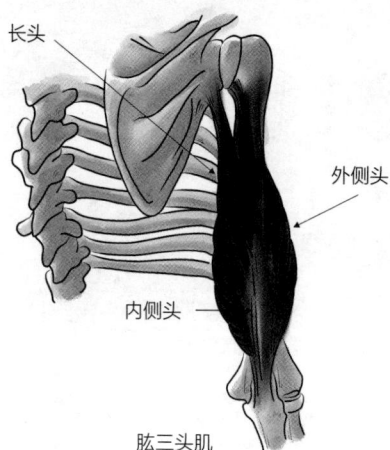

长头

外侧头

内侧头

肱三头肌

图 3.59

肱三头肌的位置在上臂的后侧，是一块状似马蹄形的肌肉，如图3.59所示。很多男人喜欢强壮的胳膊，希望能"撑爆衣袖"，那么肱三头肌的大小是很重要的。

我们讲肱二头肌的时候已经讲过"肌头"。肱三头肌，顾名思义，它有3个肌头。肱三头肌的其中一端都附着在前臂上，所以肱三头肌的功能是让前臂运动。

肱三头肌的另一端比较复杂，其中两个肌头（内侧头、外侧头）连接肱骨，也就是上臂，这样就仅仅跨越了肘关节；另外一个肌头（长头）连在肩胛骨上，它跨越了两个关节。

所以，总的来说，肱三头肌的功能是伸肘，也就是让弯曲着的胳膊伸直。但是因为长头的特殊构造，使肱三头肌拥有了另一个功能，就是让上臂靠近肩胛骨，即上臂后伸。这个功能和我们讲过的三角肌后束差不多。

─────────────── ┥ 划重点 ┝ ───────────────

所以，只要是胳膊伸直的动作，就能训练到肱三头肌。比如我们练胸时推的动作和练肩时推的动作，都有胳膊伸直的过程，所以都能训练到肱三头肌。

因为肱三头肌还有上臂后伸的功能，所以训练三角肌后束和背的一些动作，也能练到肱三头肌。

如果你想在一次训练课中同时训练肱三头肌和三角肌后束，那么一定要先练三角肌后束。如果先训练肱三头肌，再做训练三角肌后束的动作，比如反蝴蝶机夹胸，你会因为肱三头肌过于疲劳而很难完成预定重量的动作。

肱三头肌训练基本动作——伸肘

总的来说，肱三头肌训练的基本动作可以分为两类，一类是伸的动作，比如各种姿势的伸肘；一类是推的动作，比如窄握杠铃卧推。当然，推的动作本质上也是伸肘。

先讲肱三头肌训练的第一类基本动作，伸肘类动作。我们首先介绍一个最简单、最基础的伸肘动作——体前屈伸肘，如图3.60、图3.61所示。

我们看肘部，它就是一个简单的伸肘动作。上身前屈基本与地面平行，腰部绷住，不要弯曲。

图 3.60
图 3.61

170

我们再看下一个伸肘动作——坐姿哑铃伸肘，如图3.62、图3.63所示。

这个动作也很简单，唯一需要注意的是上臂要尽可能靠近头部，垂直于地面。如果做不到，上身稍微倾斜一下也没关系。

下一个动作是仰卧杠铃伸肘，如图3.64、图3.65所示，肘部仍然是个简单的伸肘动作。

图 3.62	图 3.64
图 3.63	图 3.65

扫码看动作视频

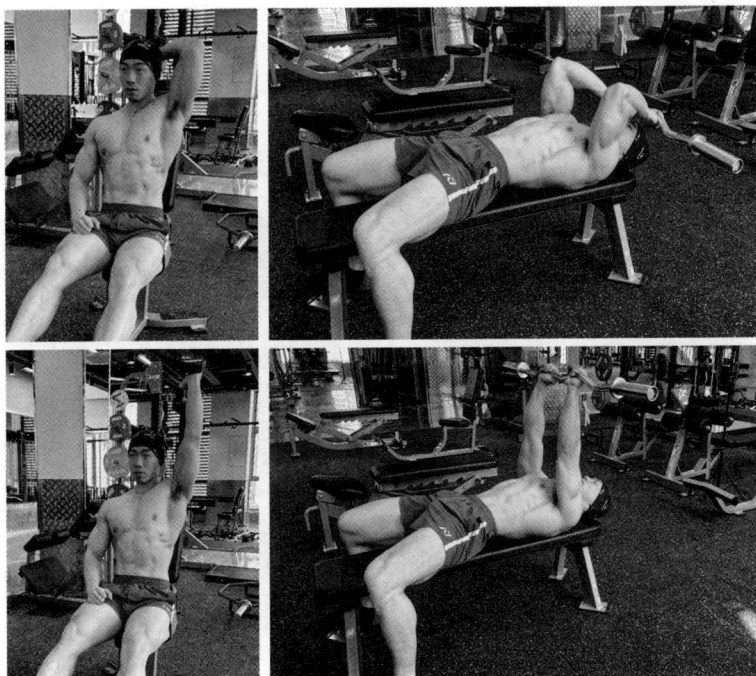

这个动作需要注意的是肩部保持不动，只让肘部屈伸。也就是说，只使用肱三头肌，不要让胸和背参与进来。

我们也可以用滑轮和绳索完成伸肘动作，如图3.66、图3.67所示，绳索过头伸肘。图中模特演示的是双肘肘尖指向两边，肘部伸直的时候，双手有一点向两侧打开的感觉，这是一种做法。此外双肘肘尖指向前方，双手从后向前运动也可以。

我们体会一下这两种做法，其实伸肘动作都是一样的，不同的地方就是肩部的变化。只要是伸肘动作，不管肩部在什么位置，都能有效地训练肱三头肌。

图 3.66 ｜ 图 3.67

图3.68、图3.69所示的动作叫绳索下压，也是典型的训练肱三头肌的动作。动作的要点仍然是只有肘关节运动，肩关节要控制住，不要前后乱动。

有人认为这个动作在结束的时候，双手要分开，有一个向两侧打开的动作。可以，但是不打开也不算错。

这里再次强调，一个动作的细节可以千变万化，它只是在训练的侧重点上有一些变化，没有对错的问题。

我们注意观察这些训练肱三头肌的伸肘动作，就会发现从肘关节看都一样，不同的地方就是肩的位置。简单地说，有的伸肘是在胳膊举起来的状态下伸肘，比如坐姿哑铃伸肘、仰卧杠铃伸肘、绳索过头伸肘这三个动作。

图3.68 ｜ 图3.69

还有一类伸肘动作，是在胳膊放下去时伸肘，比如体前屈伸肘、绳索下压这两个动作。不同的伸肘动作导致了对肱三头肌不同肌头的刺激。

胳膊举起来时的伸肘，习惯上称为肱三头肌的"过头动作"，对肱三头肌的长头刺激效果更好，具体原因与肌肉的长度与张力有关。

而胳膊放下去时的伸肘，对肱三头肌的外侧头刺激效果更好。至于肱三头肌的内侧头，任何一种伸肘动作都能刺激到，而且刺激效果都差不多。

肱三头肌训练基本动作——推三头

肱三头肌训练还有一类动作就是推的动作。我们知道，卧推是训练胸肌的动作，但是也能训练肱三头肌。卧推练胸的时候，双手握距较宽，双臂打开。那么当双手握距变窄，双臂内收时，就成了典型的练肱三头肌的推的动作了。

其实，只看肘部的话，卧推其实也是个伸肘的动作。只要伸肘，就会练到肱三头肌，这件事大家要记住。

普通卧推，伸肘幅度小一些；窄距卧推，伸肘幅度大一些。使用固定器械的器械三头下压，也是一个典型的训练肱三头肌的推的动作。做这个动作时注意双肘稍微自然夹紧，不要过分向两边打开。

假如在双杠上做器械三头下压，就变成双杠臂屈伸动作，它也是一个训练肱三头肌的动作。当身体保持自然姿势时，对肱三头肌刺激大一点；若身体前倾，则对胸肌刺激大一点。

强大的核心——白话腹肌运动解剖

腹肌的运动比较简单，我们先看腹肌的肌肉解剖图。

关于腹肌，我们主要关注两个部分，一个是腹直肌，如图3.70所示，另一个是腹外斜肌，如图3.71所示。腹直肌大家最熟悉，也最关注，它就是我们常说的"几块腹肌"。腹外斜肌俗称侧腹肌，在腹部两侧，其肌纤维的方向是斜着的。

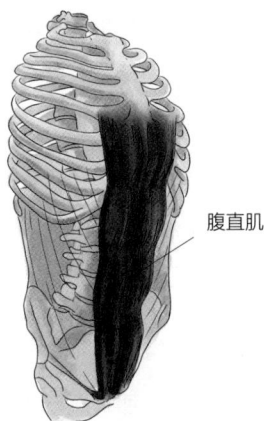
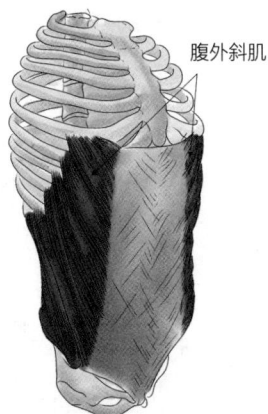

腹外斜肌

腹直肌

图3.70　　　　　　　　　图3.71

腹直肌，一头连接在肋骨和胸骨上，另一头连接在耻骨上。耻骨在哪儿？在小腹往下一点的位置。

我们都知道骨盆，其实我们可以把耻骨粗略地理解成骨盆。所以我们可以说，腹直肌连接的是胸部和骨盆，甚至更简单地说，连接的就是上半身和下半身。

把上半身和下半身连在一起的是脊柱，此外二者之间没有什么强有力的连接。但我们都知道，脊柱就是一摞脊椎骨，并不怎么"结实"。那么，上半身和下半身的连接要紧密，主要就是靠腰腹部的肌肉。

人们常说的"核心肌群"，主要指的就是腰腹部肌群。为什么叫"核心"呢？首先，位置就在中间；其次，腰腹部肌群决定了我们上半身和下半身连接的紧密程度，腰腹部肌群弱，上半身和下半身就很松散，这样的人做动作，有力气也发挥不出来。

比如我们举重，腿挺有劲儿，但是腰腹部软，那么双手抓着杠铃就是举不起来。就好像一根棍子，如果中间是软的，我们想用这根棍子撬起一个重物肯定做不到。

很多人做深蹲、硬拉的时候，要系那种很硬的腰带。新手可能认为这是在用腰带保护腰部，当然它有一点这样的作用，但它最主要的作用是增加腹内压力，使我们的核心部位更"硬"，做动作的时候才能发挥更大的力量。

关于举重腰带，我们在后面的章节里还会详细讲。

但是，如果核心肌群只强调一个"硬"字，那对"核心"的理解就太肤浅了。"核心"要有力，有时候要硬，有时候也要"软"。

我们可以这样理解，鞭子为什么能抽打出特别强劲的力量，其实在于它的"软"而不是"硬"。人体也一样，有的时候我们需要上半身和下半身是强硬的、刚性的连接；而有的时候，我们需要上半身和下半身是弹性的、柔韧的连接。比如标枪选手投标枪或者拳击选手出拳击打的时候，如果腰腹部仅仅是硬的，那么力量就无法从下肢传到上肢，他们的动作反而是僵硬无力的。

所以核心肌群，不仅要"硬""强"，还要"韧""柔"，肌肉该紧张的时候能坚硬如铁，该放松的时候能柔韧如柳。这就要求核心肌群不但要有力量，协调性还要好。

──────────────────┤ 划重点 ├──────────────────

"核心"不仅要够"硬"，有时候还要够"软"。

──

刚才"插播"了一点关于核心肌群的内容，下面还是继续说腹直肌。腹直肌连接胸部和骨盆。

──────────────────┤ 划重点 ├──────────────────

只要是训练胸部靠近骨盆的动作，也就是上半身靠近下半身的动作，都可以训练腹直肌。

──

典型的卷腹动作，其实就是让胸部靠近骨盆的动作。

再说腹外斜肌。腹外斜肌，连接的也是上半身和下半身，只不过它是在身体两侧斜着连接。除了腹外斜肌，其实它里面还有一层腹内斜肌，它们的肌纤维在侧腹部斜向分布。

腹外斜肌和腹内斜肌的作用差不多，都是让上半身旋转、侧屈。并且，两侧同时收缩的时候，可以让身体前屈，形成卷腹的动作。这一点与腹直肌是一样的。所以，卷腹也能训练腹斜肌。此外，再往里还有一层腹横肌，其肌纤维的走向是横向的。总之，腹肌有多层，就好像是一层层用胶布把上半身和下半身包裹起来一样，这样上半身和下半身才能连接得结实，各个方向才都有力。

腹肌到底有几块

这个问题好像很难回答，有人说4块，有人说6块，还有人说8块。其实正确的答案是，腹肌只有一块（当然，也有学者喜欢说两块，因为这么说比较好理解，也更形象）。

我们看前面的解剖图，腹肌看起来好像有两条，左边一条，右边一条，中间的间隔叫"腹白线"。

有人问，为什么腹肌看上去有好几块？那是因为，每"条"腹肌又被肌腱横着分开，分成了好几块，横着的肌腱叫"腱划"。

又有人问，我已经练出6块腹肌了，怎样才能练出8块？我想说，估计你这辈子也练不出8块来。为什么？

因为腹肌实际上只有一块。至于看上去有几块，就看腱划怎么分，分出几块算几块。但是腱划怎么分，完全因人而异，是天生的。

所以，有些人的腹肌天生是6块，有些人天生是8块，据说还有天生10块腹肌的人。腹肌是一个人一个样，长成什么样的都有。

腹直肌基本训练动作——卷腹

腹直肌的基本训练动作有两类：一类是卷腹，一类是举腿。卷腹很简单，如图3.72、图3.73所示。

图 3.72

图 3.73

　　说到卷腹，很多人会分不清卷腹和仰卧起坐的区别。仰卧起坐，"坐起来"的时候腰是绷直的；而卷腹的重点在于一个"卷"字，"起来"的时候腰部是弯的。

　　还有一种观点认为，传统的仰卧起坐不能训练腹直肌，这样说不对。仰卧起坐也能训练腹直肌，因为它同样是胸部靠近骨盆的动作，只不过效果可能不如卷腹好。

　　卷腹不需要上身都坐起来，基本上达到图3.72中的程度就完全可以了。更重要的是，卷腹应该负重。因为大多数人经过一段时间的训练后，甚至不需要经过训练，都能完成几十个卷腹，所以负重太轻或者无负重的增肌效果是很有限的，甚至根本没有效果。

卷腹负重很容易，只需要在做的时候双手抓一个杠铃片或者其他重物，如图3.74、图3.75所示。

也许有人会问，卷腹的时候，腿是直着好还是屈着好？我建议屈腿。因为屈腿的时候，大腿上的股直肌不容易发力，这样可以多让腹肌发力。

当然，如果你把卷腹做得非常标准，那么股直肌的影响就可以忽略不计了，可惜大多数人一开始不能做得很标准，所以屈腿可以帮助初学者规范动作。

再看一个卷腹的变形动作：绳索卷腹，如图3.76、图3.77所示。

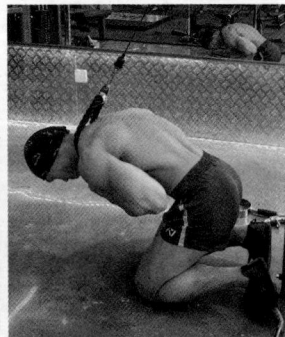

| 图3.74 | 图3.76 |
| 图3.75 | 图3.77 |

180

扫码看动作视频

这个动作利用了滑轮固定器械作为负重，动作本质和卷腹没有区别。

总而言之，做卷腹动作时，大家注意两点，第一是一定要"卷"，第二是要有负重。

腹直肌基本训练动作——举腿

举腿也是腹直肌训练的一个基本动作，卷腹和举腿的运动本质是一样的，只不过，卷腹是让胸部靠近骨盆，下半身不动，上半身动；举腿是反过来，让骨盆靠近胸部，下半身动，上半身不动。

图 3.78、图 3.79 中的这个动作叫凳上举腿。做这个动作的时候，腰部一定要弯曲，感觉膝关节向胸部运动。

图 3.78 ｜ 图 3.79

举腿时也要有"卷"的动作，骨盆也要运动，而不仅仅是腿动。

举腿动作还可以利用单杠悬吊着做。如果想负重，可以使用沙绑腿，也可以双脚夹一个小哑铃。一般来说，在负重很重的情况下很难完成举腿。

关于卷腹和举腿，一直有一种说法，说卷腹是训练所谓的"上腹肌"，而举腿是训练"下腹肌"的。

这么说对吗？从很多肌电研究的结论看是不对的。卷腹并没有更多地让上腹肌收缩，举腿也没有更多地让下腹肌收缩，卷腹和举腿都是针对整块腹肌的，有差不多同等的训练效果。

但是也有一些研究提出反面的论点，认为人类是可以选择性地募集腹肌的不同区域的。总之，这个问题现在还存在争议。

然而，正如我们前面强调的，我们只要通过多样化地选择动作，就可以解决这个问题了。我们可以暂时搁置争议，卷腹、举腿都练就可以了。

健硕双腿——白话大腿运动解剖

我们接下来说说下肢，先说大腿。

大腿主要有前侧、后侧两个肌群，前侧是股四头肌，如图3.80所示，后侧是腘绳肌群，如图3.81所示。

先说股四头肌。既然叫"四头肌"，我们就知道它有4个肌头。股四头肌的4个肌头分别是：股外侧肌、股内侧肌、股中肌、股直肌。

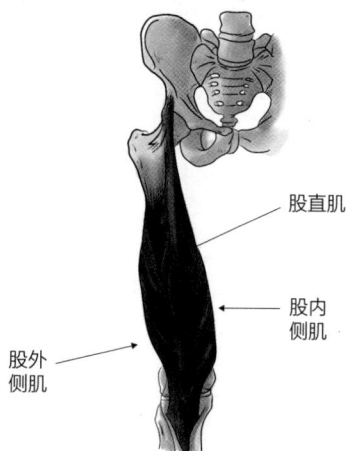

股直肌

股内
侧肌

股外
侧肌

图 3.80

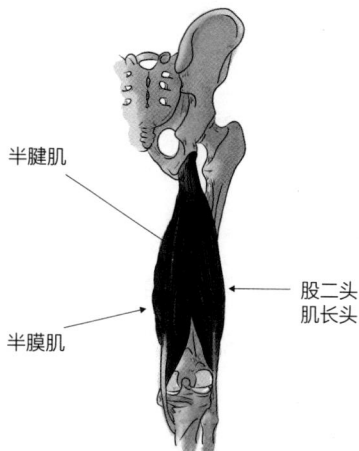

半腱肌

股二头
肌长头

半膜肌

图 3.81

股外侧肌在外侧；股内侧肌在内侧；股直肌在中间；股中肌在里面，被股四头肌的其他几个肌头包裹着，从外面看不到。

这4个肌头，其中的一端都连在胫骨上，也就是小腿上；另外一端呢，这4个肌头的位置就不太一样了，除了股直肌，其他3个肌头都连在股骨上，即大腿骨上。所以，总的来说，股四头肌连接大腿和小腿，从大腿前面跨越膝关节。

这样，股四头肌的主要功能就是伸膝。股四头肌一收缩，小腿就会围绕膝关节运动，从前侧靠近大腿，膝关节伸直。

┤ 划重点 ├

股四头肌的主要功能是伸直膝关节。

股四头肌中有一个肌头比较特殊，就是股直肌。它的一头连在胫骨上，另外一头连在髂骨上，简单地说，也就是连在骨盆上，所以它跨越两个关节，即膝关节和髋关节。

既然跨越了两个关节，它的功能就比较复杂了，不但能让腿伸直，还能让腿靠近骨盆。也就是说，让腿整个往起抬，比如踢正步这个动作。

结合股四头肌的功能，总的来说，只要是让腿从弯曲到伸直的动作，都能够训练到股四头肌。典型的动作比如深蹲，就是一个伸膝的动作。

再说腘绳肌群。腘绳肌群在大腿后侧，与股四头肌是一对拮抗肌群。既然是拮抗肌群，我们就能猜出来了，股四头肌的功能是让腿伸直，那么腘绳肌群的功能就是让腿弯曲。

腘绳肌群由3块肌肉组成：股二头肌长头、半膜肌、半腱肌。这3块肌肉，其中一头都连接着坐骨，简单地理解，就是都连接着骨盆；另外一头都连接着胫骨，也就是小腿骨。所以，腘绳肌群连接的是小腿和骨盆。

因为腘绳肌群从后面连接小腿和骨盆，所以总的来说它的功能就是让腿往后运动。因为它跨越了膝关节，所以它能让腿弯曲，即屈膝；又因为它跨越了髋关节，所以它还有个功能是伸髋，也就是让整条腿往后摆。

──────────┤ 划重点 ├──────────

腘绳肌群的主要功能是屈膝和伸髋。

我们可以通过股直肌去理解伸髋。股直肌从前面连接小腿和骨盆，所以可以让整条腿往前摆；腘绳肌群从后面连接小腿和骨盆，所以可以让整条腿往后摆，从后面让腿靠近骨盆，一前一后正好是两个相反的动作。

再深入一步理解，我们刚才说的是上身不动，腿动，腘绳肌群让腿往后摆；反过来想想，假如腿不动，上身动，这时腘绳肌群收缩，作用就是让上身往后仰。这是个什么动作呢？想想深鞠躬这个动作。深鞠躬，上身先往前屈，然后起身身体摆直，这个起身的动作就是上身往后仰，这时腘绳肌群会起很大的作用。

这里顺便说一下臀大肌。臀大肌也能帮助上身完成往后仰这个动作，它连接的是大腿骨和骨盆，其基本功能是让整条腿靠近骨盆。

既然臀大肌的主要功能与腘绳肌群有重叠，那么这类上身往后仰的动作都能同时训练到腘绳肌群和臀大肌。

———————— ┤ 划重点 ├ ————————

只要是让腿伸直的动作，都可以训练到大腿前侧的股四头肌。只要是让腿发力弯曲的动作，都能训练到大腿后侧的腘绳肌群。另外，让上身往后仰，或者让腿往后摆的动作，都能训练到大腿后侧的腘绳肌群，同时还能训练到臀大肌。

大腿训练基本动作——伸膝

　　大腿训练的基本动作有三类：伸膝类、屈膝类和伸髋类。

　　伸膝就是腿伸直的动作，主要训练股四头肌，其中最经典的动作就是深蹲，如图3.82、图3.83所示。

图 3.82
图 3.83

深蹲就是蹲下再站起来，当然，杠铃深蹲还要用到深蹲架。深蹲的基本分解动作如下所述。

- 把深蹲架调整好，杠铃放在适合自己的高度上，这个高度方便把杠铃摘下来扛在肩上。
- 杠铃扛在肩上的时候，压在大概斜方肌中部偏上的位置，不要压着脖子。双手握住杠铃，两只脚的距离与肩同宽，两脚尖自然向外。
- 下蹲。下蹲的时候注意膝盖不要内扣也不要外撇，膝盖的方向与脚尖基本保持一致。下蹲直到臀部与膝盖平行就可以了。
- 大腿和臀部共同发力站起来，伸直双腿。

注意在整个过程中，背部都要绷直，千万不能弓腰，而且要挺胸，自然抬头。

关于深蹲，我再强调一下几个动作要点。

- 脚尖自然向外，下蹲和蹲起过程中膝关节的指向要和脚尖位置一致，不要内扣也不要外撇。
- 深蹲时背部要始终保持绷直，胸部挺起，双肩稍微内缩。
- 不需要蹲得太低，大腿和地面基本平行即可。

除了杠铃深蹲，还有其他方式训练股四头肌，比如使用史密斯机、哈克机等。但是这类深蹲，重量都压在肩上。另外还有一类动作是把重量压在髋部，比如腿举，如图3.84、图3.85所示。

图 3.84

图 3.85

做腿举这个动作时，后背靠在靠背板上，自然挺胸抬头。需要注意，腰胯部要靠近并顶住靠背板。在这种姿势下，膝关节做的就是一个伸膝的动作。

腿举的动作要点如下所述。

- 一定要把腰胯部顶住靠背板，千万不要肩背部顶着而腰胯部虚着，那样对腰部肌肉的压力就太大了。
- 腿蹬直以后不要伸到完全伸直的程度，基本伸直就可以了。

深蹲类动作的变形动作主要体现在站距和脚的指向的差别上，但关于这些变形动作对训练效果的影响，不同研究有很多相互矛盾之处，我们在这里先不讨论。

另外，还有一个典型的伸膝类动作可以训练股四头肌，就是器械腿屈伸，如图3.86、图3.87所示。这是一个单纯的伸膝动作，非常简单，我们这里就不多说了。

图 3.86
图 3.87

大腿训练基本动作——屈膝

屈膝类动作主要是训练腘绳肌群的。我们只介绍一个动作，就是器械腿弯举，如图3.88、图3.89所示。

这个动作很简单，就是一个单纯的屈膝动作。可以用来完成这类动作的器械有很多，有站姿的，有俯卧的，有坐姿的，都是固定器械，只需要按照器械的运动轨迹来完成就可以了。

图 3.88
图 3.89

大腿训练基本动作——伸髋

接下来讲大腿训练的最后一类基本动作，伸髋。伸髋的代表动作是硬拉。

现在有些人故意把简单的东西往复杂了说，导致很多新手觉得硬拉这个动作很复杂。其实硬拉一点也不复杂，它基本上就是一个鞠躬的动作，只不过在这个过程中双手要拉起一个重物。

把硬拉这个动作弄得很复杂的人混淆了健美训练和力量举之间的差别。从力量举的角度讲，硬拉追求的是尽可能地拉起更大的重量，要的是重量的数字，所以会有很多细节的讲究，目的却只有一个，就是尽可能拉起更重的东西。为了达到这个目标，有些人甚至不介意冒一点风险。

而健美训练追求的是肌肉增大，对动作细节的要求并不多。一般的增肌者没必要像力量举选手那样苛求细节。

如图3.90、图3.91所示，这是直腿硬拉，很多人喜欢屈腿硬拉，其实直腿硬拉才是硬拉的基础。直腿硬拉的动作细节如下所述。

- 自然站立，双脚与肩同宽，屈膝下蹲双手拉起杠铃，这是起始姿势。
- 背部绷直，两腿适当弯曲，慢慢放下杠铃。注意双肘保持伸直。
- 直到杠铃放至触地，或者腘绳肌群紧绷到无法继续往下放杠铃，或者身体往前倾倒了，这时再原路拉起杠铃。

图 3.90 ｜ 图 3.91

扫码看动作视频

硬拉的动作要点如下所述。

- 整个过程中腰部始终绷直，不能弓背。

- 有人说，双手必须正反握杠，也就是一只手手心向前，一只手手心向后，其实不必这么做。正反握杠的好处是杠子不会滚，比较稳定，一般能拉起更大的重量。

- 在拉起的过程中杠铃杆尽量贴近身体。

- 拉起时肩胛骨稍微夹紧，背部绷紧，胸部要挺起来，腹部收紧。

- 在掌握了直腿硬拉之后，可以把屈腿硬拉加入训练计划中。这两种硬拉没有训练效果上的高下之分，但对大腿后侧的肌肉有不同的训练侧重。

- 一定要先使用轻重量熟悉动作，切忌贸然使用大重量。

- 做动作时，速度一定要慢，切忌猛拉猛放。

钻石小腿——白话小腿运动解剖

关于小腿肌肉，我们主要讨论小腿后侧。小腿后侧肌肉有深、浅两块，外面的一块是腓肠肌，里面的一块叫比目鱼肌，如图3.92所示。

这两块肌肉，其中的一头都连接在跟骨上，也就是我们所说的脚后跟。比目鱼肌的另外一头连接在小腿骨上，跨越一个关节，即踝关节；腓肠肌的另外一头连接在大腿骨的下半段，跨越两个关节，一个踝关节，一个膝关节。

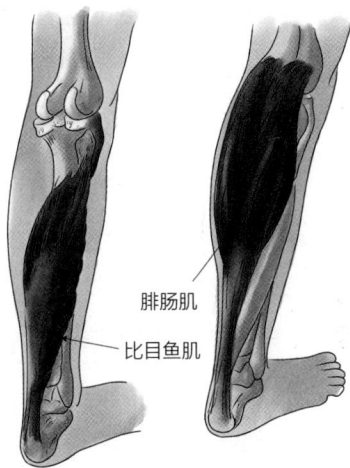

腓肠肌

比目鱼肌

图3.92

小腿的两块肌肉都跨越踝关节，连接着脚后跟和小腿，所以小腿后侧肌肉的基本功能就是踮脚尖，运动解剖学称之为踝关节跖屈。但是因为腓肠肌跨越两个关节，所以它还有一个功能，就是让脚后跟靠近大腿，即屈膝。

──────────┤ 划重点 ├──────────

小腿肌肉的主要功能是踮脚尖，腓肠肌还有另一个功能是屈膝。

小腿训练基本动作——提踵

小腿肌群的主要功能是踮脚尖，所以基本的训练动作就是提踵。比目鱼肌和腓肠肌分别用不同的动作来训练。

提踵动作主要分为坐姿和站姿两种，区别在于膝关节。坐姿提踵，膝关节是弯曲的，这时腓肠肌处于一种比较短的状态，不利于力量发挥。所以，坐姿提踵是偏重训练比目鱼肌的动作。

坐姿提踵动作非常简单，就是坐着踮脚尖。一般使用固定器械，如果你没有坐姿提踵训练器，也可以使用坐姿哑铃提踵，如图3.93、图3.94所示。

站姿提踵也很简单，如图3.95、图3.96所示是哑铃站姿提踵。我们需要把脚尖踩在一个略高出地面的东西上，利用哑铃负重做提踵动作。当然，站姿提踵也有专门的训练器。

从运动生物力学的角度讲，小腿后侧肌肉有特殊的杠杆结构，即"第二类杠杆"，支点在前面，阻力在中间，动力在后面。所以，小腿肌肉能发挥出巨大的力量。

我们训练小腿，一般需要很大的负重。比如哑铃提踵，哑铃需要很重。因为找特别重的哑铃不容易，所以建议单腿训练，练完一条腿再练另一条腿。如果你有经验，甚至可以把训练伙伴当成负重，让他坐在你的腿上，或者你扛着他做提踵。当然，这比较危险，一定要注意安全。

图 3.93 | 图 3.94
图 3.95 | 图 3.96

195

如何制订增肌训练计划

制订训练计划的核心是灵活，原则是有限的，而方案是无限的。另外，适合自己的训练计划才是最好的，切忌照搬照抄，没有哪一种训练计划适合所有人。

力量训练的运动适应

在讲怎么制订增肌训练计划之前，大家需要学习一点必要的基础知识，那就是力量训练的运动适应。

什么叫运动适应呢？说白了，就是你在运动之后，身体发生了哪些变化。

运动是一种刺激，运动一段时间，你的身体就会发生变化，这就是运动适应。

力量训练一段时间后，身体当然也会发生变化，这就是力量训练的运动适应了。变化最直观的当然就是增肌，但其实远不仅此，还有许多其他重要的变化。

———— 划重点 ————

增肌训练的实质，就是追求训练后的各种运动适应。

理解了这些变化，你对训练才算摸到了门道。因为你知道了力量训练会让你的身体发生什么变化，那接下来，你就能根据你想要的改变来调整训练，这就是制订训练计划的底层逻辑。

力量训练的运动适应很复杂，我们不可能面面俱到，这里我只简单讲几个你在实际操作当中，尤其是制订训练计划时能用到的知识点。

力量训练的运动适应——神经适应

力量训练之后，我们变化最大的地方，看得见的是肌肉，看不见的就是神经。

这个神经，通俗地说，主要指的是我们控制肌肉收缩的神经系统。力量训练对神经有什么影响呢？我先讲两个很有意思的例子。

第一个叫交叉迁移效应，或者叫交叉训练。假设你在力量训练的时候只练左手，完全不练右手，你猜一下，几个月后会怎么样？

你肯定会想，几个月后，我左手的力量会增加，右手不会。但其实不是这样。你右手的力量也会有比较明显的增加。

能增加多少呢？目前的数据并不一致。但一般假设，如果训练一侧的力量能增加30%的话，非训练侧的力量也能跟着增加10%左右。

很有意思是不是？

只训练一侧，不训练另外一侧，不训练的那一侧的肌肉力量也能增加。但注意，肌肉力量是能增加，可肌肉不会增大。我们通常可以观察到，训练的手臂变粗了，但不训练的手臂没什么变化。

也就是说，不训练的一侧肌肉力量的增加，并不是因为肌肉增大了。

那力量为什么增加了呢？是因为神经控制肌肉的能力提升了。

一般来说，这种交叉训练在康复中用得比较多。比如你右手受伤了，不能训练，但你不希望在康复过程中右手力量降低太多，那你就可以训练左侧手臂，这样右侧手臂也会跟着沾光。

力量训练的这种有意思的神经适应，能让我们看到神经控制对力量的影响。力量不仅仅来自肌肉，还包括了神经的控制和影响，就像软件升级一样，有时候也很厉害。

我们再看一个有意思的神经适应：双侧逆差。

比如，一个没有进行过力量训练的普通人，如果只用一只手做单臂哑铃弯举，最大能举10公斤。他肯定觉得，那我用两只手来做杠铃弯举，最大肯定能举20公斤，但是实际情形并非如此，通常都要小于20公斤。

如果你完全没有做过力量训练，你可以试一试，一般都能发现这个现象。当然，不同的人，双侧逆差的程度不一样，因人而异。

什么原因呢？这还是神经控制因素在起作用。简单地说，神经控制我们的肌肉收缩产生能量，对单侧肌肉的控制，和对双侧肌肉的控制是不同的。

力量训练会减少双侧逆差。而且，如果你经常做双侧训练动作，甚至可能出现双侧促进，也就是双侧同时收缩的力量大于两个单侧单独收缩的力量之和。很多有力量训练经验的人都有这种体验。

不训练的人容易出现双侧逆差。但如果你总是以单侧方式训练一块肌肉，也可能出现双侧逆差。还是以肱二头肌为例，你如果一直做哑铃弯举，很少做杠铃弯举，那么你两只手单手弯举的力量加起来，很可能比双手杠铃弯举的力量大，你的神经控制让你更擅长单手弯举。

反过来，如果你总是通过双手杠铃弯举训练肱二头肌，很少做单手弯举，那么你双手弯举的力量就很可能大于两个单手力量之和，你就更擅长双手弯举。

总结起来就是，我们一讲力量训练，大家容易立刻想到肌肉增大，但其实神经的变化也是非常重要的。

简单地说，你有没有劲儿，不仅取决于肌肉本身，你的神经怎么控制肌肉，也非常非常重要。肌肉大的与肌肉小的比，不见得肌肉大的就一定劲儿大，因为神经控制因素也在起作用。

所以，我们一定要建立起一个概念，肌肉力量大小来自两个因素：肌肉大不大和神经控制强不强。

———————————— 划重点 ————————————

力量大不大，不是只看肌肉大小。

力量训练之后的身体变化还有一个规律，那就是在训练初期通常是肌肉力量先明显增加，随着训练的持续，肌肉再明显增大。这是一个大致的、比较模糊的顺序，有训练经验的人会有这样的体会。

为什么会这样呢？

图4.1中的横轴是训练时间，纵轴是肌肉力量增加。我们首先看图中代表肌肉力量的曲线，肌肉力量随着训练逐渐增加，增加到一定程度后就不再增加了。曲线右上角有个"类固醇"，意思是在力量到达顶峰后，再想增加力量，就要靠"科技"了。当然，这不是我们的重点。

然后我们看剩下的两条曲线，一个是神经控制能力的增长，一个是肌肉的增大。

我们可以看到，在训练之初，神经控制能力的曲线更陡峭，变化更明显。这时候，肌肉量也有增加，但并不明显，曲线很平缓。

到了训练的中后期，神经控制能力的增加开始放缓，直到不再增加；而肌肉量的增加变得更明显了。

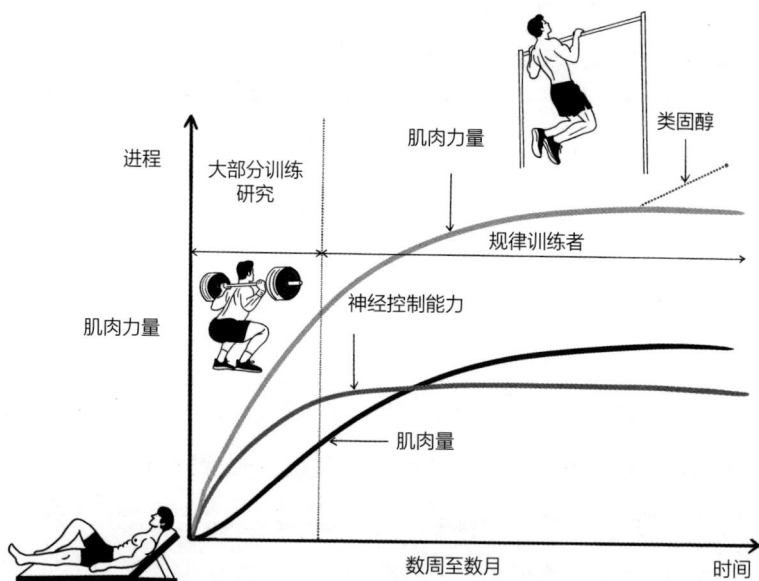

图 4.1

这就是力量训练运动适应的一条重要规律，大家一定记住。力量训练前期，神经适应最快出现，带来力量的快速增加。这个阶段肌肉量也有增加，但不明显。

继续力量训练，神经适应开始放缓，肌肉量的增加开始变得更明显。在这个阶段，肌肉量的增加是肌肉力量增加的主要原因。

————————————| 划重点 |————————————

在力量训练中，神经"先"适应，肌肉"后"适应。"先"增力，"后"增肌。

————————————————————————————————

但一定注意，力量训练的前期，肌肉量不是完全不增加，只不过以神经适应为主；训练后期，神经也不会完全不适应，只不过适应变化会变慢。

那么力量训练过程中神经具体是怎么适应的呢？这包括很多方面。

比如对运动单位的募集能力就是其中一个方面。我们之前讲过，任何时候，肌肉收缩都不可能募集肌肉里的所有运动单位，所以，肌肉收缩时能募集到的运动单位越多，力量就越大，这个募集能力，是神经控制说了算的。

力量训练能够提升对运动单位的募集能力。力量训练一段时间后，以前募集不到的运动单位，就可能能参与肌肉收缩了。

另外一个重要的神经适应是运动单位的放电频率。

放电频率我们不细讲，我这里只打个比方。假设你有100个战斗小队，你一声令下能动员多少个小队，就相当于肌肉收缩对运动单位的募集能力。而放电频率，则类似于你每秒钟对这些战斗小队下达命令的次数。兵还是那些兵，你下命令让他们去作战，下达命令的频率越高，一直在高频督促，他们去作战的战斗力也就越强。

所以放电频率就是神经对运动单位发出让它收缩的电信号的频率，以每秒多少次计。放电频率越高，越急促地命令运动单位收缩，运动单位收缩就越卖力，收缩力就越大。

并不意外，力量训练后，神经的放电频率会提高，随之带来肌肉收缩力量的增加。

力量训练，尤其是爆发力的训练，还可能让你具备一定的优先募集大运动单位的能力，这样也能提高肌肉力量，尤其是爆发力。

还有，通过提高神经控制能力来提高复杂肌群之间的协调配合力，减少拮抗肌的同步收缩，你的整体肌肉力量也会增加。也就是说，做一个动作的时候，参与收缩的众多肌肉能配合得更好。

另外，力量训练的神经适应还有很多，非常复杂，这里不再列举了。

力量训练的运动适应——肌纤维的变化

首先我们简单复习一下肌纤维。

还记得吗？肌肉里的肌纤维并不都是一样的，而是分很多种的。比较简单的分类将肌纤维分为3种：Ⅰ型肌纤维、Ⅱa型肌纤维和Ⅱx型肌纤维。

Ⅰ型肌纤维就是我们平时说的慢肌纤维，特点是收缩速度慢，力量小但耐疲劳，不容易累。Ⅱ型肌纤维是快肌纤维，收缩速度快，力量大，但是不耐疲劳。

Ⅱ型肌纤维又分成Ⅱa型和Ⅱx型，其中"最牛"的是Ⅱx型肌纤维，它速度最快，力量最大，但也最不耐疲劳。Ⅱa型则介于Ⅱx和Ⅰ型之间，力量比较大，也比较耐疲劳，能力比较均衡。

那么，我们做了一段时间的力量训练后，不同类型的肌纤维会出现哪些变化呢？

首先第一个问题是，Ⅰ型和Ⅱ型肌纤维之间会不会发生相互转变？也就是说，力量训练会不会把力量小的慢肌变成力量大的快肌呢？

对于这个问题目前还存在一点争议，但是基本上也有共识。总的来说，大部分研究倾向于认为，在力量训练后，人类的肌纤维类型不会发生大范围的转变。

也就是说，力量训练不会把肌肉里的Ⅰ型肌纤维大比例地变成Ⅱ型，就算是有转变，比例也很小。

反过来，长期做耐力训练，也不能把大量Ⅱ型肌纤维变成Ⅰ型肌纤维。

但是，对于人类来说，肌纤维类型也不是完全不能转变。怎么转变呢？一般是Ⅱa和Ⅱx之间的转变，都是Ⅱ型，其中的两个亚型之间可以互相转变。

转变的规律是Ⅱx型转变成Ⅱa型，Ⅱa型明显增加，Ⅱx型比例明显减少。

研究发现，在有些健美运动员的肌肉里，所有的Ⅱx型肌纤维都消失了，都变成了Ⅱa型肌纤维。

・划重点・

增肌训练会让Ⅱx型肌纤维转化为Ⅱa型肌纤维。

这点不太好理解，因为我们知道，Ⅱx型肌纤维是力量最强的肌纤维，Ⅱa型的力量要比Ⅱx型差一些，那么力量训练为什么会让力量最强的肌纤维转化成力量差一些的肌纤维呢？

首先，这里说的增肌力量训练主要使用的是6～12RM的重量；如果增加力量训练的重量，使用1～6RM的重量，情况就不一定是这样了。

另外，身体不会做赔本的事，进化这么安排，自然有它的原因。Ⅱx型肌纤维虽然力量最大，但是它也最不耐疲劳。如果肌肉里Ⅱx型肌纤维比例明显增大，那么肌肉力量确实会突飞猛进，但是，肌肉的耐力也会急转直下，这可能让我们变得有点像猎豹，速度倒是很快，但是只能坚持几秒钟，这种变化在人类进化过程中可能是不利的，所以就被淘汰了。

而Ⅱa型肌纤维虽然力量不是最突出的，但是它是更均衡的，力量和耐力更平衡。

另外，我们的身体还有其他方式来补偿Ⅱx型肌纤维的减少，比如通过大量增加Ⅱa型肌纤维，最终整体的肌肉力量还是明显增加了。舍弃了一点Ⅱx型肌纤维，换来了大量的Ⅱa型肌纤维。

此外，我们的身体还有其他补偿方式，这里就不详细讲了。

不过还有一个问题，增肌力量训练会让Ⅱx型肌纤维转变成Ⅱa型肌纤维，那么这种转变是永久性的吗？也不是。

增肌力量训练会让Ⅱx型肌纤维减少，如果你不训练了或停训后，它还会恢复回去。有些研究发现，停训甚至可能让Ⅱx型肌纤维变得比训练前还多。

力量训练的运动适应——停训和肌肉记忆

力量训练一段时间后，你变大变强了，但如果你不练了或停训了，这些变化还会消退回去。这是必然的。

我们重点关注下面几个问题。

- 力量训练停训多长时间后开始减肌肉和减力量？
- 停训后，是先减力量，还是先减肌肉？
- 停训之后再恢复训练，与从来没训练过一样吗？
- 停训有没有什么好处？能不能通过停训让你更好地增肌和增加力量？

好，我们先看第一个问题。停训之后力量能保持多久是因人而异的事情。但一般来说，停训之后，力量能保持大概一个月，一个月之内变化不大。但这是针对向心收缩的绝对力量来说的，离心力量和爆发力的下降可能会更明显。

也就是说，停训一个月后你再去做训练动作，比如卧推，在向心收缩阶段，也就是推起杠铃的时候，你感觉力量好像也没下降太多，但是把杠铃放下的过程，即离心收缩阶段，感觉就明显不一样了。

爆发力的下降也会比较明显。虽然你卧推的重量可能下降不明显，但是你出拳（也会用到胸肌）时的爆发力就下降得比较明显了。

当然，这只是一个大体情况，具体情形因人而异。

但是停训更长时间后，力量会明显降低，当然降低的幅度一般不算很大。从数据上看，停训2~3个月后，力量可能下降百分之十几。当然，再次强调，这是因人而异的。

这里还有一个有趣的现象。如果你之前做过足够长时间的系统力量训练，然后停训了，哪怕是停训比较久，你的力量可能还是比训练之前的时候大，至少能保留一些，也就是说，练过和没练过还是不一样。这个不是肌肉记忆效应，肌肉记忆效应我们在后面讲。

以上是停训之后的力量变化。那肌肉量呢？

肌肉萎缩很快。从数据上看，停训2周，快肌纤维的横截面积就可能下降5~8%。当然，不同的研究观察到的数据不一样，但一般认为，力量训练停止之后，肌肉量掉下降似乎比力量下降得更快一点，停训后肌肉很快就萎缩了。不过这个观点也有一些争议。

停训后的肌肉萎缩，一般以快肌纤维萎缩得更明显。我们知道，通过力量训练增肌，本来就是快肌纤维增大的比例更大，所以停训后也是快肌减得更多。

长期停训导致的肌肉萎缩会更严重。但因为个体差异，数据差异比较大。

下面我们重点讲一下肌肉记忆效应。

肌肉记忆效应就是说，你做了力量训练后，增肌了，力量也增大了，然后不训练了，这些变化就会消退；但是，如果你重新恢复训练，力量和肌肉就会快速恢复，就好像肌肉有"记忆"一样，它能"记得"以前的训练。

更具体的我们看下面这项研究。如图4.2所示，这是两组力量训练的对比图，图中的对照组持续训练15周，中间不停训。实验组先训练5周，然后停训4周，9周后再继续训练。

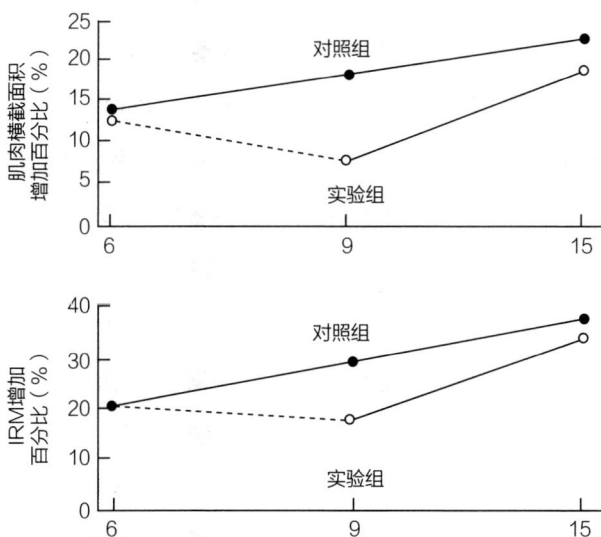

图 4.2

我们看这两组的训练效果对比。

我们先看上图的肌肉量情况对比。我们能看到，上面的对照组，中间没有停训，肌肉量一直在增加。下面的实验组，中间第6~9周停训，在停训期间，肌肉围度（肌肉横截面积）增长幅度很快降低。第9周开始恢复训练，恢复训练后肌肉围度迅速追赶，到第15周的时候，肌肉量与没有停训的对照组相比，基本变化不大。

我们重点看9~15周这两条线的斜率，实验组停训后再恢复训练，肌肉量增加飞快，要比一直训练的对照组快得多。

下图是关于肌肉力量的变化，我们能看到情况也是一样的。实验组停训后力量增长的幅度变慢，但恢复训练后，力量快速提高，弯道超车，很快就赶上了对照组。

这就很有意思，这似乎是说，力量训练是可以偷懒的，中间停一段时间也没事。

其实在一定程度上还真确实是这样。所以我一直说，力量训练可能算是最不需要吃苦的体育运动项目之一了。

力量训练停训和"肌肉记忆效应"的知识很有用，我们一会儿就会用到。

那么，为什么肌肉有记忆效应呢？目前推测，可能是因为肌肉细胞核的原因。

肌肉细胞是多核细胞，一个肌肉细胞里面有很多细胞核。每个细胞核都控制着肌肉细胞的一部分空间。所以要增肌，肌肉细胞体积要增大，就必须先增加肌肉细胞核的数量。

如果你之前做过力量训练的话，那么之前增加的肌肉细胞核在停训期间不会消失，还留着，所以再训练，增肌就会更快，不需要经过增加细胞核这个过程了。当然这个观点还有进一步研究和讨论的空间。

周期增肌计划和非周期增肌计划

接下来我讲一下如何制订增肌训练计划。

首先要注意，增肌训练计划并没有所谓的"范本"，而是非常灵活的。也就是说，没有绝对正确的计划，所有安排都是因人而异、因情况而异的。

没有范本，一方面是因为个体差异，每个人的情况都不一样，一份计划无法适用所有人。也就是说，盲目照搬模仿诸如健美明星的计划，显然是很愚蠢的。

另一方面，则是因为关于如何制订训练计划的很多基本观点学术界都还有争议，我们并不知道哪种一定是最好的。

所以，我们只能把握有定论的，同时尝试有争议的，以一种开放的态度去看待增肌计划的制订。

制订训练计划的本质，就是把单次训练重复化，变成在一段时间里的持续训练模式。

前面我们已经讲过一节训练课是什么样的了，而训练计划，其实无非就是在一段时间里把一节训练课以不同的方式重复执行。

这就有两种方式了，一种是以周为单位的训练计划。先制订好一周的训练计划，这一周可能训练2次、3次甚至更多，然后接下来，每周都重复执行这个周计划。

另一种是更复杂的训练计划，可能每周的训练都不一样，会有很多变化，这就是周期计划。

────────────────┤ 划重点 ├────────────────

总的来说，训练计划有周期计划和非周期计划两种方式。

──

体育训练一直使用的是周期计划，也就是说，训练计划不是一成不变不断重复的，而是有周期的。比如，这个周训练多点，下周少点；或者这几周多点，接下来的几周少点；或者在别的地方做一些周期性的改变。

很多项目都分赛季训练和非赛季训练，这就是一种周期化训练方式。

但增肌训练与别的体育项目的训练不太一样，它的目的是肌肉增大，甚至不特别考虑最大力量的增大，所以它的训练计划比较简单，可以周期化，也可以非周期化。

也就是说，在增肌训练中，非周期化训练和周期化训练都不算错。

从训练效果最大化的角度来看，一般来说，对于增肌新手，周期化和非周期化训练的增肌效果差别不大；但对于中、高阶训练者来说，可能周期化训练的效果更好[1]。

也就是说，新手每周都执行大致同样的计划，半年或者一年内都是这样循环，增肌效果往往不会比复杂的计划差。当然，训练动作可以隔一段时间换一换。

但对于中、高阶训练者来说，一般建议使用周期化训练计划。

接下来的问题就是，对于中、高阶训练者来说，如果使用周期化训练计划，具体如何周期化才是最合适的呢？

学术界有很多针对不同周期化增肌训练计划的研究，但是最终没有形成结论；普遍的发现是如果训练量差不多，那么每种周期化训练计划之间在增肌效果上通常没有明显的差别[2,3]。

所以，对于训练计划的周期化，我有下面两条建议。

- 新手几乎不需要考虑周期化的问题，完全可以制订一个周计划，然后重复执行就可以了。
- 对于中、高阶训练者，则应该尝试周期化训练，可能会获得更好的增肌效果。

但是，一定不要认为哪种周期化就一定是对的，以开放的心态去尝试各种不同的周期化训练计划，不做任何预设。

下面我们来看看增肌的周期化训练具体怎么安排。

1 Williams, T. D., Tolusso, D. V., Fedewa, M. V., & Esco, M. R. Comparison of periodized and non-periodized resistance training on maximal strength: A meta-analysis. *Sports Medicine*, 47(10), 2083-2100, 2017.

2 Grgic, J, Mikulic, P, Podnar, H, and Pedisic, Z. Effects of linear and daily undulating periodized resistance training programs on measures of muscle hypertrophy: a systematic review and meta-analysis. PeerJ 5: e3695, 2017.

3 Pelzer, T, Ullrich, B, and Pfeiffer, M. Periodization effects during short-term resistance training with equated exercise variables in females. Eur. J. Appl. Physiol. 117: 441-454, 2017.

周期化安排，说白了，就是"把几件事按照特定顺序做起来"。所以，周期化安排首先涉及的就是把什么周期化的问题。

现在看来，增肌训练中可以周期化安排的因素包括训练量、是否力竭、组数、训练负重（RM数）等等，这些我们在前面都讲过。

目前，增肌训练周期化的核心是训练负重。也就是说，增肌训练的周期化安排，主要是把不同的训练负重按照特定的顺序做起来，在不同的时间周期里，用不同的RM数来训练。

至于其他因素，不是说不应该去周期化安排，而是说它们不是周期化训练的核心。

┤ 划重点 ├

周期化训练，就是周期化地安排那些与增肌相关的训练要素。

训练负重的周期化，主要有如下三种负重可以选择。

- 超大重量的训练负重，1~6RM。
- 大重量的训练负重，6~12RM。
- 轻重量的训练负重，15~20RM（或更轻）。

我们前面讲了，这三种训练负重，分别对应最适合增加最大力量（1~6RM）、最适合增肌（6~12RM）和最适合增加肌肉无氧耐力（15~20RM）。

所以，说白了，周期化训练就是在训练的时候，一段时间内使用最适合增加最大力量的重量，一段时间内使用最适合增肌的重量，一段时间内使用最适合提高无氧耐力的重量，这么搭配着循环安排。

具体怎么安排呢?

比如,有的周期化安排会在一周当中,周一用 1~6RM,周三用 6~12RM,周五用 15~20RM。还有的安排,会在这周用 1~6RM,下周用 6~12RM,之后两周用 15~20RM,等等。

还有更多更复杂的安排,没有一定之规。总之就是把超大重量、大重量和轻重量这三种负重排列组合起来使用。

这些不同的排列组合,只要训练量差不多,目前还不能确定哪种好、哪种不好以及哪种最好。所以,就像我建议的那样,大家可以抱着一种开放的态度去尝试多种组合。

周训练计划该如何制订——基本原则

接下来我们讲一下如何制订一周的训练计划,这主要是针对增肌新手的。前面说了,新手可以不做周期计划,只做一个周计划,然后一周一周重复执行就可以了。

增肌的周训练计划的最基本原则如下所述。

- 肌肉的训练相互之间不会产生干扰。
- 满足肌肉的训练量。
- 满足肌肉训练后的休息要求。

我解释一下这三条原则。

原则一：肌肉的训练相互之间不会产生干扰。

我们在讲肌肉运动解剖的时候提过，有时训练一块肌肉，会顺带着使用到其他部位的肌肉。比如说推胸这个动作，不但胸肌发力，肱三头肌也要参与发力。

这样的话，如果你在做推胸动作之前，刚训练完肱三头肌，肱三头肌很疲劳，那么对推胸这个动作的完成就会产生影响。做动作的时候你会因为肱三头肌没劲儿，在预定重量的情况下，无法顺利完成推胸动作。

所以，如果同一节训练课里面既安排了胸肌训练，又安排了肱三头肌训练，那么应该先练胸肌，后练肱三头肌。

而在一周的训练计划安排中，我们也不要把肱三头肌的训练安排在胸肌训练的前一天。因为前一天刚训练了肱三头肌，第二天它的力量还没有恢复，会对胸肌训练产生影响。

由于一块肌肉疲劳导致的其他肌肉训练受到影响的情况还挺普遍，下面是几个常见的例子。

- 肱三头肌会影响训练胸肌的推的动作和训练三角肌后束的部分动作。
- 肱二头肌会影响背阔肌。
- 股直肌会影响训练腹肌的举腿动作。
- 肱三头肌会影响训练肩部的推的动作。

总之，如果在一次训练课中安排了对两个或两个以上部位肌肉的训练，一般来说先训练大肌群，后训练小肌群可能会更好。针对同一肌群，原则上建议先做多关节复合动作，后做单关节动作。

比如一次训练课要练胸肌和肱三头肌，那么应该先练胸肌，再练肱三头肌；练肱三头肌的时候，如果选择了绳索下压和双杠臂屈伸这两个动作，一般建议先做双杠臂屈伸这种多关节的复合动作，后做绳索下压这样的单关节动作。

当然，这些要求是绝对的吗？也不是。只不过这样的安排一般最好。

比如增肌训练中，有一种"预先疲劳"方法。这种方法强调的就是对有些肌肉的训练应先做单关节动作，让肌肉预先疲劳，再做多关节动作。

比如练胸肌，哑铃飞鸟是一个单关节动作，杠铃卧推是一个多关节动作，一般来说，都是先做杠铃卧推，再做哑铃飞鸟。

但是"预先疲劳"法认为，应该先做哑铃飞鸟，让胸肌疲劳，而肱三头肌不会疲劳，然后再做杠铃卧推，这样对胸肌的增长最有利。

虽然从原理上讲，"预先疲劳"对增肌可能有好处，但是目前还缺乏明确且直接的证据能证明这种方法是有利于增肌的。所以大家不要迷信所谓的"更好"的训练方法。如果有人告诉你必须这么练，那就大错特错了。

原则二：满足肌肉的训练量。

训练量对增肌非常重要，所以首先需要满足肌肉的训练量。关于训练量我们在前面的章节中已经讲过。

原则三：满足肌肉训练后的休息要求。

一个部位的肌肉训练之后，要等这块肌肉基本恢复了才可以再次训练。

这也是一个重要的原则。这就需要把目标训练量以合理的训练频率分配，让同一块肌肉的两次训练之间间隔足够长的时间。

那么如何判断肌肉训练后有没有恢复呢？目前还没有什么特别好的办法。不过我们可以利用如下4个要素初步判断肌肉是否恢复。

首先，恢复时间要基本足够。

一般来说，一个部位的肌肉在彻底有效的训练之后，恢复时间至少也要48小时。比如我周一下午练了腿，那么第二次训练至少也要等到周三下午，间隔48小时。

当然这个48小时也不是绝对的，比如新手训练，尤其是头几次训练，肌肉恢复一般要慢很多。

另外，上半身的肌肉恢复一般要比下半身快，单关节动作训练后的恢复要比多关节复合动作快。

以上是大致的趋势。我们最终看一块肌肉是否恢复，还要考察其他几个因素。

其次，肌肉是否酸痛。

是否感觉有运动后延迟性酸痛是衡量肌肉恢复与否比较好的办法，最简单也最直接。一句话，不疼了就是基本恢复了；还在疼，那就是还没有恢复。

新手训练后，肌肉酸痛有时会持续很久，甚至一周都有可能，什么时候不酸痛了，才可以开始第二次训练。慢慢地，酸痛的时间会逐渐缩短。

再次，肌肉力量是否恢复。

肌肉训练后没有完全恢复时，肌肉力量是有所下降的。所以，你可以感受一下，在训练后若干天，虽然酸痛不明显了，但是肌肉力量却明显降低，那么就有可能是肌肉还没有完全恢复。

最后，肌肉泵感是否强烈。

如果肌肉训练时泵感不很强烈，那么有可能是肌肉还没有完全恢复，因为肌糖原的恢复与肌肉恢复有关系。

所以，判断肌肉是否已经从上一次训练中完全恢复，要根据这4个要素进行综合判断。

满足了制订增肌训练计划的三原则后，想怎么制订计划就是自己的事了。一份增肌训练计划没有绝对的对与错，甚至没有绝对的好与坏。

举个最简单的例子，假如某个中年男性，一周只有两天的时间能去健身房，而且体力也不是很好，那么作为新手，他一周两次健身房训练，能够把身体主要部位的肌肉都训练到就可以了。

比如他可以在这两次训练课里，一次只训练上半身的肌肉，一次只训练下半身的肌肉。

毕竟时间有限，只能去两次，如果每次都练全身的话，身体可能一下子吃不消。所以这种一周两次训练课，每次训练一个部位的肌肉的计划就是最适合他的。

一份好的计划应该是最适合你的。让计划去适应你，而不是你去适应计划。

周训练计划该如何制订——肌肉部位的安排

上节讲了增肌的周训练计划制订的基本原则，下面用一些例子来说明这三个基本原则怎么使用，如何给自己打造一个一周的训练计划。

周计划是最简单的，最适合新手。前面说了，新手不需要周期训练，所以制订好周计划，然后一周一周重复训练就可以了。

首先，我们在制订周训练计划之前，应首先制订一周的大框架。也就是说，先把这一周哪一天训练给定下来，然后再安排训练的肌肉部位。一般有几种情况，最简单的安排就是一天一个部位。比如要练胸、背、肩、肱二头肌、肱三头肌这几个位置，那么就周一胸、周二背、周三肩、周四肱二头肌、周五肱三头肌，周末休息。下周再这么循环。

这种方法的好处是简单。而且，一周之中，一个部位的肌肉只练一次，那么就不用考虑肌肉的恢复时间够不够了，肯定都能恢复。因为一周只练一次，同一部位的肌肉再次训练要隔一周，恢复时间足够。

而且，因为一天基本只练一个部位的肌肉，所以平均的训练时间就比较短，比较适合平时较忙碌，每天只能拿出一点时间的人。

这样安排也有缺点，如果你全身都要训练的话，那么如此安排，全身肌肉最多一周只能训练一次。

接下来我们就以这种安排为例，看看一天训练一个部位的肌肉，该怎么安排这一周的训练计划。

有如下两种安排：计划一和计划二。

计划一：

日期	部位
周一	肱三头肌
周二	胸
周三	肱二头肌
周四	背
周五	腿
周六	肩
周日	腹肌

计划二：

日期	部位
周一	胸
周二	肱三头肌
周三	背
周四	肱二头肌
周五	腿
周六	肩
周日	腹肌

这两个计划哪个更好呢？

我们用制订训练计划的"原则一"衡量一下，会发现计划一中，周一的肱三头肌训练会影响周二的胸肌训练，周三的肱二头肌训练会影响周四的背肌训练，所以明显计划二更好。

而肩、腿之间互相没什么影响，所以，肩和腿的训练谁先谁后都没关系。

一天一个部位的训练，肌肉的训练频率相对会比较低，所以很多人会安排一天一个以上部位的训练，比如一天两个部位，那么很多肌肉一周就可以训练两次了。比如周一训练胸和背，周四再训练一次胸和背。

这种组合训练的安排，有下面几种常见的形式。

拮抗肌一起练，比如胸＋背、肱二头肌＋肱三头肌等。

有一些研究认为，拮抗肌一起训练可能更好，因为训练完一个部位的肌肉之后再训练它的拮抗肌，拮抗肌会有更好的运动表现。但有更好的运动表现，是不是就等于拮抗肌一起练有利增肌呢？目前还不清楚。

主动肌和协同肌群一起练。比如胸＋肱三头肌、背＋肱二头肌。

这样训练可能的好处，首先是先练大肌群，那么它的协同肌群或小肌群就相当于做了"热身"，或者"预先疲劳"。第二个好处是，不会造成安排在不同训练日的肌肉之间互相"打架"的情况。"打架"的肌肉往往就是主动肌和协同肌，比如肱三头肌的训练会影响胸肌，所以不能把它安排在胸肌训练的前一天，而放在同一天练，就不存在这种问题了。

无关肌群一起练。比如肩＋腿、肱二头肌＋腹肌，这些完全没关系的肌群可以一起练，谁也不影响谁。

需要强调的是，关于哪一种安排更好目前尚无定论，制订计划的时候根据自己的情况确定就可以。

比如你体力好，胸＋背一起练能吃得消；要是你体力不好，这两个大肌群就应分开练，胸＋肱三头肌、背＋肱二头肌，像这样一个大肌群加一个小肌群训练的安排更好。

我以协同肌群一起练为例，为大家提供一个典型的训练频率大于一周一次的周训练计划。

日期	部位
周一	胸＋肱三头肌
周二	背＋肱二头肌
周三	肩＋腿
周四	胸＋肱三头肌
周五	背＋肱二头肌
周六	腹肌＋肩
周日	休息

在协同肌群的组合训练计划中，不一定每一对肌肉都是协同肌群，比如肩＋腿，就是一个无关肌群的组合。

这个计划中，肌肉训练之间没有冲突。胸、背、手臂、肩都保证了每周两次的训练，满足了训练量，即满足了训练计划制订的原则二。如果腿也想要一周两次，在周日加一次腿的训练就可以了。

我们再以训练计划的原则三，即肌肉的恢复时间是否足够来检验一下这个计划。基本上，胸、背、手臂、肩的两次训练之间都间隔了2~3天，一般来说是足够肌肉恢复的。

当然，本例中的训练量密集程度并不一定适合所有人。还是那句话，任何现成的训练计划都不是面面俱到的，根据原则给自己制订一个适合自己的计划才是最正确的。

周训练计划该如何制订——训练动作的安排

确定了在一周之内如何安排肌肉部位，接下来就该进行每一次训练课的安排了。

如果一次课只训练一个部位的肌肉，那没什么选择的。如果一次课训练两个或者两个以上部位的肌肉，基本原则上面也讲了：先大肌群后小肌群，先多关节复合动作，后单关节动作。再次强调，如果有经验有把握的话，你也可以不遵守这个原则。

比如一次训练课里是无关肌群的搭配，比如腿+肩，那么显然，腿部肌肉属于大肌群，应该先练腿，再练肩。

如果是拮抗肌搭配训练，比如胸+背，那就没有什么严格的顺序了，先练哪一个都可以。当然有的人把胸、背交替着练，这样也不是不可以，但是从增肌角度来说，建议还是完整地做完一个部位的所有动作，再开始另外一个部位的训练。这样更有利于肌肉中代谢产物的堆积，提高代谢刺激。

这里需要特别考虑的是主动肌和协同肌一起训练的情况，比如背+肱二头肌，这时必须先练背。如果先练肱二头肌，它很快就疲劳了，再练背的时候就会受到影响。

所以，对于一次课多个肌肉部位的训练，基本原则如下所述。

- 无关肌群搭配，先练大肌群，后练小肌群。
- 拮抗肌搭配，训练先后一般无所谓。
- 主动肌与协同肌搭配，先练主动肌（一般是大肌群），后练协同肌（一般是小肌群）。

上面说了一次训练课里同时训练几个部位的肌肉时该怎么安排，下面我再具体说说训练一个部位肌肉的动作又该怎么选择、怎么安排。

第一个基本原则还是，先练多关节复合动作，再练单关节动作。比如练腿，一般都是先蹲，再考虑做一些比如腿屈伸、腿弯举这类单关节动作。

这个原则当然不是绝对的，选择同一个训练部位的动作时，这个原则是弱原则。

比如有的时候在练完多关节复合动作之后，会因特别疲劳难以完成单关节动作，那么这时也可以先练单关节动作。

第二个基本原则，就是尽可能地把肌肉的几个"纬度"都训练到。

比如练肩时，三角肌的三个束都要安排练到，尤其是后束，要单独安排一个动作训练。

再比如训练胸肌时，上部胸肌、下部胸肌都要照顾到。训练肱三头肌时，长头的运动解剖比较复杂，要单独安排一个动作来训练。但是背阔肌就不用这样，对于背阔肌，下拉和划船这两个动作并没有明确的训练侧重。

所以，首先要从运动解剖学的角度了解肌肉的功能，再针对肌肉的不同"纬度"，全面安排训练动作。

虽然训练的是同一个部位的肌肉，但不同的动作会激活不同的运动单位，所以理论上多样化的动作最有利于完整地训练到这块肌肉。

一般来说，一次训练课一个部位的肌肉安排3～4个动作就足够了，比如肩，对前束、中束、后束各安排一个侧重的动作就差不多了。若还想安排4个动作的话，再"随便"选一个动作就好了。

再比如胸肌，一般安排3个动作分别训练所谓的上胸、中胸和下胸就可以了。再来一个的话，"随便"选一个动作就行了。

有人可能会问，怎么能"随便"呢？选动作难道没有什么深奥的讲究吗？有的时候还真没有，别把增肌训练想得太复杂、太神秘。增肌训练是讲究原则的，有些地方甚至要"抠原则"，但是有些地方则完全是自由的，没有那么多讲究。

对于那些没有明确训练侧重的肌肉，比如背阔肌，在安排动作的时候，可以记住一个原则，即把基本动作都覆盖就可以了。

───────────┤ 划重点 ├───────────

安排训练动作时该灵活就要灵活。

226

比如训练背的基本动作是下拉和划船，那么选择动作的时候，不要都选下拉的，两种动作各占一半比较好。

比如下拉选两个，一个器械下拉，一个引体向上；划船选两个，一个坐姿器械划船，一个哑铃划船，这样安排就没问题。

还有一点，大家还记得我们上面讲到的"双侧逆差"吗？老练单手动作，双手动作力量就会相对变弱，反之亦然。这个知识点这时候就用上了。

对于一个部位的肌肉，最好是单侧、双侧动作都做，这样获得的力量增长效果就比较全面。当然，深蹲这类动作就不考虑单侧了。

对于一个具体的肌肉部位来说，动作选择的原则如下所述。

- 一般先做多关节复合动作，再做单关节简单动作，但这个原则是个弱原则。
- 把一个肌肉部位的几个"纬度"都包含进去。
- 把一个肌肉部位的几个基本训练动作都覆盖进去。
- 只要有条件，建议针对一个肌肉部位的单侧、双侧动作都要有。
- 选择动作具有很高的随意性和灵活性。

训练计划该如何制订——要不要经常换动作

训练动作，是应该持续执行一段时间不变，还是应该经常换呢？

这个问题争议不大，我们先看看经常换动作的利弊。

经常换训练动作有下面两个好处。

- 对肌肉有更全面的刺激。一次选择动作选择得再好，对肌肉的刺激也不可能面面俱到，所以更换动作，各种动作都做一下，对肌肉会有更全面的刺激效果。
- 防止动作适应。一般来说，新动作的训练效果都要更明显一些。原因很简单：肌肉还不适应新动作。对于肌肉来说，新动作是一种新的运动刺激，肌肉的适应性变化会更剧烈。

比如一个动作训练一段时间后，肌肉酸痛感就不会很明显了，这时候更换动作，一般会带来更明显的酸痛感，对增肌来说很可能是有帮助的。

我们讲过，虽然肌肉酸痛不是增肌效果的唯一标准，也不是绝对准确的标准，但是在条件允许的情况下，还是尽可能地追求肌肉酸痛，因为对增肌来说，肌肉酸痛很可能比不酸痛要好。

但是，如果换动作太频繁，理论上说也有一个明显的坏处，那就是肌肉可能很难从神经适应过渡到以肌肉增大为主的适应。

这就用到了我们前面讲到的知识。在训练的开始阶段通常以神经适应为主，力量快速增大，而肌肉增大不明显。继续训练才会到达以肌肉增大为主的阶段。

如果你频繁换动作，至少从理论上说，你的肌肉适应会停留在对新动作的神经适应上，对增肌可能不利。

所以，一批动作要训练一段时间后再换，具体多久，取决于是什么动作。

单关节动作，因为动作比较简单，神经适应快，所以可能2~3个月就可以换了。多关节复合动作更复杂，神经适应慢，可能需要4~6个月再换。

这个时间只是大致建议，这方面学术界还没有什么明确的结论。

──────────────── 划重点 ────────────────

换动作间隔的时间不要太短，要让训练动作从以"神经适应为主"的阶段过渡到以"增肌为主的阶段"。

此外，你也可以根据身体的感受来决定。开始新动作之后，初始的一段时间力量增长会比较明显，等你感觉到力量增长明显变慢了，可能就进入肌肉的快速增长期了。再训练一段时间，你发现肌肉增长也变慢了，就可以考虑换动作了。

有的人因为不懂力量训练的适应原理，用一个动作训练一段时间后，发现力量大了但肌肉没怎么增长，他就着急了，于是就换新动作，以为是动作的问题。但换了新动作后，又有一个神经适应阶段。频繁换动作虽然不是完全不能增肌，但是增肌效果肯定会受到一些影响。

换动作的时候，建议每次替换超过50%的动作就可以了。比如一个部位有4个训练动作，练了一段时间要换，那么可以换掉其中的2个。当然，你也可以把所有动作都换掉，都换新动作比较省事，但缺点是训练风险有一定提高。

换哪些动作？随便。与选择动作遵守同样的原则。

比如练肩，原来用的动作是哑铃推举、哑铃侧平举、俯身哑铃侧平举，换动作的时候，哑铃推举可以换成杠铃推举，哑铃侧平举可以换成固定器械绳索侧平举，俯身哑铃侧平举可以换成反蝴蝶机。

别看哑铃推举和杠铃推举听起来差不多，其实训练动作只要变一点，对肌肉来说差别就很大了。

训练计划该如何制订——电刺激训练

前几年电刺激训练开始流行，据说用电刺激肌肉收缩能获得很好的增肌效果，这种方法能不能放在训练计划当中呢？

首先我们对比一下用电刺激肌肉收缩与肌肉自主收缩之间的差别。

肌肉能收缩，其实说白了，就是我们的运动神经系统给它一个电信号，一个生物的电刺激，肌纤维接收到了刺激，就会收缩，这是自主收缩，是我们自己给肌肉电刺激。

利用外界设备给肌肉一个电刺激，肌肉也能收缩。

肌肉的生理科学实验用电刺激肌肉收缩，将其与肌肉自主收缩做比较，以获得关于一个人到底募集了肌肉里多少运动单位的数据。

我们看图4.3，这是一个肌肉收缩力的峰值图。左边是最大随意收缩，也就是说，一个人对他的某一块肌肉使出最大的力量去收缩。

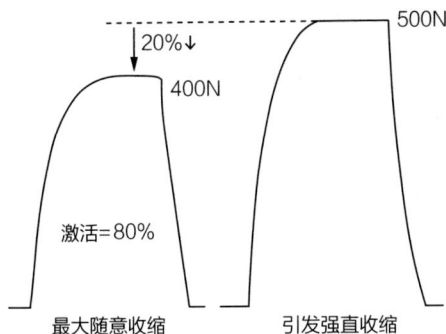

图 4.3

右边是电刺激引发的最大强直收缩，简单说就是通过电刺激让肌肉用最大的力量去收缩。我们能看到，很明显，电刺激引发的最大强直收缩，其收缩力要明显高于自主的最大随意收缩，高出20%。

这个人的这块肌肉，本来有500N的力，但是他自己去使劲儿，使尽全力，收缩力只能达到400N。这是因为通过自己的神经去控制肌肉收缩，会受到神经控制因素的限制，它轻易不会让你募集到肌肉里百分之百的运动单位。

通俗地说，人自己的神经控制不能发出足够的电刺激。

但如果用电去刺激肌肉，因为你可以调节电刺激的强度，所以就能人为引发最大限度的肌肉收缩。

所以这么一对比，我们就能大致知道这个人靠自主收缩能募集到肌肉中百分之几的运动单位了。

这样一来你可能会想，那干脆利用电刺激来增肌多好啊！我们平时训练，无法募集最多的运动单位，而电刺激就可以。

实际上，很早以前学术界就尝试过这种思路，但发现效果并不好。而且前几年市面上出现过这种电刺激产品，还火过一阵子，不过很快就销声匿迹了，因为效果不行。

首先，电刺激虽然可能最大限度地募集运动单位，但是，如果真的给你那么大的电刺激，运动单位倒是都募集到了，但是你会感觉很疼，像肌肉严重痉挛那样，很难耐受，所以拿它来增肌很不现实。

但如果说把电流调节到你能耐受的程度，那在运动单位的募集上又没什么优势了，可能还不如自己训练。

其次，电刺激肌肉，不容易照顾到有些小肌肉和深层肌肉。经过皮肤给予的电刺激，一般很难达到足够的肌肉深度。

如果想刺激到深层肌肉，操作就需要很复杂，甚至是有创伤的，所以很难想象利用这种方式去全面增肌。

另外，电刺激是通过人为的方式对人体施加一个外在的刺激，它替代了你自己的神经系统发出的电信号，所以它只能训练肌肉，不能训练你的神经。

这就会造成一个局面，即肌肉受到了刺激，有一定量的增大，但是你的力量增大却很受限，因为神经没有得到训练。

还有，因为电刺激往往是对局部肌肉进行刺激，它无法很好地训练肌群之间的协同配合能力，这种协同配合能力也是神经适应的一种，所以以这种方式去训练肌肉，可能造成一些肌肉控制上的问题。我们正确的动作控制，包括姿态、体态，都需要大量肌肉的协同配合。

总之，电刺激训练这条路，目前看是走不通的。相关的产品当然有，因为只要有钱赚，就会有产品，但是最后的效果是无法预期的。

训练计划该如何制订——过度训练、停训和减训

只要是运动人群，都存在过度训练的潜在风险，增肌人群也不例外。

对于过度训练，大家往往有一点概念，但认识非常不足，也没有重视起来。可以这么说，有很大比例的增肌者在训练到一定程度后，训练效果不能持续提高，甚至持续降低，之后还出现受伤、频繁生病等问题，这些都和过度训练有关。

过度训练，我们容易把它简单地理解为肌肉的疲劳，其实不对。过度训练，主要是神经系统、内分泌系统和免疫系统的问题，也包括心理和情绪受到的影响。

过度训练，是什么"过度"了呢？形象地说，主要是自主神经系统、内分泌系统和免疫系统"被过度使用了"，造成这些系统出了问题。

————◆ 划重点 ◆————

过度训练，不是肌肉本身"过度"了。

过度训练在自主神经系统方面的表现，一般分成两类：交感神经型和副交感神经型。一般认为，交感神经型过度训练会先出现，也最常见。

但如果交感神经型过度训练一直持续，没有改善，就会出现副交感神经型过度训练。

大家一般遇到的是交感神经型过度训练。

交感神经型过度训练的表现是在安静时会心跳增加、血压上升，所以我们可以用晨起静息心率来预测过度训练的发生。

在内分泌系统方面，过度训练典型的表现就是睾酮水平降低，皮质醇水平提高。免疫系统方面则出现免疫功能降低，容易患呼吸道感染等疾病。

过度训练往往有下面这样一个大致过程。

过度训练发生之前，我们一般会感受到一个与过度训练完全相反的过程，那就是训练状态比较亢奋，觉得浑身有用不完的力气，这种情况下，训练量一般都会明显增加。

这个周期一般是几天、几周，最长的可能是几个月。当然，也有人是先刻意地增加训练量，然后才出现了过度训练。

总之，一般在过度训练之前，往往有一个"过度努力"的阶段。这时候如果没有减少训练量，就可能发展成过度训练。

过度训练出现后都有哪些外在表现呢？我给大家总结了以下几个容易衡量的指标和表现。

- 早上刚起床时的静息心率提高。
- 安静时血压升高。

- 运动时心率反应升高。

- 失眠或者睡眠质量降低。

- 训练热情降低。

- 持续疲劳感。

- 力量或运动能力明显降低。

- 情绪低落，提不起精神。

- 食欲降低。

- 容易感冒或反复感冒。

如果你出现了以上表现中的大部分情况，而且持续超过了1～2周，你最近没有其他疾病或者明显的情绪问题，也没有明显的作息改变，那么，你就有可能出现了过度训练，或者至少是有过度训练的征兆。

所以，我们平时应该多观察身体的反应，一旦出现这些表现的苗头，就要及时调整训练，避免出现更严重的过度训练。

因为造成每个人过度训练的训练量不一样，所以我不可能给出一个具体的训练量建议，比如每次训练不应超过多长时间，每周训练不应超过多少次，等等。

所以我的建议是，大家平时基本可以放手训练，但是要经常监控过度训练的征兆，如果出现了可能是过度训练征兆的表现，就要立刻减少训练量。这样既能最大化训练效果，不必在训练时畏首畏尾，也能很大程度预防过度训练。

也就是说，练还是放开了练，但要注意养成密切监控过度训练苗头的习惯。

如果你出现了明显的过度训练的征兆，这时候，你应该从训练、饮食、休息、心理四个方面去调整，而且这几个方面要配合着来，要尽可能做到位。

饮食上，如果你在减脂期，要看看你是不是热量摄入过低，碳水化合物是不是摄入过低，如果是，要提高一些热量摄入，同时增加一些碳水化合物摄入量。如果不在减脂期，那么出现过度训练征兆时，也要增加一些碳水化合物摄入量。

以上两种情况下，一般都是从每天增加100克纯碳水开始尝试。注意是100克纯碳水，而不是100克碳水类食物。

休息方面，只要有条件，一定要多休息，增加睡眠，而且尽量提高睡眠质量。

心理方面，过度训练也和心理因素有关，所以我们应尽量减少心理压力，多放松，想办法改善心态，尽量解决掉压力源。

训练方面我详细说一下，因为这是重点。

一般就是停训或者减训。但是，很多训练者不敢停训，怕失去辛苦训练得到的效果，怕退步。

这时候，大家不妨回忆一下前面讲过的关于停训的基础知识。

前面已经讲过，短期停训造成的影响并不算太大；更重要的是，肌肉有"记忆效应"。

也就是说，停训一段时间后，虽然肌肉进步受影响，甚至肌肉量减少，但是之后再恢复训练，会出现一个高速追赶的阶段，因为肌肉是有"记忆"的。

而且，停训可能让 II x 型肌纤维比例提高，这可能对接下来复训后提高训练质量有帮助。

所以大家不用怕停训，适当停训甚至对增肌有好处，至少想追回去是很容易的。

过度训练停训，一般至少2周，停训期间观察一下，如果过度训练的症状还存在，那就还需要继续停训。

———————————————— 划重点 ————————————————

增肌者不要怕停训，停训很可能是"以退为进"。

除了停训，遇到过度训练还有一种更温和的应对方法，就是减训。

很简单，你过度训练了，那么减少一些训练量就行了。减训的好处是，训练效果一般能得到更好的保持，毕竟不是完全不训练，只是减少训练量。

减训的目标，就是用最少的训练量，把训练效果保持住。

一般来说，减训期间，我们要想维持肌肉力量，每周或者每10天安排一次训练，就可以把之前提升的肌肉力量维持几个月。

对肌肉量的维持也差不多，一般每周或者每10天，把主要的肌群训练一遍，就能在一段时间内维持住肌肉量。

而且，减训不但能维持肌肉力量和肌肉围度，甚至还有可能提升肌肉力量。所以，减训也是体育界赛前常用的手段。

有一点需要强调，减训减少的是训练量，而不是训练强度。也就是说，你之前用多大重量训练，减训期还是用多大重量，但是你可以减少训练动作或者组数，比如训练动作减少一半，甚至更多；组数原来是4~5组，现在可以减少到2组。训练频率方面，主要的肌肉每周训练一次就可以了。

可以先安排减训4~6周，观察一下过度训练的征兆有没有改善，再调整减训的时间。

必须要强调，上面都是通常的建议，具体怎么安排还要灵活处理。比如对有些肌肉部位，像肩部，训练动作不能减少太多，要是减少到只剩下一个训练动作，三角肌后束你就"照顾"不到了。这种难处肯定会有，总之我们要根据具体情况灵活安排。

CHAPTER 05
第五章

增肌训练怎么吃

增肌训练，怎么吃很重要，甚至可能比训练更重要。增肌营养是增肌者普遍的薄弱环节，但它又非常重要。本章无法面面俱到，但会把最关键最核心的东西教给大家。

首要原则，增肌要适当多吃

想要增肌，怎么吃？有一个首要的原则，就是要多吃，热量摄入要适当地增加一点。

增肌为什么要多吃呢？说白了，增肌是要我们的身体增加点什么，当然需要多吃。

增肌是身体蛋白质合成代谢大于分解代谢的过程，肌肉合成的蛋白质比分解的多，表现为肌肉蛋白质净合成，也就是肌肉变多了。这就要求我们创造一个适合身体蛋白质净合成的环境，即热量有盈余，这是基础。

简单地说，摄入的热量比消耗的多，身体就会增加合成代谢。摄入的热量比消耗的少，有热量缺口，就会刺激身体提高分解代谢，减少合成[1]。

比如我们晚上睡觉的时候不吃东西，一夜禁食，热量缺乏，身体就会进入负氮平衡状态，即身体分解的蛋白质比合成的蛋白质

---

1 Areta, JL, Burke, LM, Camera, DM, West, DW, Crawshay, S, Moore, DR, Stellingwerff, T, Phillips, SM, Hawley, JA, and Coffey, VG. Reduced resting skeletal muscle protein synthesis is rescued by resistance exercise and protein ingestion follow- ing short-term energy deficit. Am. J. Physiol. Endocrinol. Metab. 306: E989-97, 2014.

多。这时，肌肉蛋白质是丢失的。

吃完早餐，摄入了热量，身体又会进入正氮平衡状态。利用的氮比排出的氮多，肌肉蛋白质合成增加，丢失的肌肉可以被补回来。

所以，从热量的角度讲，增肌需要的热量比平时要高一些。但高多少呢？还没有明确的数据。

因为每个人的增肌潜力不同，所以很难预测一个人在增肌过程中需要增加多少热量。

当然，还有一种说法认为，增肌过程中不需要额外摄入多少热量。他们说，一个人一年增肌最多3公斤，肌肉里面大部分是水，折算成蛋白质没有多少，这些蛋白质的热量加起来也没多少，所以不需要太多热量。

实际上这么算不对。首先，一个人一年能增长多少肌肉是没有明确的生理上限的。当然，一年增肌几十公斤那不可能，但是，说最多只有3公斤，也缺乏依据。

其次，增肌需要的热量，不仅仅只是增长的那些肌肉中的蛋白质所包含的热量，还包括修复训练中损伤的肌肉所需要的热量，以及身体的生理生化环境改变需要的热量。

仅合成肌肉蛋白质需要的热量就非常大。也就是说，蛋白质只是增肌的"材料"，增肌除了要花"材料费"，还需要"工费"，身体把这些材料合成为肌肉蛋白质，这个过程也是要消耗热量的。

总之，增肌期间，热量摄入要充足，这是达到增肌最大化的基础。但是，到底吃多少才够呢？目前很难给出一个具体的数字。

因为不同的人有不同的增肌训练方法、不同的训练背景，差异实在太大了。

学术界对具体数字的建议众说纷纭，低的有200～300千卡，高的有500～1000千卡，还有的建议增肌者可以有更大的热量盈余。总之很难统一。

我的建议是，根据实际情况，最大限度地提供热量盈余。不拘泥于具体的数字，而是在实际操作中不断调整。

首先，看你对身材的预期如何。有的增肌者不介意在增肌期间增加脂肪，喜欢在增肌期尽量多吃，尽可能增重。这种安排的坏处是可能在增肌的同时，也增加了很多脂肪；但好处是，确实可以保证身体增肌最大化的需要。

因为我们前面提到过，热量盈余能促进身体形成旺盛的合成代谢局面，理论上说，你给身体多一点热量盈余，可能会更有利于增肌。

所以，只要你能接受增肌期间脂肪增加，那么你在增肌期可以放开了吃，尽量多吃，保证一个较大的热量盈余。

然后你去观察身体的变化，如果不断增重，而且脂肪也有明显增加，那热量肯定是够了。

第二种方法，就是限制增肌期脂肪增加——适度增加脂肪，但不要过度增加脂肪。

简单地说，就是增肌的同时可以长一点肥肉，但是要控制，不要让它长得过多。

这样的话，就需要在饮食方面做细致的调整。具体方法是，在一开始你基本可以放开吃，观察身体数据的变化，如果脂肪增长明显，就减少一点热量，再观察一段时间，再做调整。总之，让脂肪有缓慢增长，但增长不要过快就可以了。

脂肪有缓慢增长，说明热量摄入在整体上还是大于热量消耗的，这个热量消耗包括了增肌消耗的热量（训练的热量消耗和合成肌肉蛋白质的热量消耗等），那么理论上，你的增肌可能也没有受到太大的影响。

———————————— 划重点 ————————————

想最大化增肌，就要有足够的热量盈余。

———————————————————————————

当然，这不是说有热量缺口就完全不能增肌。如果有热量缺口，只要缺口不是特别大，也可以增肌，只是无法做到增肌最大化。

增肌者的三大基础营养素——蛋白质

所谓三大基础营养素，就是指蛋白质、碳水化合物、脂肪。为什么叫三大基础营养素呢？因为这三种营养素能给我们的身体提供能量，并且是组成身体的基本元素。讲增肌营养，以及减脂怎么吃，其实主要都在讲这三种东西。

我们首先说说蛋白质。说起蛋白质，很多人有一个大致的感觉，认为只有肉、蛋、奶中含有蛋白质。但实际上，几乎所有食物都或多或少含有蛋白质，只是肉、蛋、奶的蛋白质含量比一般食物丰富些。

蛋白质是食物中含有的一类营养，不是特指某些种类的食物。食物中有蛋白质，但是没有哪种食物中完全都是蛋白质。

大家知道，增肌需要多摄入蛋白质，但是到底摄入了多少，我们心里应该大致有个数。比如，一个鸡蛋里到底有多少蛋白质呢?

想计算蛋白质的摄入量，至少要计算这几类食物里的蛋白质：肉、蛋、奶、主食、豆类（植物蛋白质也要算）。

其他的，比如水果蔬菜中的蛋白质，可以忽略不算。坚果，因为一般不会吃太多，所以可以不算。

表5.1中列出了几类常见食物里蛋白质的大致含量，用来粗略估计我们每天吃了多少蛋白质（不是非常准确，但是基本够用了）。

表5.1

食物种类	蛋白质大致含量
肉类	所有瘦肉，都按照每100克20克蛋白质来估算（肥肉的蛋白质含量很低）
蛋类	一个全蛋按6克蛋白质算，一个蛋清按3克蛋白质算
奶类	牛奶或酸奶都按照每100克3克蛋白质算
主食	面食（面包、馒头、面条）按每100克8克蛋白质算，米饭按每100克3克算
豆类	豆腐一般按每100克7～8克蛋白质算，豆干的含量更高一些

你懂氨基酸吗

说蛋白质不得不提氨基酸。蛋白质是由氨基酸构成的，它就是"一大堆"氨基酸有规律地排列组成的东西。

对成年人来说，有8种氨基酸是必需氨基酸：亮氨酸、异亮氨酸、赖氨酸、蛋氨酸、苯丙氨酸、苏氨酸、色氨酸、缬氨酸。

必需氨基酸是什么意思呢？就是说我们的身体无法合成这些氨基酸或者合成太慢，不能满足需要，但是身体还不能缺少它们，怎么办？只能从食物中获取，靠吃。

氨基酸又是由什么东西组成的呢？从实用主义的角度出发，很粗略地说，氨基酸就是两个东西，一个是"碳骨架"，一个是氨基。"碳骨架"是什么东西呢？"碳骨架"就是氨基酸里一种能产生能量、变成糖或脂肪的东西。

———————————┤ 划重点 ├———————————

氨基酸中能产生能量的东西就是"碳骨架"。

———————————————————————————————

氨基呢？就是不能产生能量、不能变成糖或脂肪的东西。而且，氨基里面有氮，对身体有毒性。所以，氨基酸中的氨基，如果没地方利用，就需要把它排出体外。

很多人可能听说过"掉肌肉"。具体地说，"掉肌肉"就是肌肉蛋白质分解成氨基酸，氨基酸再被分解，其中的"碳骨架"产生能量，或者变成糖或脂肪，被利用了，剩下没用的氨基，变成尿素从肾脏排出去。

所以，当身体缺少能量或糖的时候，就会出现"掉肌肉"的现象。

注意，为了大家好理解，以上很多说法做了粗略化的处理，不是特别严谨，但是对于各位理解蛋白质和氨基酸，足够用了。

还有一种说法，认为"蛋白质吃多了伤肾"，我们这里暂不评价它对不对，只探究为什么会有这种说法。

其实也很简单，刚才讲了，氨基酸是由两种东西组成的，一个是"碳骨架"，能被利用，另一个是氨基，多余的氨基会变成尿素从肾脏排出去。所以，如果氨基酸都被完整地利用了，那无所谓，但是如果蛋白质摄入太多，很多氨基酸用不了，多余了，那里面的"碳骨架"转化成能量，或者变成糖或脂肪，没用的氨基需被排出去。排出去是肾脏的工作，那肾脏的负担就重了，重到一定程度，肾脏就可能出问题。

所以理论上说，蛋白质摄入量太大，会增加肾脏负担。但是对于健康人来说，目前还没有足够的证据说明，过多摄入蛋白质必然会对肾脏造成损伤。

———————————— ▸ 划重点 ◂ ————————————

还没有明确的证据证明健康人选择高蛋白饮食会导致健康问题。

但是，毕竟增加肾脏负担也不是件好事，所以我们还是不要长期过量摄入蛋白质比较好。

素食就不能增肌吗

另外一个话题也与氨基酸有关。很多人都听说过所谓的"不完全蛋白质",有人说植物蛋白质就是不完全蛋白质,为什么这么说呢?还是与氨基酸有关。

我们摄入蛋白质,需要的其实是组成这些蛋白质的氨基酸,尤其是那8种必需氨基酸(对婴儿来说是9种)。

身体对这些必需氨基酸的利用也很有特点,怎么利用呢?一般不是单独利用其中的一种或者几种,而是凑成套利用的。

比如,8种必需氨基酸是A、B、C、D、E、F、G、H,身体合成一种肌肉蛋白质,需要1个A、2个B、5个C,剩下的D、E、F、G、H都分别需要1个,那么这种肌肉蛋白质的组成就是1A2B5C-1D1E1F1G1H。假如我们吃进去的蛋白质所提供的氨基酸差1个B,那么这种肌肉蛋白质就合成不了。

所以,我们从食物中获取的8种必需氨基酸,应该尽可能凑成套,哪个都别太多或者太少。

如果一种食物的蛋白质没有提供全部8种必需氨基酸,缺一种或者几种,那么这种蛋白质就是"不完全蛋白质"。

这种蛋白质吃再多,增肌需要的8种氨基酸还是不够,所以理论上说,吃再多也不能达到增肌的目的。

食物蛋白质里的必需氨基酸要比例合适，利用率才够高。

很多人说植物蛋白质是不完全蛋白质，其实不对。绝大多数植物蛋白质都包括了8种必需氨基酸。

只不过，植物蛋白质的"质量"比较低，虽然包含了8种必需氨基酸，但是有些种类的氨基酸特别少，如果要配成我们身体需要的一套氨基酸，量不会很多（藜麦和大豆除外）。

比如，如果我们只吃谷物，将大米、白面、燕麦作为蛋白质的主要来源，这样人体利用这些蛋白质里面的氨基酸的时候，赖氨酸就容易不够，因为谷物里赖氨酸的含量比较低。

谷物里赖氨酸含量低，这是它的短板，那么要补足赖氨酸该怎么办？就只能多吃。但是，多吃的话，赖氨酸够了，其他本来不缺的氨基酸就富余了，这样也不好。

这就是植物蛋白质的"质量"比较低的原因。

动物蛋白质，比如肉、蛋、奶，普遍"质量"比较高，里面不但有8种必需氨基酸，而且量很足，正好与我们需要的比例差不多（当然也有例外）。

有人说，增肌必须吃肉、蛋、奶，吃素不行，植物蛋白质不管用。这种说法是错的。

植物蛋白质也管用，只是利用率低而已。要提高利用率，一个办法就是多吃。比如通过吃肉摄入蛋白质，你可能一天摄入130克动物蛋白质就够了；但如果吃素，你可能需要摄入160克植物蛋白质才够。

植物蛋白质除了可以靠多吃弥补，还有一个办法，就是将各种植物搭配着吃，彼此的氨基酸短板可以互补。一种植物蛋白质里的优势氨基酸，正好可以补充另外一种植物蛋白质里的劣势氨基酸。

划重点

植物蛋白质需要适当多吃并且合理搭配。

主要的搭配方法是，谷物配大豆、坚果种子配大豆。当然，植物蛋白质搭配动物蛋白质也是很好的选择。

总之，如果你是素食者，那么各种来源的植物蛋白质都要吃一些，蛋白质来源多样化，有助于氨基酸之间的互补，提高整体的蛋白质利用率。

增肌应该吃多少蛋白质

有种说法是，蛋白质吃得越多，肌肉长得越人。仅仅靠吃蛋白质就能增肌吗？当然不能。没有训练，吃再多蛋白质你也不可能变成肌肉男。

另外，即便有训练，也不代表蛋白质吃得越多越好。在训练量足够的情况下，蛋白质吃够就可以了，额外多吃并没有促进增肌的作用。

先说说不增肌的情况。普通成年人，身体健康，体力劳动量不大，也不做大量运动，则需要的蛋白质不多。

针对某些疾病，比如感染、烧烫伤、发热等，以及一些严重疾病，蛋白质需要量都会增加。体力劳动多的人、运动量大的人，蛋白质需要量也会增加。

所以，针对健康的普通成年人来说，在美国和加拿大，一般建议蛋白质的摄入量是0.8克/公斤体重，我国是1克/公斤体重。因为从饮食习惯来说，我们摄入的植物蛋白质比西方人多一些。但是，现在国内很多年轻人也都是以肉、蛋、奶作为主要的蛋白质来源，那么就不需要1克。不过素食者还是需要超过1克，总之视个人情况而定。

增肌者的蛋白质需要量比普通人多一些，但是到底需要多少，学术界一直没有统一的结论。为什么不能统一？一方面是因为人和人之间个体差异很大，营养素的需要量不一样；另一方面，性别、年龄、训练状况、平时的运动习惯、其他营养素和热量摄入量的不同，也对这个数据有影响。

比如，营养素和热量的摄入就会影响蛋白质的需要量。热量摄入低，身体热量不够，需要蛋白质来提供热量的比例就大了，就应增加蛋白质需要量。碳水化合物吃得不够，需要蛋白质转变为糖来补充，也需要增加蛋白质的摄入量。

所以，不能笼统地说每公斤体重每天摄入多少克蛋白质就肯定够增肌了，还要看具体的情况。如果减脂期间吃得少，需要的蛋白质就多；如果有氧运动做得多，需要的蛋白质也多。

在通常情况下，一般建议增肌者的蛋白质摄入量每天至少要达到1.5～1.8克/公斤体重[1]，而且建议食物来源以动物性蛋白质为主。因为目前看，高蛋白饮食对健康人群没有明确的健康伤害。

为了最大限度地保证增肌效果，我个人建议，确定自己身体的一切指标健康的人，蛋白质摄入量可以适当冒进一点。

划重点

增肌应该吃多少蛋白质是因人而异、因情况而异的，但通常建议是1.5～1.8克/公斤体重。

比如新手增肌，前半年按每公斤体重2克蛋白质摄入也可以，因为新手处于快速增肌期，肌肉长得很快，而且身体对蛋白质的利用效率可能还没那么高。中、高阶训练者的蛋白质摄入可以稍微少一点。

当然，这是以增肌为目的的阶段性建议，不是长期的蛋白质摄入量建议。

最后，因为高蛋白饮食需要多排出含氮废物，所以增肌训练者要注意多喝水。

1　Morton, RW, Murphy, KT, McKellar, SR, Schoenfeld, BJ, Henselmans, M, Helms, E, Aragon, AA, Devries, MC, Banfield, L, Krieger, JW, and Phillips, SM. A systematic review, meta-anal- ysis and meta-regression of the effect of protein supplementa- tion on resistance training-induced gains in muscle mass and strength in healthy adults. Br. J. Sports Med., 2017.

训练前后应怎样补充蛋白质

大家注意，说每天应该摄入多少克蛋白质，是不分训练日和非训练日的。比如你昨天训练，今天不训练，不代表今天就不需要高蛋白。因为，昨天训练，今天恰好是肌肉恢复和生长的时间，更需要补充蛋白质。除非你要休息很多天，那是另外一种情况。

还有一点要特别注意，我们刚才讲的是总体上蛋白质应该吃多少，此外什么时候吃，也很有讲究。

平时一天不管是三顿饭，还是五顿饭，摄入蛋白质是必然的要求。另外还有一系列时间节点也必须补充蛋白质，那就是训练前后。

—————————— ┤ 划重点 ├——————————

增肌训练前后补充蛋白质非常重要。

———————————————————————————————

我建议增肌训练前后都补充一些蛋白质，而且要配合碳水化合物一起补充。选择蛋白质，最好选择乳清蛋白粉，尤其是在训练前，因为有些人吃固体食物后训练会感觉不舒服。碳水化合物，我建议选葡萄糖，或者白糖也可以。当然，白面包也没问题，只不过糖比较省事，也便于携带。

训练前后蛋白质要补充多少呢？我建议20~25克优质蛋白质。

若选择浓缩乳清蛋白粉，一般需30克左右。

蛋白质是配合碳水化合物一起补充，那么到底该补充多少碳水化合物呢？目前尚无定论，一般建议至少30克左右。也可以按照体重计算，按每公斤体重0.5克左右碳水化合物来补充。

有的人一看要补30克碳水化合物，训练前后一共就是60克，觉得太多，挺害怕。但实际上，一个2两的馒头大约也含这么多碳水化合物；一杯中杯可乐，差不多也是这个量。所以，大家不用过度紧张，其实平时你已经摄入了很多碳水化合物，只不过没有意识到。

增肌训练前补充碳水化合物，那具体在训练前多久呢？一般是训练前15~30分钟。训练后补充，则是训练后即刻补充。事先带好蛋白粉和糖粉，训练后用水一冲就可以了。

运动营养学界讲训练后补充蛋白质和碳水化合物，都是强调训练后即刻补充，越早越好，一般没有认为需要等血液重新分配后再补充的观点。

为什么建议训练前后补充蛋白质和碳水化合物，原理比较复杂，我们这里就不展开讲了。

───────┤ 划重点 ├───────

不考虑减脂问题的话，增肌训练前后建议分别补充30克蛋白粉和0.5克/公斤体重的糖。

训练后即刻补充之后，不是说就不用吃饭了，训练后的补充与吃饭是两件事。而且，训练后6个小时内，最好每隔2小时左右再补充一点蛋白质和碳水化合物，比如下午训练后即刻补充了，之后过2小时左右，正好该吃晚饭了，晚饭可以算一次补充。晚饭后

2小时，最好再吃点东西，补充一些蛋白质和碳水化合物。当然，如果训练后已经很晚了，那么也不用刻板地遵循6小时内补充的原则——没必要晚上爬起来补充营养。

蛋白质应该分散摄入还是集中摄入

有的人为了省事，把每天需要的蛋白质一次性吃进去，觉得够一天用的，之后就不用总补充了，这种做法我不建议。

蛋白质还是建议分散开吃，少量多次。

原因是，我们每次摄入蛋白质，都希望这些蛋白质能被身体合成蛋白质，对于增肌者来说就是肌肉。但如果说，我们这一顿吃的蛋白质，里面有一多半没有被身体合成蛋白质，而是作为能量消耗掉了，或者合成脂肪了，那就有点浪费了。

蛋白质建议分散开吃，就是出于这个原因。

一般认为，我们每一次摄入蛋白质，不管吃进去多少，能被用来合成身体蛋白质的量有一个上限。对于年轻人来说，一般是20～30克蛋白质；对于老年人，一般是30～40克蛋白质。

也可以用体重来计算，一般是0.3～0.4克蛋白质/公斤体重。

也就是说，假设你每天的蛋白质需要量是90克，如果你一顿吃掉这90克蛋白质，那么可能被用来合成身体蛋白质的（包括肌肉和身体需要的其他蛋白质）只有其中的20～30克，剩下的不是不能被吸收，而是不能被用来合成蛋白质，通常都作为能量消耗掉了。

如果你把一天需要的90克蛋白质一次性吃掉，会有两个损失。一个是刚才说的，浪费了很多蛋白质，不能用来合成身体蛋白质。另外一个损失更严重，那就是，你这一天的蛋白质摄入量会不足。

需要90克，吃了90克，为什么会不足呢？

原因是，你需要的90克蛋白质是被合理利用的90克。如果你一次性吃掉90克，其中60克左右都被"浪费掉了"，那你这一天真正合理利用的蛋白质就只有20~30克，当然是不够的。

所以理想的蛋白质摄入方法是，把90克分成3顿，每顿30克。每一次补充，都有20~30克蛋白质可以合成身体蛋白质，这样算下来，合成的身体蛋白质的总量当然更多。

假设这些合成的身体蛋白质都是肌肉蛋白质，如果一次性吃掉90克，相当于你这一天只合成了20~30克肌肉蛋白质；但如果分3次吃，就相当于你一天合成了3次肌肉蛋白质，每次都合成了20~30克。

划重点

一天所需的蛋白质建议分散开吃，每次摄入量0.3 ~ 0.4克/公斤体重。

当然，上面是简单的说法，实际还要稍微复杂一点，这里要注意三件事。

也有研究认为，人体蛋白质的合成利用没有20～30克的上限，甚至没有上限。这就是说，你真的可以一次性吃掉一天的蛋白质。

但只有极少数研究支持这种观点。目前学术界的主流观点，仍然是少量多次摄入蛋白质。

而且少量多次摄入也符合人们的日常饮食习惯，我们实在没有必要把一天的蛋白质放在一顿吃。

为什么人体每次只能合成利用20～30克蛋白质呢？一般认为是因为你摄入蛋白质后，血浆氨基酸水平很快提高，有大量氨基酸一下子涌入身体，但是身体合成蛋白质的速度是有限的，血浆氨基酸提高却不能被马上用完，就促使氨基酸作为能量被使用。

但是，这是说你摄入的蛋白质很快被消化吸收的情况。如果你摄入的蛋白质被缓慢地消化吸收，血浆氨基酸水平慢慢地升高，可能这次摄入的蛋白质就能慢慢地合成身体蛋白质，那么这个蛋白质利用上限可能就超过20～30克了。

所以，假如你吃的是消化慢的蛋白质，比如酪蛋白，或者你这一餐的蛋白质是和很多脂肪一起吃的，那么这顿饭整体的消化吸收就会慢一些，可以一次多吃一些蛋白质。

对于体重比较大、每天需要蛋白质的量比较多的人，每次只吃20～30克蛋白质实在是比较麻烦，那么他可以在睡前吃一顿量比较大的酪蛋白，可以是酪蛋白粉，也可以是大量牛奶、奶制品。这样一顿吃50～60克蛋白质，也不会造成浪费。

每次摄入蛋白质的合成利用上限是20～30克（或0.3～0.4克／

公斤体重），这是一个比较保守的数据，而且是在比较理想的情况下的数据（比如摄入的蛋白质都是能被快速消化吸收的）。但在实际操作的时候，考虑到其他多种因素的影响，这个量可以更大一些。

我们在加餐的时候，如果单独喝乳清蛋白粉，那么一次20～30克（或0.3～0.4克/公斤体重）蛋白质是比较理想的，不建议吃更多。因为单独补充蛋白质，还是乳清蛋白，消化吸收会很快。

但若是日常三餐，有蛋白质也有脂肪、碳水化合物，还有膳食纤维之类的物质，整体的胃排空会慢很多，蛋白质也会消化吸收得更慢，这样每顿饭吃30～40克蛋白质，甚至更多一点，一般也没问题。

增肌者的三大基础营养素——碳水化合物

讲碳水化合物之前，我们先讲一点基础知识。

碳水化合物的主要来源是：主食、添加糖（包括含糖饮料）、水果、薯类、某些蔬菜和豆类。

坚果里也含有不少碳水化合物，但是我们一般吃得少，而且坚果里的碳水化合物有很大比例是膳食纤维。膳食纤维虽然属于碳水化合物，但是我们基本不能把它当作碳水化合物来利用。

碳水化合物很重要，尤其对增肌者来说，主要有以下几点作用。

给一些特殊细胞提供能量。

我们都知道，大脑和神经系统主要依靠葡萄糖来提供能量，红细胞只能用葡萄糖（红细胞连线粒体都没有，只能通过糖酵解来提供能量），一些免疫细胞也利用葡萄糖。虽说心肌能通过脂肪氧化来供能，但是脂肪氧化的比例过大，对心肌不好，所以还是需要一些糖的。

所以，我们每天固定需要一些葡萄糖，比如大脑，成年人大脑活动一般需要120～130克/天的葡萄糖。当然，神经细胞也能使用酮体作为能量（注意，也有一些神经细胞不能利用酮体，只能利用葡萄糖），但这不是常规能量，是在情况紧急的时候使用的替代能量。

节约蛋白质。

若碳水化合物吃不够，身体糖不够，就需要把蛋白质转化成糖来补充，这点我们在讲蛋白质的时候已经讲过。这样，直接的后果很可能就是"掉肌肉"，这叫"碳水不够，肌肉来凑"。

所以，除非你吃的蛋白质特别多，否则碳水化合物吃不够是会"掉肌肉"的。

满足增肌训练需要。

食物里的碳水化合物是身体肌糖原的主要来源，低碳水饮食的人，其体内肌糖原储量必定大大降低。

肌糖原是我们进行增肌训练的主要能量来源，如果把增肌训练比作一辆车，肌糖原就是汽油，油不够，车肯定跑不远。

而且，碳水化合物摄入不足，人的血糖也会比较低，血糖一低，对于大多数人来说，就会明显影响他们的运动热情。低碳水饮食会让人不爱动，一动就累，训练的时候高强度上不去，练几下就没劲儿了。这一切，都会明显影响训练。训练都不能保证，何谈增肌？

碳水化合物很重要，没有特别必要的理由，不要采用低碳水饮食。碳水化合物每天建议吃多少呢？我个人建议，不运动的人每天不要低于150克，因为大脑和神经系统就要用掉120克左右，剩下的给别的地方，其实不会有富余。

额外做有氧运动的话，那就复杂了。运动量大就多吃，小就少吃，这个要根据个人的情况来定。

当然，我之前也讲了，对于增肌者来说，不建议做太多有氧运动。所以，增肌者每天的碳水化合物一般最少不要低于3～4克/公斤体重。

此外，也可以根据摄入的热量来计算碳水化合物需要量。建议增肌期间，保证每天热量的45%～55%来自碳水化合物。

———————————————┤ 划重点 ├

不运动者，建议每天碳水化合物摄入量不低于150克；增肌者建议每天不低于3～4克/公斤体重，或者每天热量摄入的45%～55%来自碳水化合物。

我们要大概算出碳水化合物的摄入量,就要知道各种食物含有多少碳水化合物。我给大家一些大致数据,足够用,见表5.2。

对于蔬果类,我给出的是平均数据,适用于部分数蔬菜、水果,但也有例外,有些蔬菜的碳水化合物含量会比较高,比如藕、苦菜、蒜薹等。

表5.2

食物种类	碳水化合物含量 (每100克)
各种生米、生面 (大米、小米、黑米、玉米面、白面等)	75克
面条、燕麦片	60~75克
馒头	50克
米饭、各种薯类、鲜玉米	25克
各种粉丝	85克
大豆	35克
其他豆类	65克
大部分蔬菜	5克
大部分水果	15克
各种添加糖(包括葡萄糖)	100克
蜂蜜	75克

碳水化合物的重要属性——GI

碳水化合物有一个重要属性,就是所谓的血糖指数(GI)。

这个指数有什么作用呢？简单说，它反映了碳水化合物消化的快慢。比如米饭、馒头，吃下去很快消化，血糖很快就能提高，那么它们的GI就比较高。

比较慢的有粗粮和大多数水果，最慢的是各种粉丝、粉条。

越松软的主食，一般GI越高，因为好消化。比如土豆泥很松软，GI就比较高；土豆粉条硬硬的，GI就比较低；馒头很松软，GI就高；意大利面很硬，GI就低。

⊢ 划重点 ⊢

碳水化合物消化越快，其GI就越高。

碳水化合物的GI对增肌比较重要。一般建议，训练前后补充碳水化合物，要补充高GI的；而日常饮食，则选择中等GI的碳水化合物比较好；如果在晚上睡前补充，选择低GI的碳水化合物比较好，这样有利于在夜间禁食阶段尽可能稳定血糖。

日常典型食物的GI数据（以葡萄糖为基准），见表5.3。我们要注意，GI数据是一个相对值，没有绝对的数据。

表5.3

日常典型食物	GI
葡萄糖	100
绵白糖	83.8
面条（小麦粉）	81.6
馒头	88.1

日常典型食物	GI
米饭	83.2
土豆（煮）	66.4
红薯（煮）	76.7
苹果	36
葡萄	43
香蕉	52
白面包	87.9
燕麦片	83
小米粥	61.5
煮玉米	55
南瓜	75
通心粉	45

一说到训练前后需要补充高 GI 碳水化合物，有人就担心会带来健康问题。当然，从保健的角度讲，虽然不是说吃高 GI 碳水化合物必然对健康有害，但还是少吃为好。还是那句话，很多事有利必有弊，只能根据自身具体情况进行取舍。从增肌角度讲，高 GI 碳水化合物在必要的时候也要吃一些。

还有很多人说高 GI 碳水化合物吃多了，人会得糖尿病，其实不能这么说。比如添加糖，它的摄入量与糖尿病有没有必然的联系直到现在还不好说，存在很多争议。

当然，有很多人群研究报告显示，一些人饮食中的添加糖（有的是精制谷物）摄入量增加后，2 型糖尿病的发病率也提高了。但是，现有证据还不能说明二者之间有因果关系。我多次说过，人群研究只能提供一些相关性的结论，不能说明现象和结果之间有因果联系。

因为添加糖、精制谷物吃得多的人，他们本身的生活习惯可能就不太健康，可能同时有高脂肪饮食、肥胖、运动不足等问题，这些都可能是造成2型糖尿病发病率提高的原因。

反过来说，精制谷物、添加糖吃得少的人，更关注自己的饮食，往往会有一个健康的生活方式，那么慢性病低发就不奇怪了。

同时，也有很多研究发现，即便是大量摄入添加糖，也不会导致2型糖尿病的发病率增加。热量摄入是否超标可能是非常关键的一点。其实高脂肪饮食也好，高糖饮食也好，如果热量摄入控制得好，不超标，可能就不存在明显的健康风险。

所以，我个人建议，考虑增肌和力量增加的最大化，不但碳水化合物必须吃够，有时候，高GI碳水化合物也得吃。

只要平时注意摄入中GI或低GI碳水化合物，并且热量摄入适中，适当做一些有氧运动，保持健康体重，对于健康人来说，训练前后补碳水化合物一般不会造成什么健康风险。

建议用生酮饮食来增肌吗

生酮饮食实在太火了，都烧到增肌圈子了。很多人认为生酮饮食对增肌好，当然不对。

前面我也讲了，对于增肌来说，碳水化合物很重要，不建议低碳水饮食，更不要说生酮了。

我在我的其他书中已经详细讲过生酮饮食，这里就不多讲了。其实，有很多研究都能说明生酮饮食是不利于增肌的[1,2]。

而且，国际运动营养学界的主流建议也很明确，不建议运动员在非特殊情况下使用生酮饮食，包括有力量训练和增肌训练需要的运动员。

增肌者的三大基础营养素——脂肪

这一节讲增肌时摄入脂肪应该注意些什么，我先说一点关于脂肪的基本知识。

脂肪是食物中的一大类能量来源，它实际上是个很笼统的概念，主要指我们平时吃的肉里面的肥肉和植物里的油，坚果的脂肪含量也很多。

米饭、馒头里也有脂肪，只不过含量比较少。完全不含脂肪的食物是非常少的。

通常人们把脂肪分成很多种类型，有饱和脂肪、不饱和脂肪、

1 Meirelles, CM, and Gomes, PS. Effects of Short-Term Carbohy- drate Restrictive and Conventional Hypoenergetic Diets and Resistance Training on Strength Gains and Muscle Thickness. J. Sports Sci. Med. 15: 578-584, 2016.
2 Greene, DA, Varley, BJ, Hartwig, TB, Chapman, P, and Rigney, M. A Low-Carbohydrate Ketogenic Diet Reduces Body Mass Without Compromising Performance in Powerlifting and Olympic Weightlifting Athletes. J. Strength Cond Res. 32: 3373- 3382, 2018.

单不饱和脂肪、多不饱和脂肪。

但实际上这些说法都不对。饱和不饱和、单的和多的，都是在说脂肪酸，而不是说脂肪。

脂肪是由脂肪酸组成的。脂肪酸，我们肉眼看不见；脂肪，我们肉眼能看见。一种脂肪里面，各种脂肪酸都有，不会都是饱和脂肪酸或不饱和脂肪酸。

我们平时说猪、牛、羊油是饱和脂肪，只是因为里面饱和脂肪酸含量比较多，但实际上它们也含不饱和脂肪酸，有的含量还不少。

──────┤ 划重点 ├──────

动物脂肪也不是完全的饱和脂肪。

我们不用过于探究脂肪的微观构成，只从实用出发，能区分什么食物饱和脂肪酸含量多，什么食物单不饱和脂肪酸含量多，什么食物多不饱和脂肪酸含量多就可以了。

另外，我们还需要了解一下身体不能合成的两类脂肪酸（只能通过食物获取）是什么，它们在哪些食物里含量比较多。

饱和脂肪酸含量比较多的食物，主要是各种动物的油，这类食物在室温下一般是固体。植物性食物里面有饱和脂肪酸吗？也有，而且有的植物里的饱和脂肪酸比例还特别高，比如椰子油、棕榈油。

所以，总结一下，说起饱和脂肪酸，大家直接对应动物油脂、椰子油、棕榈油就可以了。

265

什么食物里的单不饱和脂肪酸含量比较多呢？其实各种常见的植物油和动物油里面，单不饱和脂肪酸含量都很多。比较突出的是橄榄油、花生油和食用红花油。单不饱和脂肪酸是我们最不容易缺少的脂肪酸之一。

多不饱和脂肪酸也是一大类，它分成很多种。总的来说，大多数植物油里的多不饱和脂肪酸含量都比较多，比如玉米油、葵花籽油、亚麻籽油和大豆油等。坚果中含的多不饱和脂肪酸也比较多。

在多不饱和脂肪酸里，我们要注意两种比较特殊的脂肪酸：一种是 ω-3 系列，一种是 ω-6 系列。

讲到这里，就引出了人体不能合成的两类脂肪酸的话题。

人体不能合成的脂肪酸，对生理活动和身体健康还特别重要，不能缺少，它们只能从食物里获得。这两类脂肪酸就是 ω-3 和 ω-6。

ω-6 系列脂肪酸，最主要的作用是合成前列腺素、白三烯等，这对于我们维持正常的生理功能是非常重要的。

ω-3 系列脂肪酸，主要与大脑发育、大脑功能、视网膜正常功能、抗炎等有关系。它的作用还有很多，但是目前证据都不是很明确。

那么这两类重要的脂肪酸，在哪些食物里含量比较多呢？ ω-6 系列脂肪酸基本上在大多数含脂肪的食物里都有，所以现代人几乎很少有 ω-6 缺乏的情况，问题往往出在吃得太多上。

ω-3 系列脂肪酸主要在亚麻籽油、海鱼、核桃、松子仁、鲜栗子等食物中较多，我们平时应该有意识地多吃一些。

而剩下的饱和脂肪酸、单不饱和脂肪酸和其他多不饱和脂肪酸，身体都能自己合成。从健康角度讲，这些脂肪酸，尤其是饱和脂肪酸，不是非要从食物里吃够的。

增肌者怎么吃脂肪

对增肌者来说，脂肪的摄入量不能太少。脂肪摄入量太少，人的雄激素水平就会降低，这样不利于增肌。

而且，对增肌者来说，饱和脂肪、单不饱和脂肪对雄激素水平的影响更明显。所以，增肌者首先要吃够膳食脂肪，而且膳食脂肪当中，饱和脂肪酸、单不饱和脂肪酸也要占有一定的比例。

想增肌，脂肪要吃够。那吃多少算够呢？一般建议，脂肪摄入量不要低于每天热量的30%。

很多人不会算，通过脂肪摄入每天热量的30%，到底该吃多少脂肪？我这里举个例子。假设我们每天摄入3000千卡热量，那么其中30%的热量要靠脂肪来提供，这样的话就是3000×0.3=900千卡。每克脂肪的热量是9千卡，那么每天就要吃100克脂肪。

同时，不建议脂肪摄入超过每天热量的40%。一方面太高了也没用——不是说脂肪吃得越多，雄激素水平就越高，它有个度的问题。

另一方面，高脂肪饮食容易让人变胖，体脂率增加。体脂率增加，反而会降低雄激素水平，也不利于增肌。

所以，总的来说，增肌者适量摄入脂肪，不要刻意吃得过少就可以了，千万别把自己吃得太胖。

有人觉得计算太麻烦，其实不用算。

现代饮食往往是高脂肪饮食，通过脂肪摄入的热量很容易达到很高的比例。所以，我们平时尽可能保持低脂肪，这个脂肪摄入量就足够增肌使用了。

————————————————| 划重点 |————————————————

增肌者日常只需保持清淡饮食，一般就可以吃到适当比例的脂肪了。

增肌者怎么补充维生素

关于维生素的补充，有三个重点。

几乎对所有的维生素来说，只要不缺乏就行了，额外补充并不能提高增肌者的增肌效果。而且，增肌者对各种维生素的需求量比不训练的普通人多吗？不见得。目前学术界并不明确认定增肌者需要更多的维生素。

所以，增肌者只要保证饮食热量充足、种类均衡多样化，那么绝大多数维生素都不会缺乏。矿物质元素也同样如此。

综上所述，绝大多数维生素、矿物质，增肌者都不需要额外通过补充剂补充。

维生素C、E等抗氧化维生素，要避免长期大剂量补充。

抗氧化维生素若长期（这里指几个月，或者超过6个月）大剂量补充（大约超过推荐量的10倍以上），主要的影响是可能降低增肌者的运动适应[1]。

也就是说，本来通过训练能获得的好处将无法获得，或者无法获得那么多了。

虽然抗氧化维生素对增肌者的影响的研究，没有对耐力训练者那么多，但是可以确定的是，大剂量补充抗氧化维生素，对增肌者没有任何明确的好处，还很可能有负面影响。所以从效益和风险的角度讲，如何选择就很明显了。

维生素D普遍缺乏，通常都建议补充。

维生素D是一种比较特殊的维生素，说它特殊，最主要的原因是人们普遍缺乏它；一些数据显示，甚至运动员缺乏维生素 D的也不在少数。

普遍缺乏的原因主要是含维生素D的优质食物来源比较少，想通过饮食摄入充足的维生素D不太容易。另外，晒太阳虽然可以促进皮肤合成维生素D，但是如果季节、纬度、天气、肤色、皮肤面积等因素不理想，也不能通过皮肤合成足够的维生素D。

维生素D对力量训练非常重要。越来越多的证据表明，维生素D不足会影响力量增大和肌肉增长。

1　Ismaeel A, Holmes M, Papoutsi E, Panton L, Koutakis P. Resistance training, antioxidant status, and antioxidant supplementation. Int J Sport Nutr Exerc Metab 2019

所以，增肌者一般需要用补充剂补充维生素D。可以去查一下自己的维生素D水平是否不足（血清钙二醇是理想的指标），如果不足，一定要及时补充。补充到正常水平之后，还要注意保证维生素D的充足来源。如果不能保证晒太阳的话，可以长期使用低剂量的维生素D补充剂。

增肌者能喝酒吗

有不少人问，增肌期间能不能喝酒？答案要是不建议喝。

首先，酒精有热量，而且还不低，每克有7千卡。酒精的热量可以被身体利用，对于喝酒的人来说，酒精是"第四类"能量物质。

酒精里的大部分热量会被优先利用，这是因为酒精的代谢产物对细胞有毒性，所以身体希望尽快地将其清除。酒精直接转化为脂肪的能力比较弱，但是酒精可以间接地使脂肪增加。

酒精在能量代谢中拥有绝对优先的"权力"，喝酒后，身体不利用别的能量物质，而会首先利用酒精。所以，酒精对脂肪和糖类的氧化都有抑制作用。

酒精提供了一些能量，替代了我们储存的能量，所以如果酒精摄入过多，造成热量正平衡，就会间接使身体脂肪增加。

但是必须强调，不是说只要喝酒人就会胖，还是要看摄入量和消耗量哪个多。如果喝了酒，但是饭吃得很少，那么喝酒的人还会瘦。

喝酒会不会使人发胖，仍然要看总热量的摄入。

我们再说一下酒精对增肌的影响。首先，酒精对雄激素水平是有影响的。主流观点认为，酒精会降低睾酮水平，提高雌激素水平，尤其是对肝脏有问题的人更是如此。所以，从这个角度讲，喝酒可能不利于增肌。

当然，也有研究认为喝酒后血睾酮水平会提高。但因为具体的机制还不清楚，所以这个问题目前还有争议。总的来说，根据现有的研究，从睾酮的角度讲，喝酒可能还是不利于增肌的。

其次，酒精会影响身体对几乎所有营养素的吸收，酗酒的人大部分存在营养不良的问题。而很多营养素是和增肌有关的，所以这就间接对增肌造成影响。不奇怪，长期过量饮酒，至少会伤害肝脏和胰脏，这样消化方面就容易出问题。几乎所有的营养物质都要经过肝脏，没有一个好的肝脏，身体基本的营养需求都很难保证，更不要说增肌了。

第三，酒精还可能影响训练后肌糖原的合成，肌糖原合成受影响，增肌训练也会受影响。

最后，酒精还可能直接影响肌肉蛋白质的合成。

所以，如果希望最大化增肌效果，尽量不要喝酒，更不要多喝或者酗酒。

第六章

五花八门的增肌补充剂，该怎么选

补充剂，重点在"补充"两个字。这一章我们会讲一些比较主要的增肌补充剂。但没有哪种补充剂是一定有用的，有没有用，其实就看你怎么用。

对增肌补充剂的基本态度

各种补充剂的功效一直是增肌者津津乐道的话题。增肌新手对补充剂往往有一种朦胧的憧憬，认为这些东西好像"神药"一样，吃了就能变成大块头。但同时又有点畏惧，觉得其安全性不能让人特别放心。那么补充剂的真实面目到底如何？这一章我们就详细讲一讲几种最常见的与增肌有关的运动补充剂。

补充剂，也叫运动营养食品，但是我还是觉得"补充剂"这个名称更好。为什么更好呢？因为"补充"二字。"补充"什么呢？主要是补充日常的天然饮食，或者是补充我们的自身合成能力。

有的补充剂是补充我们自身合成能力的。因为很多东西我们自身可以合成，比如肌酸、肉碱等，但是合成量有限，所以可以用补充剂补充一部分。但是，这类东西仍然主要靠我们自身的合成能力，不能仅靠补充剂。

更多补充剂是补充天然饮食的。我们摄入对我们有用的东西，最主要的途径是通过天然饮食。而补充剂，仅仅是给天然饮食"搭把手"，起到补充的作用。主角，仍然是天然饮食。

补充剂，只能起到补充作用，不能替代天然饮食。

比如我们都知道，增肌需要蛋白质，那么蛋白质从何而来？可以有两个途径，一个是靠饮食，一个是靠蛋白粉。有人说，反正我需要的是蛋白质，那么我完全不吃肉、蛋、奶、豆类这些高蛋白的食物，纯粹通过蛋白粉来获取蛋白质，行不行？

答案是不行。那样的话，蛋白粉就不是"补充"，而成了营养的主角。除非有非常特殊的情况，否则不能这么吃。

原因是，虽然我们可以通过蛋白粉获得足够的蛋白质，但是蛋白粉里几乎只有蛋白质，如果只吃蛋白粉，不吃肉、蛋、奶、豆类，蛋白质是吃够了，可其他营养就缺乏了。

比如肉类，我们可以从中既获得蛋白质，又获得很多其他的营养素，比如B族维生素、维生素A、维生素D，以及钙、锌、铁等。这些东西，是我们靠吃蛋白粉得不到的。

除了肉，蛋、奶、豆类也一样，不仅仅提供蛋白质，还提供丰富的营养素，和一些对健康有利的非营养物质。

只有天然食物才是我们获取全面均衡营养的唯一来源。目前任何人工合成食品都无法替代。

所以我们对于补充剂这三个字的理解一定要到位。补充剂就是起补充作用的，一定不能本末倒置，反客为主。

当然，在特殊情况下，使用补充剂短期替代天然食物也是可以的。比如出差的时候，没办法吃够某种营养，那么暂时依靠补充剂也是可以的。

更极端的情况，比如有些人是素食者，有些营养素根本就缺乏天然的食物来源，那么就只能使用补充剂了，如维生素 B_{12}。

我们接下来讨论一下补充剂的分类以及对不同补充剂的基本态度。补充剂，我们应该将其大致分成两类来看。一类是基础营养补充剂，比如蛋白粉、增肌粉、运动饮料、碳水化合物补充剂和各种维生素、矿物质，以及必需氨基酸补充剂。

它们为什么叫基础营养补充剂呢？因为它们是补充身体所需要的必需营养素的。比如蛋白粉，是补充蛋白质的，蛋白质就是必需营养素，不仅是增肌所必需的，也是维持我们正常生理活动所必需的。

这类基础营养补充剂的特点，用一句话总结，就是"缺了不行，多了没用"。

因为是补充必需营养素的基础营养，所以缺了肯定不行。缺了的话，别说增肌，健康都成问题。

比如，有很多基础营养素都与免疫功能有关[1]，如果缺乏，就容易经常感冒。对于增肌者来说，哪怕是小感冒，也会对增肌训练有明显的干扰。

"多了没用"又是什么意思呢？这是说，基础营养如果摄入不足，我们用补充剂补充了就能看到效果。但是如果已经够了，再多补充，一般也没有额外的效果。

1　Castell LM, Nieman DC, Bermon S, Peeling P. Exercise-induced illness and inflammation: can immunonutrition and iron help? Int J Sport Nutr Exerc Metab 2019.

比如铁，人如果缺铁，会对运动能力产生影响，因为身体运输氧气离不开铁。所以，如果一个运动员缺铁，补充了足够的铁，运动能力就会提高。

但是，是不是我们整天使劲儿补铁，补得越多，运动能力就越强呢？那肯定也不是。否则，马拉松运动员不用比赛，只比谁补的铁多就行了。

所以，对于基础营养补充剂，我们总的态度就是看缺不缺。如果日常饮食吃得足够，本来就不缺，那么就没必要额外补充。目前没有证据能证明额外补充补充剂对身体有什么特别的好处。

这是第一类基础营养补充剂。第二类是特殊营养补充剂（这个"营养"是广义上的营养），比如肌酸、左旋肉碱、HMB、核酸、蒺藜、谷氨酰胺，还有类似辛弗林这些东西。

它们不是身体必需的，或者至少不是每个人都必需的。因为其中有一些营养素身体并不需要，就算需要，身体也能自己合成，健康人不会出现缺乏的现象。比如左旋肉碱，食物里面有，身体自己也能合成。健康人合成左旋肉碱的能力能够满足身体对左旋肉碱的需求，所以它不属于我们必须去摄入的营养。

只有极少数人因为一些疾病，导致合成左旋肉碱的能力受限，那么左旋肉碱对他们来说才是一种必需补充的营养。

特殊营养补充剂中的大多数东西补充了有没有好处，目前还不是很清楚。所以对于这类特殊营养补充剂，用一句话总结，就是"没有也行，补充了可能更好但也可能没用"。

也就是说，这类东西我们完全可以不吃，如果额外补充了，有可能会获得额外的好处，但也有可能没有用（实际上这种情况更多一些）。

所以大家一定要把握好这两类补充剂的定位。对于增肌者，看待补充剂的基本原则就是：牢牢保住基础营养，争取特殊营养可能的好处。

首先，基础营养这部分是必须保证的。如果饮食当中某种基础营养实在吃不够，那么一定要使用补充剂。

在这个基础上，有针对性、有选择地使用一些特殊营养补充剂，争取获得更大的收益。

———————————— 划重点 ————————————

增肌营养补充的总原则：基础营养必须保证，特殊营养争取最大化收益。

当然，说到补充剂，安全始终是前提。比如属于基础营养的蛋白质，也不是人人都适合多补充的。所以，不管使用什么补充剂，不能以安全和健康为代价。

下面我们分别讲几种常见的增肌补充剂。

蛋白粉、增肌粉概说

蛋白粉、增肌粉，是我们最常听说，也最常用到的增肌补充剂，不过仍然有很多人对这些东西并不了解。

比如有些人觉得，蛋白粉是一种增肌"神药"，吃了就能长出肌肉块。还有很多人认为不吃蛋白粉肌肉就练不大。

实际上，蛋白粉没有这么神奇。蛋白粉，就是浓缩的蛋白质，你可以把一桶蛋白粉理解成一桶鸡胸肉或者浓缩牛奶。

从提供蛋白质的角度来说，蛋白粉和鸡胸肉本质上没有任何区别。增肌，不吃蛋白粉也完全可以。通过食物获取的蛋白质如果足够了，就完全没有必要再吃蛋白粉了。

———————————— 划重点 ————————————
蛋白粉和食物蛋白质没有本质区别。
————————————————————————————————

反过来说，多吃蛋白粉，也就相当于额外多吃了蛋白质。我们刚才讲过，蛋白质是基础营养，如果缺乏是不行的，但是额外多吃，并不会让我们获得额外的增肌好处。

那么既然如此，为什么还有蛋白粉这种东西呢？它主要是用来应对一些特殊情况的。

比如，训练后应该马上补充营养，但是那时候我们还在健身房，吃饭不方便，那么蛋白粉就非常适合在这时用来补充蛋白质。

还有的时候，我们需要大量的蛋白质摄入，完全依靠天然饮食的话，很多人吃不了那么多东西，这时蛋白粉就是一种很好的补充。

蛋白粉在提供蛋白质的同时，它的热量相对比较低，所以非常适合在对热量摄入有限制的时候吃，比如减脂的时候要补充足够的蛋白质，吃蛋白粉就更容易保证低热量摄入。

增肌粉，我们可以这样理解，就是在蛋白粉里面加了糖。蛋白粉基本上只提供蛋白质，而增肌粉在提供蛋白质的同时，还能提供不少碳水化合物，所以它其实就相当于在蛋白粉里加了糖。有些人问，既然叫增肌粉，难道不是因为它有什么特殊的增肌功效吗？

增肌粉这个名字，大家不用太在意。不是说只要吃增肌粉就能增肌，这个叫法只是一种约定俗成。蛋白粉吃对了也能促进增肌（比如当日常饮食无法满足蛋白质需求的时候）。

增肌粉是蛋白粉加糖。前面讲过，训练前后，建议蛋白质配合碳水化合物一起补充，这样比单独补充蛋白质更有利于增肌。所以从这个角度讲，增肌粉这个名称也算是实至名归。

增肌粉的性价比其实不是很高，所以如果不嫌麻烦，完全可以自己配置，无非就是往蛋白粉里加入一定比例的葡萄糖粉，甚至可以直接加白糖，作为训练前后的补充。至于具体的量和比例，请参阅前面的章节。

蛋白粉中有激素吗

关于蛋白粉，还有一种言论，说蛋白粉绝对不能吃，因为都是激素，健美运动员的肌肉都是靠蛋白粉"催"起来的。真的是这样吗？

刚才说了，蛋白粉其实就是浓缩的蛋白质，所以蛋白粉本身不存在什么激素问题，也没有任何证据证明，适量食用蛋白粉会把健康人吃出毛病来。

但是，这是针对合格的蛋白粉而言的。确实有一种情况，蛋白粉可能受到激素原类物质的污染，真的变成"激素蛋白粉"了。

激素原，简单地理解，它不是合成代谢类激素，但可以变成合成代谢类激素。

比如脱氢表雄酮（DHEA）就是一种激素原，它虽然属于雄激素的大类，但还不是正儿八经的雄激素，它在外周组织中可以转化成雄激素（当然也能变成雌激素）。

DHEA有促进蛋白质合成、促进脂肪分解的作用。它在临床上给中老年人使用，可以改善一些老年问题。但是用多了，也会产生副作用，如肝损伤、痤疮，以及某些与雄激素相关的癌症发病率的提高等。当然，这方面也存在一些争议。

蛋白粉在生产加工的过程中，有可能受到激素原类物质的污染。这种概率虽然不高，但是不能说完全没有。

国外曾有过这类报道，国内产品的情况尚不清楚。相信绝大多数信得过的品牌不会出问题。

所以，除去这种特殊的情况，蛋白粉本身是安全的，没有激素。

浓缩乳清蛋白粉、水解乳清蛋白粉、分离乳清蛋白粉、酪蛋白粉有什么区别

最好的蛋白粉是乳清蛋白粉。有人说，水解乳清蛋白粉更好，或者分离乳清蛋白粉更好。实际上，普通的乳清蛋白粉与昂贵的水

解乳清蛋白粉，或者分离乳清蛋白粉没有本质的区别。

普通乳清蛋白粉，一般叫浓缩乳清蛋白粉，蛋白质含量约为80%。分离乳清蛋白粉有点不一样。分离，顾名思义，纯度更高，它的蛋白质含量一般在90%左右。

水解乳清蛋白粉，是用蛋白酶预先分解了乳清蛋白里的蛋白质，相当于预先做了消化系统的工作。这样做的好处，一个是这种蛋白质更好吸收一点；再一个，很多大分子被拆开了，乳清蛋白里一些蛋白质过敏原就会减少。喝牛奶过敏的人，会更容易耐受水解乳清蛋白。

但是说水解乳清蛋白粉明显比浓缩乳清蛋白粉吸收快，甚至训练后补充它可以强化增肌效果，就有点言过其实了。

水解乳清蛋白粉的消化吸收确实快一点，但是与浓缩乳清蛋白粉相比，甚至与鸡蛋清、鸡胸肉相比，它们之间没有本质的差别。

还有一种酪蛋白粉，特点就是消化慢一些，此外没有太大区别。乳清蛋白和酪蛋白都是牛奶里的东西，牛奶蛋白质里酪蛋白占大多数，乳清蛋白只占20%，所以牛奶蛋白质整体上的消化也要慢一些。

──────────────┤ 划重点 ├──────────────

各种不同的蛋白粉没有本质的差别，只是在消化吸收方面略有不同。

锌

锌主要与睾酮分泌有关，如果缺锌，睾酮分泌就会受到影响，睾酮水平降低，可能出现睾丸萎缩、身材矮小等问题。补充锌后睾酮水平会有所改善。

锌还与免疫功能有关，得了普通感冒后大剂量补充锌，一般认为能缩短感冒病程[1]。但注意，这种情况下补锌属于短期使用。

锌属于基础营养素。基础营养素的补充，就像我们前面说的那样，往往是缺了补才有用，不缺的话补也没用。如果本身缺这些东西，补充后的效果立竿见影，不缺的话补了也是白搭。

现在没有什么证据证明在不缺锌的情况下，额外补充能带来什么增益的效果。

所以，我倒不是很建议补充锌。虽然有数据表明，运动员（尤其是女运动员）容易缺锌，但如果你平时肉类吃得比较多，也经常吃海鲜，尤其是贝类，那么缺锌的可能性不大。

增肌训练，一般来说不会造成锌营养需求量的明显增多。

当然，对于素食者来说，虽然小麦胚芽、全谷物食品、坚果种子也能提供一些锌，但还是建议使用一点锌补充剂。锌补充剂不建议使用太多，过多容易对铜的吸收产生影响。

一般来说，像锌、铁、镁、钙、铜等这些矿物质营养素，彼此

1　Hemilä, H. Zinc lozenges may shorten the duration of colds: a systematic review. Open Respir Med J 2011; 5: 51-8.

会互相影响吸收，所以要么一起都补，只补充一两种的话，量建议不要太大，以免影响其他矿物质营养素的吸收。

支链氨基酸

支链氨基酸（BCAA）是三种必需氨基酸的组合，分别是：亮氨酸、异亮氨酸、缬氨酸。这三种氨基酸都是必需氨基酸，也就是身体不能自己合成的、要靠食物摄取来获得的氨基酸。

其中，有一种氨基酸对增肌的作用特别突出，就是亮氨酸。不管是通过激素，还是通过其他途径，很多研究都认为亮氨酸能促进肌肉蛋白质合成[1]。有些动物实验还显示，亮氨酸可能还对促进Ⅱ型肌纤维的蛋白质合成有帮助。

Ⅱ型肌纤维是最具增肌潜力的。Ⅱ型肌纤维比例大的话，理论上说这个人的增肌潜力就大。

亮氨酸也被认为能够刺激IGF-1（胰岛素样生长因子，不必专门去理解，只需要知道它是一种生长激素就可以了）的分泌，这就可能有利于蛋白质合成。但是这方面的研究还存在一些争议。

———————————— ┤ 划重点 ├ ————————————

亮氨酸对肌肉增大可能有比较重要的作用。

———————————————————————————————

1　Xia Z, Cholewa J, Zhao Y, et al. Hypertrophy- promoting effects of Leucine supplementation and moderate intensity aerobic exercise in pre-senescent mice [J]. Nutrients 8(5): E246, 2016.

另外，HMB是亮氨酸的代谢产物，别管有用没用，HMB也是合成类补充剂中的"大明星"了（现在越来越少被关注）。亮氨酸也能合成谷氨酰胺，所以亮氨酸受重视也在情理之中。

看起来，亮氨酸的确很重要。BCAA里有不少亮氨酸，但是这不代表我们就需要单独补充BCAA，因为食物蛋白质里本身就有BCAA。

BCAA就是三种氨基酸的组合，我们平时吃的肉、蛋、奶、豆类，就连馒头、米饭里都有BCAA。蛋白质摄入够了，BCAA也就够了。基础营养素够了的话，多补充也没用。当然，如果我们真的没有摄入足够的蛋白质，那么补充BCAA的确是有好处的。

有人说，补充BCAA不是为了多长肌肉，而是为了在做有氧运动的时候保护肌肉，避免"掉肌肉"。BCAA真的能做到保护肌肉吗？

理论上说是可以的。因为我们运动的时候，肌肉里的BCAA是可以通过燃烧提供能量的，这样就造成了一种"肌肉流失"。

既然BCAA会消耗掉，那么补充点也没坏处，尤其是在蛋白质摄入不足的时候。很多实验证明，补充BCAA，肌肉蛋白质的分解会减少。另外还有些研究发现，增肌训练中补充BCAA（14克），8周后，瘦体重显著增加。

但是，假如我们不吃BCAA补充剂，直接吃肉、蛋、奶，或者蛋白粉，本质上来说也是一样的。这又回到老问题上去了，这类基础营养素，食物能提供，补充剂也能提供，怎么选择就看自己了。

有个别研究对比了增肌训练中补充BCAA和补充乳清蛋白粉的差别，认为前者对肌肉蛋白质合成的促进效果更好，但还需要更多、更好的研究才能得出最后的结论。

所以，我个人不反对使用BCAA。如果为了获得可能的更多的增肌好处，经济上也不构成负担的话，可以使用。尤其是担心自己食物蛋白质摄入不足时，那么用BCAA比不用好。

───────────┤ 划重点 ├───────────

如果蛋白质摄入充足，一般没必要额外补充BCAA。

─────────────────────────────

再说一下BCAA的安全性。总的来说，BCAA还是比较安全的，毕竟它本身就是氨基酸。

有些观点认为，BCAA中的亮氨酸可能造成胰岛素敏感性下降，但是前提是很大剂量的补充，正常情况下我们不会使用这么多BCAA。

有的研究认为，补充BCAA可能会引起血氨升高，补充得越多升高得越多。理论上说这是必然的。氨是一种小分子物质，很容易穿过肌肉细胞进入血液。同样，氨也能穿过血脑屏障，影响中枢神经功能，比如引起中枢神经疲劳。

当然，补充BCAA到什么程度会出现严重氨中毒，那就很难说了。一般情况下正常使用还不至于，比如有研究认为一次性补充10~30克没有问题。所以，运动后补充3~6克，或者运动中补充3~6克，一般都可以。BCAA溶解性不好，口服时要注意这个问题，水可以多一点，尽可能使其充分溶解。

我个人建议，如果食物蛋白质摄入的量足够多了，训练前后也补充了优质蛋白质，那么一般没必要再单独补充BCAA。但是如果食物蛋白质摄入量一般，那么在训练中、训练后补充一点BCAA可能更有好处。

肌酸

在运动营养学中，一提到运动补充剂，我们都会不以为然。这种主观的"偏见"虽然是不对的，但是运动补充剂确实没什么用，一贯让人失望。

但肌酸例外，肌酸是一种相对明确有效的运动补充剂，可以这么说，这东西真有用。

磷酸肌酸是我们做强度极高的运动时需要消耗的能量物质。而补充肌酸，目的就是让肌肉里的磷酸肌酸浓度增加，那么做极高强度或者高强度运动时，我们的能量物质就更充足，运动表现就更给力。

打个比方，我们玩的赛车类游戏，有所谓"氮气加速"，它能迅速提高发动机的功率。补充肌酸，就相当于增大车上的氮气罐，让身体这辆"车"多储存一点氮气，使加速运行的时间更长。

最典型的需要肌酸补充剂的就是爆发型力量运动员，比如短跑选手。他们做的运动，持续时间很短，但是强度极高，对这类运动，肌酸就能派上用场了。

增肌训练，虽然强度比不上短跑，但也相对较高。所以，在增肌训练时补充肌酸对提高训练能力也有帮助。

比如，原来卧推100公斤能推3组，现在补充了肌酸，就能推5

组，训练效果更好了。另外一些研究发现，补充肌酸还能提高运动员的最大力量，比如原来只能推100公斤，现在能推110公斤，所以对增肌训练也是有帮助的。

─────────────── ┤ 划重点 ├ ───────────────

肌酸一般被认为是一种明确有效的运动补充剂。

───

补充肌酸是通过提高训练质量来获得更好的增肌效果的。当然，补充肌酸，肌肉里磷酸肌酸水平提高，也会使肌肉细胞水分增加，出现"肿胀"。细胞水肿会刺激肌肉蛋白质的合成，这可能也是补充肌酸能够促进增肌的一个原因。

但也不是谁补充肌酸都有效，有一定比例的人群补充肌酸是无效的。无效的原因，通俗地说就是虽然补充了肌酸，但肌酸无法进入肌肉细胞里，这样肌肉里的磷酸肌酸浓度不会提高，补充肌酸也就无效了。

怎么办呢？一般认为和糖一起补充会增强补充肌酸的效果，让肌酸被肌肉吸收的效果更好。

也就是说，补肌酸的时候，同时补充一些糖。多少糖呢？没有一个明确的量，早期研究建议的量比较大，后续研究则认为不需要那么多。

或者，我们干脆把补充肌酸的时间点放在摄入高GI碳水化合物的时候。比如，补充肌酸之前，可以吃一顿白面包（至少含有50克碳水化合物）。之前讲过，从碳水化合物的角度看，糖和白面包没有多大差别。

不管是糖，还是白面包，还是别的高GI碳水化合物，一般认为都有利于提升肌酸的补充效果，或许就是因为它们都能比较好地刺激胰岛素大量分泌，而胰岛素会把肌酸"带进"肌肉细胞里。

所以，我们也可以配合运动来补充肌酸，因为运动后肌肉细胞的胰岛素敏感性最强。

比如，补充肌酸后，一般在60~90分钟后达到血液峰值。配合运动补充肌酸要看运动时间，如果运动1小时，那就建议运动前补充，运动后肌酸正好达到血液峰值。当然，运动后马上补充也可以。

肌酸在食物（主要是肉类）里也有，比如牛肉、海鱼等。所以素食者的肌酸储量一般比较低。表6.1是一些常见肉类中的肌酸含量。

表6.1

食物名称	肌酸含量（克/公斤）
鳕鱼	3
金枪鱼	4
三文鱼	4.5
鲱鱼	6.5~10
牛肉	4.5
猪肉	5

很多人问肌酸怎么补充，答案是：没有所谓正确的方法，就看你补充肌酸想要干什么。

比如短跑运动员想提高比赛成绩，那么就在比赛当天使肌酸达到饱和就行。

肌酸饱和又是什么意思呢？我们也说了，肌酸要到肌肉里才管用。肌酸饱和，就是补充肌酸到肌肉里已经"塞不下"的程度，即肌肉里的肌酸浓度达到了饱和。

补充肌酸达到饱和之后，运动能力的提高就达到最大化，再多补充也没用了。

所以，对于短跑运动员来说，肯定是在比赛那一天，让肌酸达到饱和的程度效果才是最好的。

对于力量训练者来说，补充肌酸是为了提高训练效果，那就不必追求饱和了。反正肌酸水平只要高一点，就有帮助。饱和固然好，不饱和也有用。

所以，还是那句话，肌酸补充很灵活，就看你的目的。

怎么让肌酸饱和呢？传统的方法分快速冲击和慢速冲击两种。快速冲击，每天补充20～25克,5～7天；慢速冲击，每天补充3～5克,28～30天。一般这么补充，就可以让肌肉里面的肌酸达到饱和。

当然，根据体重来补也行，但是因为肌酸补充量本身就不大，除非体重特别极端的，否则差别也不大。

饱和之后怎么办呢？如果想要维持这个饱和程度，希望肌肉里的肌酸一直处在最佳状态，那么继续每天补充3克左右肌酸维持饱和就可以了。

有人说肌酸补充要补补停停，其实停不停都行，并没有非要用一段时间停一段时间的说法。当然，如果一直持续地用，连用好几年，虽然不能说这样一定有问题，但是我们不建议，因为没多大必要。

如果不要求肌肉里的肌酸一直处于饱和状态，那饱和后就可以停止补充了。停4～5周后，肌肉里面的肌酸水平差不多就恢复到补充前了。所以你要停多久，看自己喜欢。反正停越久，肌肉里面的肌酸越少，肌酸的增益效果也越差，直到恢复到补充前的程度。

这就是肌酸使用的"自由性"。

———————————————— ┤ 划重点 ├ ————————————————

补充肌酸可以根据自己的需要来补，没有唯一正确的使用方法，很灵活。

———————————————————————————————————————

有一种说法认为，新型肌酸不需要冲击期，这其实是利用了肌酸补充的灵活性所做的概念炒作。因为一水肌酸也不是必须要有冲击期的，可以冲击，也可以不冲击。

比如肌酸冲击期后，肌肉里的总肌酸量一般能提高30%左右。中等身材的人，人体总肌酸池一般是120克，绝大多数都在肌肉里面。按照100克估算，那么提高30%左右就等于增加了30克肌酸。如果说新型肌酸不需要冲击期就能让肌肉里的肌酸达到饱和，退一万步讲，也要一次吃30克，而大多数新型肌酸建议每次只摄入5克而已。吃进5克新型肌酸，肌肉里能增加30克肌酸，似乎是做不到的。

现在还没有明确的研究能证明所谓的新型肌酸比一水肌酸好。

最后说一下肌酸的安全性。

目前来看，肌酸还是非常安全的。只要质量有保障，肌酸对健康人来说没有明确的副作用。很多研究也发现，即使较大剂量连续服用较长时间肌酸也没什么问题。比如一项针对98位运动员的研究发现，连续补充21个月的肌酸，69项健康指标没有任何异常。当然，这是针对健康人来说的，肝肾有问题的另说。

过去说补充肌酸后容易抽筋、拉伤，现在看纯属无稽之谈；过去说补充肌酸容易造成热病，我估计可能是肌酸导致细胞外水分减少的缘故，现在看也没事。反而有些研究认为补充肌酸有助于预防这些运动问题。

但是，你要是买了质量有问题的肌酸，那就是另外一回事了。买肌酸要看肌酸的纯度、有没有微生物污染、重金属污染等。

补充肌酸后，因为肌肉里的肌酸（和磷酸肌酸）多了，肌肉里的水分会增加，体重也会增加，每个人增重的幅度不一样，一般是体重的1%～3%。

大家注意，补充肌酸导致体重增加的具体机制还不是非常清楚。理论上说，补充肌酸所增加的水分主要存在于肌肉细胞里，当然在补充的过程中，细胞外液的水分可能也会稍微增加。所以有效地补充肌酸会使肌肉重量和围度增加，但不会让我们出现所谓的"皮下水肿"。

谷氨酰胺

谷氨酰胺也是一种氨基酸，因为不是必需氨基酸，所以属于特殊营养。谷氨酰胺虽然是非必需氨基酸，但是在人体内发挥着非常重要的生理作用。这里我们只关注它与运动相关的作用。

首先，谷氨酰胺与免疫功能关系密切，很多免疫细胞的重要"食物"之一就是谷氨酰胺。身体内谷氨酰胺水平降低到一定程度，会对免疫功能有抑制作用。

运动量非常大的运动，常见的比如马拉松这种长时间、高强度的有氧耐力运动，会导致免疫功能降低。通俗地说，别管身体多好，跑完了，免疫功能通常都会受到不同程度的抑制，主要的外在表现就是上呼吸道感染的风险增加。

但是对于增肌或者纯力量训练，因其时间短，有间歇，不会必然导致训练后的免疫功能降低。同样，力量训练通常也不会明显降低谷氨酰胺水平，所以从运动免疫的角度讲，力量训练者一般不需要在训练后额外补充谷氨酰胺。

其实，耐力运动者长时间运动后补充谷氨酰胺是不是有利于维持免疫功能，现在也没有明确的结论。有的研究发现补充谷氨酰胺没什么作用，尤其是运动后补充一两次，好像更是这样。

但是因为谷氨酰胺安全性似乎还可以，所以很多耐力运动者在高强度运动后往往喜欢补充一些，反正没坏处，如果有好处更好。在体育界，其实很多运动员或者教练对补充剂的使用就抱持着这种心态：只要没坏处就吃，万一有用呢。

所以我个人建议，如果只考虑维持运动后的免疫功能，力量训练者可以不补充谷氨酰胺；但是如果同时伴有大量的有氧运动，那么力量训练者在有氧运动前后可以考虑补充一些。

但是要注意，身体自己也能合成谷氨酰胺，所以如果平时饮食营养充足，尤其是蛋白质摄入充足的话，那么额外补充的意义不大。有些研究发现，补充足量的蛋白质对于稳定血浆谷氨酰胺水平的效果非常好。

所以要不要补充，就看你的基础营养情况。如果你短期内有很大强度的耐力训练，而且不能保证足量的饮食营养的话，那么建议在此期间，可以考虑规律性地补充一点谷氨酰胺，一般每天6~8克。

另外提一句，谷氨酰胺对肠道健康也有很重要的作用。但是肠道细胞不像肌肉细胞，肌肉细胞可以合成和储存谷氨酰胺，而肠道细胞却做不到。所以有些情况下补充谷氨酰胺，对维持肠道功能就显得很有必要了。

比如有人因运动引起腹泻，或者肠易激综合征，而且营养摄入可能还不足的话，那么适当补充点谷氨酰胺可能会有好处。

我们的关注重点在于谷氨酰胺促进肌肉蛋白质合成、减少肌肉蛋白质分解的作用，毕竟这是一本关于增肌的书。理论上说，谷氨酰胺肯定有这种作用。有研究发现，与不补充相比，配合力量训练补充谷氨酰胺，肌肉的体积和力量确实都有增加。

但是也有很多研究发现，额外补充谷氨酰胺并没有这种效果，这可能还是与基础营养有关，总之谷氨酰胺是否能够促进增肌还需要更多的证据支持。说起来，如果为了强化增肌效果而补充谷氨酰胺，可能还不如补充BCAA。

———————————— ┤ 划重点 ├————————————

在营养充足的情况下补充谷氨酰胺的意义可能不是很大，这是一种相对"可有可无"的补充剂。

β-丙氨酸

β-丙氨酸作为补充剂，主要的作用是提高"肌肽"的水平。肌肽是一种二肽，通俗地说，它是一种比蛋白质小、比氨基酸大的东西。

人体的肌肽有两个重要来源，一个是自身合成，就是靠β-丙氨酸来合成；另一个是通过食物摄取，来源主要是各种肉类。

说起肌肽的作用，我们首先就会想到抗氧化。但从运动的角度讲，肌肽主要是一种抗疲劳的"缓冲剂"。

肌肽的这种抗疲劳的作用，主要体现在短时间、高强度的运动上，比如1～3分钟，或者时间再稍微长一点的运动，其实也就是以糖酵解为主要供能方式的运动。增肌训练正好就是这种运动。

肌肽之所以有抗疲劳作用，主要的机制，通俗地说，可能就是它能降低肌肉的酸性，是一种缓冲剂。

所以，理论上说β-丙氨酸对增肌训练有帮助。也有一些研究发现，β-丙氨酸能提高力量训练者的训练量，进而增加训练者的瘦体重。当然，也有研究认为它没有改善运动能力的作用。

目前，运动营养学界对β-丙氨酸的"好感"与日俱增，逐渐承认它是一种基本有效的机能增进补充剂。我们要注意，这是从运动能力的角度讲的，要通过β-丙氨酸促进增肌，其实还要把运动能力转化成增肌效能才行，也就是通过提高训练量来强化增肌效果。

所以，即便承认β-丙氨酸对运动能力的增益作用，也不代表明确承认它有促进增肌的作用，目前只能说，β-丙氨酸可能有间接促进增肌的效果。

────────────────┤ 划重点 ├────────────────

β-丙氨酸可能会成为一种逐渐被更多人认可的运动补充剂，虽然目前尚不能明确它的作用。

一般认为β-丙氨酸的安全性是没有问题的[1]。有的研究发现，如果单次补充剂量大了，可能会产生皮肤刺痛的异样感觉。

补充β-丙氨酸的目的是提高肌肉中肌肽的水平，但是想要做到这一点，一般需要比较大的剂量且持续补充。通常的剂量是4~6克/天，分2~3次口服，补充4~10周。有些数据显示，补充10周后，肌肉中的肌肽可能提高80%左右。停止补充后，因为补充β-丙氨酸带来的肌肽水平提高会慢慢降低，不过降低的速度要比肌酸慢很多。

有数据显示，如果补充β-丙氨酸后肌肉的肌肽水平提高55%，那么停止补充15周后，肌肽才会恢复到补充前的水平。这可能是个好消息，因为停止补充后还能持久受益挺长一段时间。

补充β-丙氨酸的效果可能存在性别差异，有些研究认为女性在补充后运动能力提高的效果可能更明显。

---

1 Dolan, E., Swinton, P. A., Painelli, V. d. S., Stephens Hemingway, B., Mazzolani, B., Infante Smaira, F., Saunders, B., Artioli, G. G., & Gualano, B. (2019). A Systematic Risk Assessment and Meta-Analysis on the Use of Oral ß-Alanine Supplementation. AN, 10(3), 452-463.

牛磺酸

牛磺酸也是一种氨基酸，人体可以合成。食物当中也有一些牛磺酸，主要存在于鱼类、肉类、牛奶里。

牛磺酸声称的功能多数来自动物实验，放到人身上，就很难复制出相同的效果了，尤其是在运动人群身上。另外，如果大量使用牛磺酸，其安全性也是个疑问。

所以，虽然很多运动饮料里都有牛磺酸，但这只是商业行为，不能证明它真的有用，运动营养学界的主流观点其实并不推荐使用牛磺酸。

美国国家运动医学会（NASM）把运动补充剂分成5级，1级是很差，2级是差，3级是一般，4级是好，5级是很好。

BCAA处在3.5级，HMB处在3 ~ 4级。我们能看到，这比澳大利亚体育学会（AIS）的评级要乐观一些，这是因为它们的标准不一样。

NASM的评价把一些个人的主观评价也考虑进去了，它不是完全客观的。这主要是考虑到运动员和教练人群的习惯问题。

谷氨酰胺处在2级，牛磺酸处在2 ~ 3级，都很一般。

其实对于氨基酸类补充剂，不管是BCAA、谷氨酰胺，还是牛磺酸，只要你平时蛋白质摄入充足了，一般没必要补充它们。

明胶水解物和氨基葡萄糖

首先简单说一下明胶水解物是什么。明胶与胶原蛋白还不完全是一回事，明胶是胶原的衍生物。明胶水解物，就是用蛋白酶把明胶分解成一些肽类物质。这些东西都是从动物的皮、韧带、肌腱等结缔组织里提取出来的。

明胶水解物现在是力量训练者用得比较多的补充剂，他们期待它对关节劳损有改善作用。那么，明胶水解物有没有这种作用呢？

有一项研究把明胶蛋白的氨基酸做了特殊标记，然后实验人员就能观察到，它进入人体后是怎么代谢的，都去了哪儿。

结果发现，这些被标记的明胶被吸收后，有一部分确实进入关节软骨组织，转化成软骨的一部分。这么看，好像补充明胶水解物是有用的。

但实际上这并不能说明问题。

因为明胶也是一种蛋白质，进入人体后分解出来的氨基酸，本来就会被身体利用，这就包括了关节软骨组织。假如我们随便吃一个被标记的鸡蛋，可能也能发现，里面的一些氨基酸成了关节软骨组织的一部分。

综合评价明胶水解物的相关研究，发现能说明它有用的证据并不多；而且很多研究设计得并不好，都有一些缺陷。

另外还有一个问题，有些设计良好的研究确实发现明胶水解物对关节有好处，但是我们还要看这个研究是针对什么人群做的。比如，这个研究可能是针对有关节炎的老年人做的，那实验结果就不能直接用在年轻的健身人群身上。

当然，生产商特别希望证明明胶水解物有用，他们对一些奥运基地的运动员做了调研，但从科学的角度讲，这些调研意义非常有限。

这种情况不止发生在明胶水解物身上，很多运动补充剂都存在这种情况。很多运动补充剂的研发和生产厂家会赞助一些研究，或者亲自进行研究，来证明自己的产品确实有用。那样得出的实验结果有没有意义，不用说大家也知道。生产商对补充剂的宣传都特别诱人，但毕竟是自己宣传自己的东西，可信度肯定要打个折扣，我们不能听什么就信什么。

关节损伤，很大程度上还是和运动、训练不当以及自身体质有关。现在还没有明确的证据能说明明胶水解物对关节损伤有缓解或者改善作用。

所以像明胶水解物这类东西，不能说肯定没用，但是目前来看证据不足，一般不特别推荐使用。

不过因为这些东西相对来说也没什么副作用，所以如果你的预算很充裕，想用一下也不是不可以；但其实就是用个心情，不要期待它真的能有明显的作用。

我们再看一下氨基葡萄糖（氨糖）。氨糖大家很熟悉了，它被认为对关节软骨问题有帮助。氨糖是一种糖蛋白，本来在关节软骨中就存在。

氨糖到底有没有用呢？学术界基本不认为它对运动人群有用。而且，即便有用，需要的剂量也非常大，而我们平时能买到的运动补充剂中的氨糖含量一般都很小。

所以，对于氨糖，我个人不是非常推荐。这个态度基本上也能代表学术界对氨糖的态度，至少在关节炎的治疗上是这样。

比如中华医学会的《物理医学与康复学指南与共识》（2019）（以下简称《指南》）对氨糖的推荐强度是不明确。《指南》的推荐强度一般分4级，核心推荐、推荐、不明确、不推荐。不明确就是既不反对使用，也不推荐使用。

所以，目前来看，对健身人群来说，还没有哪种运动补充剂有明确的保护关节，或者改善关节问题的作用。大家在运动和训练的时候，只能尽可能地注意安全，合理安排，通过这种方式来保护关节。

澳大利亚体育学会体育补充剂使用框架

关于各种补充剂到底有没有用，风险如何，很多权威组织都有自己的评定。大家比较熟悉的，也是在学术界权威性很高的一个评价体系，是澳大利亚体育学会的补充剂框架，它把各种常见的运动补充剂，用ABCD分级系统做了分级。

每个级别的说明如下。

A级：有强有力的科学证据支持，推荐在体育运动特定情况下使用。

B级：有新兴的科学证据支持，还需要进一步的科学验证。

C级：科学证据不支持运动员能从中获益，或没有进行任何研究来指导使用。

D级：禁止使用，或可导致兴奋剂检测呈阳性的高风险污染物质。

也就是说，A级是最好的，有效且安全，可以放心用。B级就差一些，要用的话就需要考虑考虑了，不见得一定没用，也不见得有用，并且安全性可能还需要进一步验证。

C级基本上没用，或者目前不支持使用。D级干脆就是不建议使用，因为要么没用，要么有害，甚至会造成兴奋剂检测呈阳性。

这个分级系统还在随时更新，因为经常会有新的研究发现，更新我们对一种补充剂的科学认识。我给大家列个表，见表6.2，看看目前（2025年初）4个级别里分别都有哪些常见的补充剂。想看更细致完整的内容，大家可以登陆澳大利亚体育学会网站。

表6.2

AIS补充剂级别	补充剂
A级	运动饮料、各种形式的碳水化合物补充剂、电解质补充剂、蛋白质补充剂、铁、钙、维生素D、复合维生素、益生菌、锌、咖啡因、β-丙氨酸、膳食硝酸盐/甜菜根汁、碳酸氢钠、肌酸、甘油
B级	水果多酚、维生素C、薄荷醇、瞬态受体电位（TRP）通道激动剂、奎宁、胶原蛋白、肉碱、酮类补充剂、鱼油、姜黄素、N-乙酰半胱氨酸
C级	镁、α硫辛酸、HMB、BCAA、磷酸盐、益生元、维生素E、酪氨酸
D级	肾上腺素、苦橙、西布曲明、二甲基丙烯酰胺（DMAA）、1,3-二甲基丁胺（DMBA）、其他草本兴奋剂、脱氢表雄酮（DHEA）、雄烯二酮、19-去甲雄烯二酮/醇、其他激素原、刺蒺藜和其他睾酮刺激素、玛咖根粉、GHRP-1& GHRP-2、CJC-1293& CJC-1295、Higenamine安达林（Andarine）、奥斯塔林（Ostarine）、利甘多洛（Ligandrol）、GW1516（Gardarine）、初乳——WADA不推荐，因为其成分中包含了生长因子

关于这个表，大家要注意两点。

首先，不是说凡是在A级里的补充剂，在任何场景中使用都是安全有效的。这些东西有效无效，都是有条件的。安全不安全，也是要看剂量的，最终能不能帮上你的忙，也要看使用方法。

即便是A组里的东西，使用对了，才有用。使用得不对，很可能就没用，甚至有害。

比如锌，AIS把它放在A组，主要是考虑到它在改善普通感冒症状方面起的作用，而不是说你听说的所有关于锌的功效都是真实有效的。

再如益生菌，AIS对益生菌的态度，也是针对特殊场景的。益生菌的种类很多，相关产品也很多，不是每一种都有效，甚至不是每一种都安全。

其次，不是说凡是C级里的补充剂就都无效，也要看具体的使用场景。比如BCAA，如果你食物蛋白质没吃够，那么补充BCAA就是有用的；但如果你食物蛋白质摄入充足，再补充BCAA就没有什么意义了。

还有镁、维生素E这些营养素，如果你缺乏，那么补充就是有用的，而且非常必要。只不过，多数情况下我们一般不会缺乏这两种东西。

所以，一定要知道，AIS的补充剂评级也有它的局限性，只能作为参考，大家不要教条地看待这个评级体系。

CHAPTER 07
第七章

运动伤害的预防和处理

这一章涉及康复的内容。康复是个很复杂的学科，甚至可以说是与运动相关科学里面最复杂的。现在网上很多人说康复，都把它简单化了，市面上热门的很多康复手段也都缺乏科学的印证。康复现在处于"战国纷争，群雄并起"的局面。对康复各方面的观点，保持冷静的态度很重要。

增肌训练很容易受伤吗

很多人可能有这个感觉，训练肌肉是件很危险的事，整天跟铁家伙打交道，特别容易受伤。实际上并不是这样。增肌训练，总的来说还是很安全的，很多研究都显示，只要合理、适当地安排，增肌训练的受伤风险相比其他竞技运动小得多。

比如，与踢足球、打篮球这类对抗性的竞技运动相比，增肌训练要安全得多。

同样是跟铁家伙打交道，用哑铃、杠铃做增肌训练，目的是练出漂亮的肌肉；而有些运动项目，比如举重、力量举，它们的训练目的是提高绝对力量，虽然看起来与增肌训练差不多，但风险却要大一些。因为这些运动项目的力量训练所使用的负重要比增肌训练大，为了追求极限的力量，往往要用极限的重量来训练，刺激身体出现适应性变化，所以风险也就相应提高了。而以增肌为目的的力量训练，使用的负重是中等重量，安全性自然比较高。

另外，增肌训练可以增大肌肉、提高肌肉力量，对防治运动损伤还有好处。

提高肌肉力量有助于提高关节的稳定性，这个很好理解。肌肉包围着关节，带动关节活动，也给关节提供稳定的支撑。如果肌肉力量弱的话，关节受伤的风险就会大大增加。

增肌训练还能提高肌腱、韧带的刚性，让这些地方更结实，也降低了平时出现肌腱、韧带损伤的风险。而且，增肌训练还对提高骨密度有好处，简单说就是能让骨头变硬。

为什么增肌训练能让骨头变硬呢？人体骨骼里的矿物质主要由一种磷灰石晶体构成。对磷灰石晶体施加压力的时候，会由于"压电效应"产生微电流，所以我们对骨头施加压力的时候，也会产生微电流，这种微电流可以刺激骨骼矿化。

通俗地说，骨头需要适当给它压力，它才能越强、越硬、越健康。整天躺着、卧床，骨质就会慢慢流失。实际上，有的研究发现，即便是骨折患者，在骨头固定以后，如果正确地给骨头施加一些压力，也有助于其再生。

──────────┤ 划重点 ├──────────

力量训练对骨骼健康非常有益。

────────────────────────────

说到这里，我们讲一个有趣的话题，胖人减肥，真的只有好处没坏处吗？也不是，还真有点潜在的坏处，那就是骨密度降低。肥胖的一个好处是，它给骨骼的"压力"大，那么骨密度也会高一点。

所以一般人减肥后骨密度会下降一点。

体重减轻，体重对骨骼的压力就会减少，骨密度就有可能降低。降低多少，取决于你减少了多少体重。当然，因为多数人减肥并不会减太多，所以即便有这层影响，通常也不是很大。

但是，如果你使用错误的减肥方法，就可能对骨骼健康造成影响。这个影响就不是因为体重减轻导致对骨骼压力减少引起的了，而且这个影响可能会很大。这里我顺便说一下错误的减肥方法对骨骼健康的影响及其预防策略。

错误的减肥方法能对骨骼健康造成影响，影响最大的是女性。过去有一个名词叫"女运动员三联征"，说的就是，如果女运动员使用极端饮食控制体重，热量摄入过低，很容易影响下丘脑功能，造成雌激素分泌减少和停经，这又会进一步影响骨骼健康，造成骨质流失，严重的甚至可能引起年轻女性的骨质疏松。

后来，学术界扩充了"女运动员三联征"这个概念，改成了"运动相对能量不足"。因为我们发现，如果能量摄入明显不足，不仅仅对女性有伤害，对男性也有很大影响，可能引起内分泌、代谢、心理、心血管、免疫等方方面面的问题，其中当然也包括骨骼健康。

另外，如果减肥的时候吃得过少，不仅可用能量不足，而且往往伴随着蛋白质摄入不足。蛋白质不足也会造成骨质流失，因为蛋白质也是骨骼的主要材料之一，大家可别觉得骨头只有钙。

并且，大家可能想不到，骨骼中的蛋白质，在减肥期间也可以拿出来周转，通过糖异生稳定血糖[1]。这与减脂期间有可能减肌肉的原理是一样的。

蛋白质摄入不足，血浆IGF-1水平也会降低，IGF-1就是胰岛素样生长因子，它跟骨骼健康也有关系。低水平的IGF-1会导致肌肉量减少，骨质流失。

那么，应该怎么预防减肥造成的骨质流失呢？我给大家4条建议。

第一，减肥时，热量摄入不要过于极端。因为极端的减肥方法造成骨质流失的根本原因是热量摄入过低，身体用于维持正常生理功能的能量不足。

所以我们在减肥的时候，首先要注意，不要吃的太少、极端节食，导致热量摄入过低。或者吃的不够多，同时运动量太大，摄入的热量不够运动消耗的，留给身体维持正常生理功能的当然就没多少了。

这个地方大家要注意，如何判断减肥的时候热量摄入是不是过低呢？大家别看自己的减肥食谱，因为食谱是一回事，你真地执行到什么程度是另一回事。几乎所有的减肥者，在执行减肥饮食的时候都会打折扣，这个情况你可能已经意识到了，也可能还没有意识到。减肥者对自己的饮食评价总是存在认知偏差的。

比如大家总是听到减肥的人说，我每天都记录饮食了，才吃了

---

1 Babraj JA，Smith K，Cuthbertson DJ，Rickhuss P，Dorling JS，Rennie MJ. Human bone collagen synthesis is a rapid，nutritionally modulated process. J Bone Miner Res 2005.

800千卡，但体重就是一斤也不掉。甚至有的减肥者会说，我每天什么都不吃，但就是不瘦。

要是真的每天只摄入800千卡这么低的热量，那会瘦得非常快，更别说什么都不吃了。身体是很诚实、很客观的，不可能违背热力学定律。如果体重不减，说明实际摄入的热量并不少，没有明显的热量缺口。当身体的客观反应和主观认知出现矛盾的时候，不可信的是主观认知。

┤ 划重点 ├

减肥时不要太相信自己对热量摄入的主观评价。

所以，减肥的时候，热量摄入到底是多还是少，要看身体的客观变化。如果你觉得自己吃的很少，体重却减得很慢，甚至没有减少，那就不用瞎担心。

但如果体重持续减得很快，就要小心了，你可能有能量摄入过低的情况。多快算快呢？学术界没有统一的标准，一般来说，不建议每周体重减少超过1公斤，稍微激进一点，最多也不要超过每周1.5公斤。注意，这是指平均速度，偶尔一两周快一点不怕。

第二，蛋白质要摄入充足。刚才讲了，减肥的时候，蛋白质不足也是造成骨质流失的一个原因。

那么具体该吃多少呢？一个原则就是，体重减得越快，蛋白质需要的越多。因为有了第一条建议，你的热量摄入不会过低了，减重速度可控，在这种情况下，蛋白质摄入量可以参考增肌期的摄入量，一般比增肌期摄入的稍多一些就可以了。

第三，其他营养素也要吃够。骨骼健康，不仅需要能量和蛋白质，也需要其他营养素，比如维生素、矿物质。

大家最熟悉的钙和维生素D，都与骨骼健康密切相关。能量、蛋白质够了，但钙、维生素D不够，也是白搭。其实不仅钙和维生素D，还有一些与骨骼健康相关的维生素大家也要注意，比如维生素C、维生素K等。

总的来说，要吃够骨骼健康需要的维生素和矿物质，也不用搞得太复杂，我们这么去做就可以了：首先减肥时，保证热量缺口不太大，同时多样化饮食，就已经做到了一大半，这些维生素、矿物质基本不会太缺乏。

同时，特别注意一下奶类，牛奶、奶制品的摄入量可以适当增加一些（但尽量选择低脂产品），一方面可以从中获得充足的钙，另外还能获得更多的优质蛋白质；牛奶里的酪蛋白还对减肥时避免肌肉流失很有帮助。一举多得。

然后，再注意一下维生素D。现在大家普遍缺乏维生素D，而食物来源又很有限，晒太阳也需要满足"天时""地利""人和"，影响因素包括天气、纬度、季节、衣着、防晒霜、肤色，等等。

所以，要根据自己的情况，适当使用维生素D补充剂，保证充足的维生素D摄入量。

第四条，减肥时安排一点力量训练。

常见运动损伤的预防原则

增肌训练的安全性很高，但也不是完全没有受伤风险。运动就是这样，只要运动，就有风险。所以，在做增肌训练之前和训练过程中，我们都应该为一些可能发生的损伤做好充分预防，只要预防做得好，那么安全训练完全可以做到。

增肌训练的安全原则一共有以下11条，按照这些原则去做，可以基本保证增肌训练的安全。

进行系统训练之前最好做必要的医学检查。

说实话，这条原则很少有人做到。大多数人去健身房办张卡开始训练之前，不会想到还去医院做个体检。但是我这里一定要提醒大家，平常不运动，现在要开始系统地运动了，最好还是提前做个体检。

比如查查心血管系统的健康程度，查查血压正常不正常，等等，最好都要做到心里有数。有时候这些方面有问题，或者有隐患，平时是看不出来的。

关于心血管问题，大家也不用太担心，运动时发生严重心血管系统疾病或死亡的风险还是很低的，有数据显示这个比例大概为10万人里少于6人。但是风险低归低，必要的防范还是要有，这是意识问题。

此外，你可能有腰椎问题，平时没什么症状，你也没当回事儿，可是做增肌训练时，这种问题可能会加重。

还有高度近视的人（近视超过600度），一般不建议做增肌训练，做其他运动也要小心，每年定期检查眼底，出现症状要提高警惕。

每次训练前要注意热身。

热身对防止训练中出现运动损伤可能会有帮助。为什么说"可能"呢？因为这方面的研究结论不是很统一。

有些研究发现，正确的热身可以预防运动中出现的运动损伤；但是也有研究认为热身并没有这种作用。

总的来说，热身可能还是有好处的，至少没坏处，所以在要不要热身方面，我的建议是，每次训练前，热身还是很有必要的。即便对那些已经有了相当丰富的训练经验，训练时间很长了的增肌者，也仍然需要热身。

热身的方式通常可以分成两类，一类是一般热身，也就是我们通常说的热身；另一类是增强性热身，这类热身对之后的运动表现有增强的作用。

一般热身的目的主要是：提高、活化、顺畅。提高什么呢？主要是提高肌肉温度、肌肉血流量，以及关节润滑度等。提高有活化的作用，而提高和活化的最终目的是让接下来的运动更加顺畅，包括肌肉关节的顺畅和循环系统的顺畅。

一般热身最常见的方式就是做5分钟左右的缓慢有氧运动，比如慢跑、骑固定自行车等。这样的运动量足以提高心率和血流量，提高深层肌肉温度，降低关节液黏浊程度，为接下来的运动做好准备。

对增肌训练来说，一般热身还包括关节的活动和训练动作的预演。比如今天要练肩部，那么就要让肩关节、肘关节、腕关节做一些简单的活动。在训练每一个动作之前做一组热身，作为动作的预演，这一点我们之前已经讲过了。

但是，不管是有氧运动，还是热身组，都要注意热身的目的是"预热"，所以运动量不能太大。热身最忌讳的是运动量过大导致疲劳，这样对之后正式的训练就会产生比较大的负面影响。

所以，一般热身的时间不宜过长，运动量不宜过大。

还有一点也很重要，热身与接下来的正式训练之间间隔的时间不能太长。太长的话，"热"了半天，训练的时候身体又"冷"了。所以，一般建议这个间隔时间不要超过15分钟。

总结起来，我给大家一些建议。开始增肌力量训练之前，应该做以下的热身运动。

- 5分钟左右比较轻松的有氧运动。
- 对全身关节，尤其是今天要训练的部位周围的关节做简单的活动。

还有的人热身时喜欢做一些拉伸动作，其实我个人不太建议这么做，尤其是不建议在增肌训练之前做静态拉伸。

什么叫静态拉伸呢？静态拉伸就是让肢体以一个用力伸展的姿势保持一段时间。我们平时说的"压腿"，就属于静态拉伸。有很多研究认为，静态拉伸的时候，肌肉长时间处于被动拉长的状态，这会在接下来的一段时间内降低肌肉的收缩力量[1,2,3]。

简单地说，如果我们做增肌训练之前做静态拉伸，而且拉伸的时间又比较长的话，那么拉伸结束之后训练，我们的力量很可能会明显下降，本来能举60公斤，结果只能举45公斤了。

过度拉伸导致的急性力量下降，一般会在拉伸后持续至少1～2个小时，力量上不去还怎么练？我们的训练基本也就毁了。另外，如果自己还没有意识到力量明显下降的话，用小力量去博大重量，很容易受伤。

──────────────┤ 划重点 ├──────────────

力量训练前不建议做过度拉伸，因为它很可能会导致肌肉力量明显下降。

确实与很多人想的相反，静态拉伸未必能预防之后的运动损伤，甚至可能增加训练中运动损伤的风险。当然，关于这个问题现在存在很多争议，但至少可以说，运动前静态拉伸，不能保证降低运动损伤的风险[4]，反而可能有反作用。

所以，如果你训练前有拉伸的习惯，最好换成别的热身方式。实在想拉伸，稍微拉伸一下即可，不要长时间持续，一般建议一个

1　Cornwell A, Nelson AG, Sidaway B. Acute effects of stretching on the neuromechanical properties of the triceps surae muscle complex [J]. Eur J Appl Physiol 86(5): 428-434, 2002.

2　Cramer JT, Housh TJ, Johnson GO, et al. Acute effects of static stretching on peak torque in women [J]. J Strength Cond Res 18(2): 236-241, 2004.

3　Nelson AG, Guillory IK, Cornwell A, et al. Inhibition of maximal voluntary isokinetic torque production following stretching is velocity- specific [J]. J Strength Cond Res 15(2): 241- 246, 2001.

4　Small K, Mc Naughton L, Matthews M. A systematic review into the efficacy of static stretching as part of a warmup for the prevention of exercise-related injury [J]. Res Sports Med 16(3): 213-231, 2008.

部位一次静态拉伸不超过20秒。比如压腿的时候，一次别压超过20秒。

接下来说增强性热身。它主要是针对一些力量项目运动员赛前热身而言的，我这里简单介绍一下。

有些热身，可以让之后的运动能力短暂地提高，比如我们做几次大重量的蹲起，那么再马上跳高，一般能跳得更高一些。这类热身有更强的目的性。

增肌训练前，也可以适当安排些这样的热身。比如我们要冲击一个比较大的重量，那么可以先做一些有负重的快速的肌肉收缩，然后再去完成动作。当然，这主要是针对训练老手来说的，训练新手不建议用这种热身方法。

穿着要合适。

我们在前面讲过一些训练穿着的问题。做增肌训练的时候穿什么也很重要。总的原则是宽松、舒适、稳定、透气。宽松就是要求不限制关节的活动，太紧、太拘束的衣服肯定不行，做动作的时候会受到限制。

当然，有的时候受点限制也有好处，对关节也是一种保护，但这就要具体情况具体对待了。总的来说，还是宽松的衣服比较合适。

稳定则是说训练时穿的衣服最好是不容易"出状况"的。我以前在健身房就遇到过一回，训练者穿的衣服不合适，正在做动作时衣服带子突然断了，训练者一慌，差点被杠铃砸到。

衣服透气也很重要，可以帮助训练者快速调节体温。

训练新手应该优先使用固定器械，而不是自由重量器械。前者的安全性更高。

在使用器械前，要做好安全检查。

对于固定器械，首先要检查滑轮、绳索有没有问题，再看配重片的插销有没有插到底、座椅是否牢固，等等。

使用自由重量器械的时候，如果是可拆卸配重的，要注意看两头的销子是不是拧紧、锁紧，还要看杠铃或者哑铃两边的重量是否一样，避免出现重量不平衡，尤其是杠铃。

不要在健身房戴着耳机训练。

很多人喜欢戴着耳机一边训练一边听歌，这个习惯不好。

在健身房训练的时候，周围有很多训练者在使用各种器械，你要对周围的情况随时保持警觉，远离别人的训练区域，避免被碰伤。此外还要随时警惕可能出现的突发情况，比如旁边的人训练到一组的最后一个动作，已经没力气了，很可能就把哑铃扔了，这时候你就要很小心。如果戴着耳机，对周围情况的感知会明显迟钝，真出点什么意外自己也察觉不到，容易发生危险。

做大重量训练时要有保护者。

避免轻易使用过大重量，动作的离心阶段一定要保持好。

从地面拿起重物时，要尽可能使用下肢的力量，腰部挺直。

恰当地呼吸。

训练时呼吸也很重要，大多数人的习惯是发力时呼气，在动作的离心阶段吸气，这是因为我们在呼气的时候，能发挥出比吸气时大一些的力量。

训练时不可取的呼吸方法是长时间憋气，很多人都会犯这个错误。当然，我们想要发挥最大的力量，一般需要憋气。生活中我们也有这样的体会，在抬起一个很重的东西时，会刻意憋气。憋气时，腹内压、胸膜腔内压都会提高，这样躯干部位的刚性就会提高，便于我们发挥出更大的力量。这就是所谓的"瓦式呼吸"。

但是，发力时憋气，会迅速升高血压，升高腹内压，有时候容易出现问题，比如眩晕，甚至呕吐。这些情况虽然不是很严重，但可能导致你慌张，控制不住器械，被器械压伤或者砸伤。

所以，训练时应该避免长时间憋气。有些时候，短暂的憋气是可以的。比如力量举运动员做最大力量深蹲的时候，往往是在下蹲到障碍区（也就是最费力的一个阶段）时吸气，蹲到最低的位置，开始蹲起通过障碍区的时候，短暂憋气，用最大的力量通过障碍区，然后呼气完成直立。

这种情况下，在障碍区时短暂憋气，可以发挥最大的力量，而且因为腹内压升高，下肢和躯干部位的连接更有力，有助于保护脊柱。

如果你有高血压、青光眼、高度近视、视网膜病变等问题，训练时更不建议长时间憋气发力。

在训练时一旦身体任何部位出现明显的疼痛或不适感，就要马上停止训练。

这是有关训练安全的建议。一般来说只要做到这 11 条，那么增肌训练还是非常安全的。

急性运动损伤的处理方法

只要尽可能做到安全训练，绝大多数运动损伤都可以避免。但是万一有突发情况出现，我们也要学会应对和处理。

比如在训练的时候，或者在做其他运动的时候，出现拉伤、扭伤，或者挫伤了，如何及时处理就显得至关重要。处理得好，损伤就小，恢复得快，也不容易留下"后遗症"，处理不好则容易产生很多问题。

下面讲一下急性运动损伤的基本处理原则。急性运动损伤是区别于慢性运动损伤的。慢性运动损伤主要是劳损，往往是反复使用某部位造成的细微损伤、发炎、退化等；急性损伤，就是我们理解的突然伤着了，比如扭伤、拉伤、挫伤等。

急性损伤是突发性的，主要表现是：疼（局部疼痛）、肿（伤处红肿）、热（局部发热）。根据这些症状的程度不同，急性损伤也分好几级，但了解分级对大家来说没有太大的意义。不过，这里提醒一句，有些情况的中度损伤会让你非常疼；而严重损伤时，受伤的局部反而不会有特别疼痛的感觉。

比如3级急性损伤，韧带、肌腱或者肌肉完全撕裂，在受伤那一刻，局部疼痛会消失，因为神经被完全扯断了，局部失去了感觉。

所以有时候疼痛感不能完全反映受伤的严重程度。不管什么情况，出现急性损伤，都要严肃认真对待。

急性损伤怎么处理？立刻就医。书里虽然教了大家急性损伤怎么处理，但并不是说，出现这种情况完全可以自己搞定。

讲急性损伤的紧急处理主要是教大家，在没有条件马上获得医疗帮助的情况下，或者医生援助还没到位的情况下，应该怎么做。如果处理不好，反而可能添乱，使问题更严重。

急性损伤的紧急处理一般遵循五原则，或者叫PRICE疗法，即保护（Protection）、休息（Rest）、冰敷（Ice）、压迫（Compression）、抬高（Elevation）。

保护，就是把受伤的部位保护起来，可以用吊带，或者夹板、支撑物，或者其他一切可以利用的东西，防止受伤部位随意活动或者被意外碰撞。

休息，很好理解，就是要暂时停止受伤部位的任何活动，限制功能，这样可以避免发生进一步的损伤。

冰敷，就是用冰块或者其他凉东西给受伤部位降温。冰敷的好处主要有两个，一个是降低受伤组织缺氧坏死的可能性，就好像低温保鲜一样；另外一个好处就是降低血管通透性，收缩血管，减少肿胀和出血，也有一定的止痛作用。

冰敷一般用碎冰，当然，不建议让冰直接接触皮肤，比较常见的方法是用湿毛巾包裹碎冰来冰敷伤处。

冰敷的时间和频率没有特别统一的说法，一般建议发生急性损伤后立即冰敷，在之后的48小时内，有条件的话，每隔1.5～2小时冰敷一次，一次20～30分钟。

但是注意，20～30分钟这样的冰敷时间只是一个建议，最终还是要根据自己的情况来定。冰敷时间太长不好，而且有些人也受不了。以冰敷时没有感觉不舒服为准，几分钟也完全可以。

如果冰敷的时候出现因冰块温度引起的明显疼痛感或者不适感，应立刻撤掉冰块。

压迫，或者叫加压，就是用有弹性的绷带包扎伤处，主要的作用也是止血和消肿，同时能起到固定伤处的作用。但是注意，加压包扎不能一直包着不解开，要包扎一会儿，放开一会儿，具体多长时间可以根据自己的感受来调节。

抬高，就是把伤处抬高，降低微血管的血压，目的还是为了缓解肿胀和出血，避免进一步的组织损伤。

总的来说，急性损伤之后的处理原则，就是应用PRICE疗法，尽可能减少伤处出血、肿胀，还有止疼。最忌讳热敷、按摩、揉搓、擦药膏、用加热灯等。

·划重点·

急性损伤后的处理原则，一定要"温和"，千万不能"蛮干"。

一般在受伤后72小时后（也要根据具体情况来定）才可以考虑一系列热敷或者按摩的恢复方法。

运动损伤后的康复

发生急性运动损伤之后的紧急处理，其实是康复的第一步。损伤后紧急处理得好，之后康复的难度就小一些，效果也会好一些。运动损伤刚发生，还在红肿阶段（也就是所谓的急性发炎阶段），最忌讳的就是折腾伤处，此时不能热敷，不能按压，尽可能地减少出血和肿胀。在72小时之后，一般就可以开始康复的第二阶段了，这是一个漫长的康复期。

急性运动损伤的康复周期可能会很长，根据损伤的严重程度来定，有的是几天，有的要几个月。完全恢复之前的运动能力，有时甚至需要一年多的时间。在康复的过程中，最重要的就是要有耐心，千万不能操之过急，这是最基本的原则。

一般来说，急性损伤发生后72小时，发炎阶段已经结束，表现是伤处的红肿开始减轻。

发炎阶段结束，意味着受伤的组织开始修复。组织修复的前期叫"纤维母细胞修复期"，用我们更容易理解的方式来讲，就是身体会用"疤痕组织"来初步修复受伤组织。

疤痕组织也是由胶原蛋白构成的，但是这种胶原蛋白非常脆弱，也很僵硬。形象地说，就好像用很粗的线随便缝了几下，把受伤部位粗略地连接在一起，这个过程是组织受损后必然经历的一个过渡阶段。

经过疤痕组织的粗略修复，组织虽然是连接上了，但还不结实，而且柔韧性也差。疤痕组织过多的话，会挤压周围组织或者造成粘连，影响这个部位的运动功能。

我们经常听老运动员说身上有"旧伤"，很多时候，这个旧伤就与疤痕组织有关。所以，在组织受损修复的过程中，产生疤痕组织是正常的，但要完全恢复，最终还是要去除疤痕组织的。

去除疤痕组织，通常的方法有热敷、按摩和使用超声波等。最简单的方法是做一些热敷。自我按摩也是很好的手段，好处是自己可以掌握力度。按摩的时候顺着肌纤维的走向推、揉，注意整体的力度让自己没有不适感就可以了。

康复期间，受伤部位也要做一些运动，这样对康复有好处。但是做运动的时候要非常小心，原则上必须有康复师的指导。如果自己运动的话，要掌握如下两个基本原则。

• 运动要循序渐进，切忌急于求成。

• 做任何康复运动，都要以伤处没有任何不适感为标准。

康复运动要循序渐进，基本的运动安排大致是这样的：关节运动幅度恢复—拉伸和肌肉等长收缩运动—肌肉力量训练—本体感觉训练—爆发力训练。

首先要恢复关节的活动幅度。一般受伤后，关节就不能像以前那样大幅度地活动了。在康复过程中，可以轻柔地活动一下受伤部位的关节，如果不疼，一点点增加活动幅度，感觉到疼的时候，就不要再增加了。

总之，在没有任何疼痛感的前提下，逐步增加关节的活动幅度。

先做弯曲、伸直的运动，再做一些环绕的运动，逐渐增加难度。

┤ 划重点 ┝

损伤后的运动康复原则是：一切以"无不适感"为前提。

接下来，可以做一些简单的肌肉拉伸训练。注意拉伸的时候，要从轻到重，慢慢地来，不管什么幅度、什么程度，都不能让自己感觉不舒服。这需要足够的耐心。

同时可以做一些受伤部位肌肉的等长收缩运动，也就是静力性的动作。我们前面讲过等长收缩，肌肉收缩用力，但是关节并不活动，不形成动作。

等长收缩运动的好处是安全，同时还能增强肌肉的力量，防止肌肉总不活动造成萎缩。

如果拉伸和等长收缩运动都没问题了，那么接下来就可以做一些重量很轻的力量训练了，目的是恢复肌肉力量，同时恢复肌腱、韧带的强度。同样，康复期间的力量训练要非常小心，重量要逐渐缓慢增加，在训练时以伤处没有任何不适感为前提。

本体感觉训练是什么意思呢？本体感觉，就是我们对自己的身体状态的感觉（这里讲的是广义上的本体感觉）。本体感觉好的人，做动作很到位、很协调；本体感觉不好的话，打个比方，就算上身歪着，他也感觉是正的。

组织受伤之后，我们的本体感觉可能会受到影响，有一些下降。恢复本体感觉很重要，而且对于康复期间预防再次发生运动损伤也很重要，因为若本体感觉不好，做动作的时候很容易受伤。

本体感觉的训练方法有点类似训练平衡感的方法，比如单脚站立、站平衡球等。

最后，我们可以做一些强度大一点的爆发力训练了，这时候大部分的运动能力就基本恢复了。

整个康复过程，根据受伤程度的不同，恢复时间可能会很长，保持耐心非常重要。

女性力量训练与前交叉韧带损伤

这一节我们针对女性增肌者，讲一讲预防女性前交叉韧带损伤的一些基础知识。

从数据来看，女性前交叉韧带损伤的风险要明显大于男性，在有些运动项目里，甚至是男性的5~6倍。

我先带大家简单看一下膝关节。狭义上的膝关节，就是我们的大腿骨（股骨）和小腿骨（胫骨）连接的地方。

膝关节是个连接很松散的关节，如图7.1所示，我们能看到，就是两根骨头摞在一块，两边有半月板。

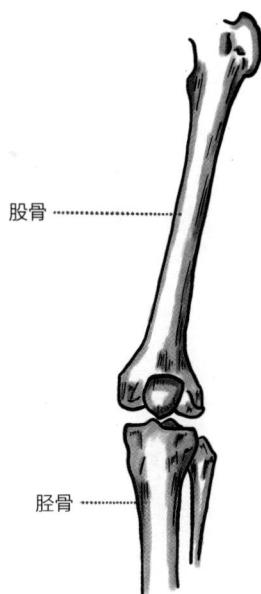

股骨

胫骨

图7.1

323

这种关节，解剖学上一般叫髁状关节。我们一看就知道，它本身很不稳定，骨头和骨头之间基本没什么扣合。

我们做动作的时候，膝关节不会脱开，你踢腿的时候小腿不会飞出去，是因为膝关节的很多韧带以及腿部肌肉在起固定和限制动作幅度的作用。

那前交叉韧带在哪儿呢，前交叉韧带也叫前十字交叉，它从小腿胫骨的前侧，斜向后，连接大腿股骨后侧，如图7.2所示。当然还有一条后交叉韧带，我们先不管它。

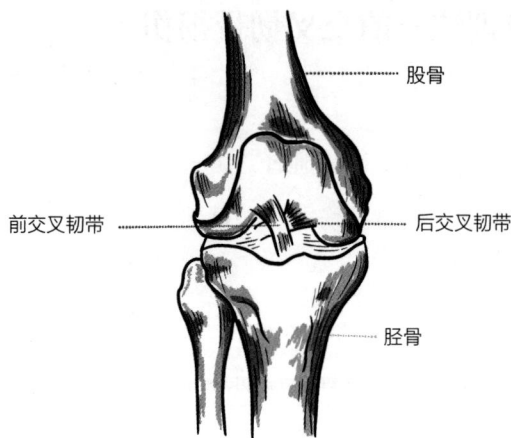

股骨

前交叉韧带 .... 后交叉韧带

胫骨

图 7.2

前交叉韧带的作用就是从里面固定大腿骨和小腿骨，稳定膝关节。因为它是从胫骨前面连接股骨后面，所以它具体的作用是防止胫骨和股骨前后错开。

比如大家军训的时候走正步，腿往前踢，前交叉韧带就会拉紧，限制你的小腿相对大腿向前移动太多。

如果大腿不动小腿动，就是在开链运动中，前交叉韧带限制你的小腿相对大腿前移。反过来，小腿不动大腿动，就是在闭链运动中，前交叉韧带限制你的大腿相对小腿后移。

那么，在开链、闭链运动的时候，如果这些前移和后移的幅度太大了，你的前交叉韧带就可能被过度拉扯，受到损伤。

从肌肉力量的角度讲，如果女性大腿前侧的股四头肌力量明显大于后侧的腘绳肌群，膝关节前交叉韧带的损伤风险就会提高。想要降低女性前交叉韧带的受伤风险，就应该在下肢力量训练时有所侧重。

这一点在学术界也有共识，女性应该在力量训练过程中更有针对性地注意大腿前后侧肌群的力量平衡，如果有必要，要适当强化大腿后侧，也就是腘绳肌群的力量，这样有助于平衡大腿前后侧力量，保护膝关节。

———— 划重点 ————

女性力量训练者要非常注意大腿前后侧力量的平衡。

当然，大腿前后侧力量平衡对男性也同样重要。只不过从数据上看，女性前交叉韧带的损伤概率明显高于男性，所以女性更应该注意这件事。

举重腰带到底该不该戴

这一节我们聊聊腹内压和举重腰带。

腹内压，简单地说就是我们腹腔里的压力。为什么力量训练要强调腹内压呢，因为腹内压与我们脊柱的稳定性有关。而脊柱的稳定性，是我们训练时发挥力量和防止受伤的关键。

在前面的章节里我们讲过，我们身体最不稳定的位置就是脊柱，脊柱是由一块一块的脊椎骨摞起来的，是一个相对比较松散的结构。

脊柱不稳定，但却承担了连接躯干和下肢的非常重要的作用。但是，仅仅靠脊柱，肯定不足以保证我们训练时的稳定性，即使有力气也很难发挥出来，而且容易在训练时受伤。

所以我们就希望，在做力量训练发力的时候，躯干可以有一个更有力的支撑，让脊柱能保持稳定，这就需要腹内压。

我们的腹部里面是一个空腔，如果腹腔里面有足够的压力，那腹腔就会比较硬，就能起到支撑脊柱的作用。

大家可以想象在腹腔里放一个很结实的气球，如果这个气球没有充气，那就起不到任何支撑作用；如果这个气球充满气，就能给腹腔一个坚硬的支撑，那么脊柱也就能稳定了，如图7.3所示。

那么，怎么做才能形成足够的腹内压呢？那就是收缩腹部肌肉还有横膈肌，让腹腔里形成足够的压力。

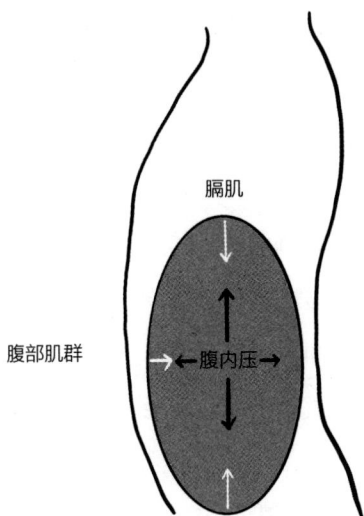

图 7.3

我们的腹部肌肉，前面是腹直肌，两侧是两层肌肉：腹外斜肌和腹内斜肌。在腹部肌肉的最里层，还有一层肌纤维横向分布的肌肉：腹横肌。腹横肌就像一个很宽的束腰，把腹腔横着包起来。

腹部肌群就像一条举重腰带，大家在这里先把这个概念建立起来。

———————————┤ 划重点 ├———————————

腹部肌群的功能就像一条举重腰带。

———————————————————————————————

腹部肌群把腹腔整个包裹起来了，那么我们接着想象，当这些肌肉收紧，是不是就好像扎紧举重腰带一样，腹腔里的压力就增大了。

所以，我们要提高腹内压，就需要强有力的腹部肌群来收紧腹部，腹部肌群就像举重腰带。举重腰带起的也是这种作用，从外面给腹腔一个力，把腹腔收紧，提高腹内压。腹内压提高，我们的脊柱就更稳定，就能举起更大的重量，训练时也更安全。

所以，在做力量训练时，尤其是很大重量的训练时，戴举重腰带可以提高安全性，这是戴腰带的好处。

同时，戴腰带也可能让你在训练时驾驭更大的重量。因为脊柱越稳定，我们越能发挥出力量，神经在肌肉控制上的反射性抑制也更少。如果关节不稳定，神经会反射性地抑制肌肉发出较大的力。

从心理上说，戴上腰带，安全性更有保障了，训练者更敢使劲儿，这样也能提高成绩。

所以我们能看到，举重或者力量举比赛时，很多选手都会戴腰带。当然，戴不戴是一个习惯和能力问题，不见得一定要戴。如果你的腰腹部肌群力量很强，腰带就不是必需的了。

但是，戴腰带也有戴腰带的坏处。因为举重腰带起的作用和腹部肌群起的作用是一样的，都是收紧腹部肌肉，提高腹内压，那么，如果说你总是戴腰带训练，那训练时本来需要腹部肌群做的工作，就被腰带替代了一部分，于是，腹部肌群就得不到应有的训练。接下来，如果哪一次你没戴腰带，腹部肌群力量又不够，就会产生问题。

所以，关于训练要不要戴腰带，怎么戴，我们看看美国国家体能协会给出的3个建议。

做简单的训练动作，身体也很稳定的话，不需要戴腰带。

比如你只是做牧师椅二头肌弯举这种比较小的动作，身体也比较稳定，当然就不用戴腰带。

身体稳定度差的动作，在轻重量训练时，也不需要戴腰带。

也就是说，那些强调脊柱稳定性的动作，在轻重量训练的时候，腰腹部肌群力量就够用了，不戴腰带还能起到训练相关腰腹部肌群的作用。

身体稳定度差的动作，极限重量训练时，如果有把握，也可以不使用腰带。

也就是说，如果你的腰腹部肌群力量很强，动作技术也没问题，那完全可以不戴腰带，哪怕是极限重量，腰带也不是必需的。

总之，腰带这东西其实能不戴还是尽量不戴。不戴，就能更好地训练到我们自己稳定脊柱的肌肉力量。当然，如果你没有把握，还用极限重量去做很强调脊柱稳定性的训练动作，那么就建议戴腰带。

腰不好就不能训练了吗

这里说的腰不好，主要是指腰椎间盘问题，包括膨出、突出。还有就是指下背痛，也就是我们平时老说的腰背痛，尤其是在劳累或者精神压力比较大的时候，它不是什么特殊原因造成的，属于非特异性腰疼。

在这种情况下，力量训练还能不能做？哪些动作能练，哪些动作不能练呢？这是我们这一节要解决的问题。

我们先简单讲一点腰部的解剖。我们先说说腰部的核心，就是腰椎。

腰椎，是躯干和下肢唯一的连接。我们的躯干本身已经那么大、那么重了，在背东西、做举重等训练的时候，还会更重，而从骨骼上来看，就只靠一根细细的腰椎与下肢连在一起。

所以人类的腰椎非常脆弱，动物就不一样。动物四足行走，上肢、下肢都支撑在地上，承担体重，腰椎受力就小得多了。

当然，腰部只有腰椎的话，我们也站不起来。躯干和下肢的连接处，骨骼方面靠腰椎，但是想让这个连接处结实、稳定、灵活，还要靠大量的肌肉和韧带。

所以，我们的腰腹部有着大量复杂的肌群，就像胶带一样，把躯干和下肢前后左右地"缠起来"。

但是，即便如此，人类的腰部依然很脆弱，所以我们的腰椎、腰部肌肉很容易出问题。腰椎出问题主要就是腰椎间盘问题，腰部肌肉出问题，就可能引起下背痛、腰疼。归结起来一句话，人类因为要直立行走，就牺牲了腰。

那我们再看腰椎间盘是什么样的。看图7.4，这就是腰椎骨，两块腰椎骨之间的就是腰椎间盘。一块一块的腰椎骨是硬的，不可能就这么硬碰硬地连接在一起，它们中间需要有个"垫子"，就是腰椎间盘。

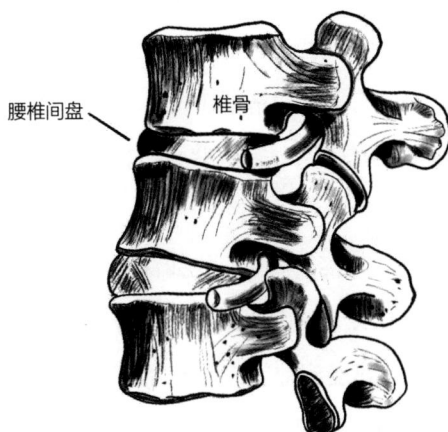

图 7.4

腰椎间盘是软的，但是很结实，它起的作用非常重要，其中之一就是承受腰椎骨之间的压力，起到一个分压的作用。

我们想象一下，我们站着或者坐着的时候，上身的重量是不是都压在腰椎上？其实就是压在腰椎间盘上，腰椎间盘是受力的"垫子"。

在这种情况下，如果我们背个包，上身会更重，这个重量，当然也会压在腰椎间盘上。手里提个重物也一样。我们要是做力量训练，举个杠铃，重量也会最终压在腰椎间盘上。

正常情况下的腰椎间盘是很结实的，但是它毕竟是软的，里面还有个核，如果腰椎间盘慢慢被压破了（当然，这和年龄增大导致的腰椎间盘退化也有关），里面的核挤出来了，就是腰椎间盘突出。

突出的髓核可能压迫到脊髓神经，造成疼痛、麻木。当然，这么说不是非常严谨，但是大致的意思就是这样。

所以，如果你腰椎间盘有问题，力量训练不是完全不能做，但动作上要有所选择，有些动作是不建议的。

第一类要避免的动作，就是那些会产生作用于躯干、平行于腰椎向下的力的动作。

说起来拗口，但其实很简单。比如深蹲、推举这类动作，我们想一下，你扛一个杠铃，或者双手推举杠铃时，这个重量最终都压在腰椎上，让腰椎间盘受到的压力增大。

倒不是说腰椎有问题的人都不能做这些动作，但是至少，这些动作有可能加重腰椎问题，甚至有造成腰椎疾病急性发作的风险。

这时有的人可能想，如果不能做深蹲，那怎么练腿呢？其实有很多动作还是可以练腿的，比如腿举，如图3.84、图3.85所示。

我们分析一下，练腿举的重量就没有压在腰椎上，它的重量是垂直于腰椎的，所以对腰椎的影响比较小。

当然，你要注意，练腿举时腰胯部位要牢牢地靠在靠背垫上，不能肩膀靠着而腰虚着。另外，腿屈伸这个训练动作也没问题，对腰椎也没有太大影响。

我不建议杠铃推举这类练肩的动作，但我建议你可以考虑练哑铃侧平举和绳索侧平举，而且建议你单手练，虽然也会增加腰椎的压力，但是因为用的重量一般要远远小于推举，总会好一点。

二头肌训练时不要做站姿弯举，因为这样重量都在腰上，可以做牧师椅弯举、集中弯举，就会好很多。胸、背的训练一般都还好，因为练胸的基础动作是推胸和夹胸，重量都不是直接压在腰上的。练背的基础动作是下拉和划船，也都还好。下拉时，力平行于腰椎，但方向是向上的。

但要注意，做划船动作的时候，尽量选择有胸靠的那种器械，胸部要有个支撑，可以承受力。如果没有胸靠的话，力都要由腰部承受，虽然说这个力是垂直于腰椎的，但是也会增加腰椎压力。

其他训练部位就不一个一个说了，总之，要把握住基本的原理，如果腰椎不好，那么尽量不要选重量压在腰上的训练动作。

──────────────── ┤ 划重点 ├────────────────

重量会压在腰椎上的动作不要选。

──

当然，这样选影响训练效果吗？肯定影响，虽然每个部位都能练到，但有不少动作不能做了。不过这是一个取舍的问题。因为你有腰椎问题的话，就不能单纯只考虑最大化训练效果了。腰和训练效果，你选哪一个，这是你个人的选择。如果说非要练那些对你来说不安全的动作，真把腰练坏了，那才是什么动作都不能练了。

还有什么情况会使腰椎间盘承受的压力变大呢？图7.5非常经典，图中的柱状色块越高，说明腰椎间盘受到的压力越大。

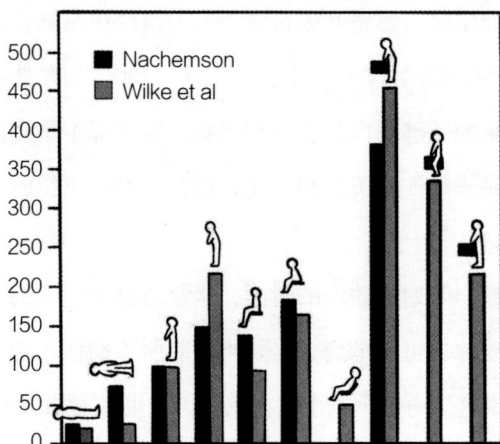

图 7.5

躺着，腰椎间盘受到的压力最小，因为没有上身的重量压在上面。当然，躺着的时候腰椎间盘也会受到一点自然的压力，这是韧带和肌肉产生的应力，这是不可避免的。

站着、坐着，压力就会大一些；如果拿东西，压力会更大，原因很简单，有额外的重物了。

我们还要注意一点，都是站着或者坐着，或者都拿重物，如果身体往前弯腰，腰椎承受的压力立刻就会变大。

———————————— ┤ 划重点 ├ ————————————

腰椎不好，特别怕提重物弯腰，或者弯腰捡重物。

————————————————————————————————

这就是说，有腰椎问题的人特别怕的一个动作就是弯腰。另外大家注意，在弯腰时，不但腰椎受到的压力会增大，腰部肌肉的压

334

力也会增大，所以，如果你腰椎没问题，但是下背痛，单纯腰疼，弯腰动作也会加重你的问题。

我们假设两种情况，一种情况是一个人直立站立，手里提一个哑铃。另一种情况是这个人提着同一个哑铃，但向前弯腰。

身体直立的时候，人体躯干重量的力臂和手里重物产生的力臂，都比较短，这样最终产生的力矩就比较小。

如果弯腰，那么躯干和重物的力臂都明显变长了，最终产生的力矩明显增大了，腰椎受到的压力也就增大了。同时，腰部肌肉是负责让躯干直立起来的，所以它受到的压力也增大了。

坐着的时候，道理也是一样的。

弓腰坐着，躯干的重力线会靠前，这样躯干的力臂会变长，腰椎和腰部肌肉承受的压力就会更大。坐直就好多了。

而且，在弓腰的时候腰椎曲度也会变直，这样也容易增加腰椎间盘后侧的压力，造成腰部问题。

所以在做训练动作的时候，都要避免弯腰或弓腰，腰椎要在中正位置，腰部要绷直。另外，从地上捡哑铃或铃片的时候，也要先下蹲，绷紧腰部肌肉，用腿的力量站起来，而不要弯腰捡重物。

而且，就算不弓腰，在训练的时候，也要避免重物离我们的身体太远。

比如哑铃前平举这个动作，就是一个重物离身体很远的动作，做这个动作时，腰部包括腰椎和腰部肌肉，压力都会很大。这是一个简单的力学问题。

做这类动作的时候，我们应尽量用单手做，用另外一只手扶着龙门架的柱子，或者其他稳定的支撑物，这样有一个支撑，支点往前移了，腰部就会轻松很多。大家可以自己感受一下另外一只手扶和不扶的差别。

总之一个原则：训练的时候，如果重物离我们的身体重心很远，那就要尽可能做一个可以增加额外支撑的动作，然后找一个额外的支撑。

CHAPTER 08

第八章

告别油腻——怎么让脂肪"变成"肌肉

这一章的内容主要针对增肌者的减脂问题，这与普通减脂人群有比较大的差别。普通人群减脂，也要重视肌肉量的保持；但增肌者在减脂时，保持肌肉量的难度会更大。如果你还想在减脂期间适当增肌，就更需要科学的运动和营养安排了。

腰围减少18厘米，胸围却增大3厘米

先给大家讲个真实的案例。

黄先生（41岁）在找到我之前，已经健身一年多了。一开始增肌很快，但差不多一年后，他发现增肌越来越困难，脂肪倒是慢慢堆积起来了。

黄先生的身材属于典型的中心性肥胖，皮下脂肪不明显，但有个大肚子。黄先生说，他之前喜欢健身，有一定的肌肉量，但他听说，要想长肌肉，就要多吃，所以眼看脂肪一点一点增加，肚子越来越大，他也不敢控制饮食。

普通人群减脂相对简单一点。但增肌者想要减脂，就复杂得多。不敢吃太少，怕肌肉没了；有氧运动不敢多做，也怕"掉肌肉"，所以黄先生减脂一直没成功。

对于健身新手来说，减脂的同时增肌其实不难，因为他们还处在快速增肌期，稍微一训练就能长肌肉。但是对于已经训练过几年的中、高阶健身者来说，减脂的同时增肌则要难一些。增肌者减脂要比普通人群更复杂，要求更高。

增肌者减脂需要饮食和运动很好地配合，尤其是饮食方面，需要非常讲究。黄先生找到我以后，我建议他回去先准备一个食品秤，吃东西前要称重，我还给他做了详细的饮食计划和训练计划。

第一周，黄先生反馈说身材没有明显变化。我一问，原来秤没买，食物的量是估算的。我帮他在网上买了个秤，他回去用了一天，第二天又找我，说有了秤才知道，一两肉只有一大口，自己以前吃的是太多了。但他也担心，如果吃得太少，肌肉不会变少吗？我让他放心，继续这么吃。

8周后，黄先生体重只减轻了3.5公斤，但是腰围减少了10厘米。6个月后，黄先生体重减少总计6公斤，腰围减少总计18厘米，但量一下胸围、腿围、臂围，其中胸围增加了3厘米，臂围基本保持不变，腿围增加了1厘米。

黄先生实现了传说中的减脂增肌——脂肪减少了，肌肉增加了。体重变化不明显，但身材变化非常大。

增肌同时能做到减脂吗

这一章是针对增肌者的减脂策略建议。有不少人健身练肌肉，希望肌肉线条更明朗，同时也想要减脂。在这种情况下，减脂如果做得不好，肌肉会掉得很厉害。减脂把辛辛苦苦练出来的那点肌肉也减了，很可惜。

对增肌者来说，减脂是一个非常复杂的"工程"，需要运动和营养非常科学、精确的配合。

另外，有种说法认为增肌和减脂不能同时进行，因为增肌需要增加热量摄入，减脂需要减少热量摄入，这本身是矛盾的。

实际上，增肌和减脂是可以同时进行的。增肌，我们给身体增加肌肉，当然需要增加热量的摄入。但是这些额外的热量，不一定非要靠饮食，别忘了我们身上本来就有储存的热量——肥肉。

比如每天热量总消耗3000千卡，增肌的话，是不是一定要摄入3000千卡以上呢？答案是不一定。

如果要保证增肌最大化，那的确应该摄入3000千卡以上的热量，因为高热量摄入能促进身体合成代谢。但如果不够3000千卡，也不代表不能增肌。因为增肌需要的额外的热量消耗，基本上可以通过氧化自身脂肪来提供。

所以，增肌的时候，如果我们需要的额外热量可以通过消耗身体储存的脂肪来提供，那就同时达到了减脂的目的。很多实验显示，不控制饮食，仅仅进行力量训练，就能获得增肌减脂的效果，这也说明了增肌、减脂是可以同时进行的。

有人问，这是不是就等于把肥肉变成肌肉了呢？当然不能这么说。肥肉和肌肉是两种东西，两者之间不能完全地互相转化。

我们知道，增肌需要蛋白质，而蛋白质是由氨基酸组成的，氨基酸中有8种我们自己不能合成，要通过饮食来获得。我们身上的肥肉，是不可能提供这8种必需氨基酸的。

但是，肥肉中储存的能量却可以在增肌的时候使用。所以从这个角度讲，好像是肥肉变成了肌肉，实际情况则是增肌的同时消耗了肥肉。

但是增肌和减脂之间还是相互影响的。最适合增肌的条件是身体能量正平衡，也就是说，吃的能量比消耗的多一些。所以，增肌想要最大化，需要比平时多吃，但这又对减脂不利。

反过来说，如果我们控制饮食，比平时吃得少，那就是能量负平衡。在这种情况下，虽然靠消耗身体脂肪也能长一些肌肉，但总的来说有利于减脂，不利于增肌，无法做到增肌最大化。

—————————┤ 划重点 ├—————————

减脂、增肌可以同时进行，但是彼此之间都有影响。

所以增肌者减脂，不能像单纯减脂的人那样，想怎么控制饮食就怎么控制。如果控制力度太大，不但无法增肌，甚至还要牺牲肌肉。而且，增肌者减脂，在饮食结构上需要有不同的侧重。

一句话，减脂和增肌可以做到同时进行，尤其是对训练新手而言。但是，它们彼此之间相互影响，一起进行，双方都无法做到最大化。

是该先减脂，还是该先增肌

既然减脂和增肌可以同时进行并且彼此影响，那很多增肌新手就想，我想变成"肌肉男"，就先捡一头，要么先全力增肌，要么先全力减脂，行不行?

很多人觉得，先减脂还是先增肌，一定有一个"标准答案"，其实这个"标准答案"是不存在的。

先减脂还是先增肌是个很复杂的问题，在很多情况下，都可以，都不能算错。或者说，这是每个人自己的事儿。

比如说，我有点胖，想要快一点摆脱"小胖子"的称号，那么就选择先减脂。因为如果先增肌，为了保证增肌最大化，往往要多吃一些，宁可多吃，别吃不够。这样，肌肉是增大了，但是脂肪也容易增加。

这是说男性，还有些女孩子听说增肌能提高基础代谢率，所以为了更好地减掉脂肪，也想要增肌。

肌肉增大的确对减脂有好处，这没错。可女孩子如果本身比较胖，胳膊和腿比较粗，甚至肩宽背厚，显得很壮，那么最好还是先减脂，后增肌。

因为这种情况下如果先增肌，肌肉体积增大，会带来身体围度的增加，胳膊和腿会显得更粗，后背显得更宽。虽然增加的是肌肉，不能算真正意义上的胖，但是从审美的角度讲，这可不是女孩子们想要的身材变化。

尤其是增肌带来的体重增加，也容易打击想减脂的女孩子们的信心，即便她们了解，增加的体重不是脂肪，而是健康的肌肉。但是，长期以来，人们习惯于把胖瘦和体重挂钩，这种心理上的坎儿，女孩子们一时半会儿可能无法克服。

所以，建议大多数女孩子还是先减脂，减到基本满意的程度后，再加入增肌塑形训练，这样更符合大众的心理。

┥ 划重点 ┝

先减脂还是先增肌没有标准答案，要根据具体情况来决定。

还有种说法是女孩子不能增肌，甚至说女性没有雄激素，这些说法非常滑稽，是缺乏基本生理学知识的误解。

女性当然也有雄激素，只不过水平远低于男性。这就和男性也有雌激素，只是比较少一样。

好了，现在说回男性减脂增肌。

如果男性比较在意自己的体脂率，那么建议先减脂，先变成瘦人，再合理增肌，多增肌少增脂，最后变成"肌肉男"。

如果不是很在意自己有点胖这件事，那就完全可以先增肌后减脂，这都没有错。所以，减脂和增肌的先后，对于大多数人来说，都是个人好恶问题。

不过有一种特殊情况，我建议应该先减脂后增肌，那就是体脂率实在太高、确实太胖的情况。

这样建议的原因有两个。首先，体脂率非常高往往会带来一个问题，那就是基础睾酮水平降低，雌激素水平升高。在这种情况下，如果不先减脂而是先增肌，可能增肌本身会受到一些影响。

其次，体脂率特别高的人，可能伴随一些健康指标不是很理想，甚至有一些慢性病。在这种情况下，减脂往往成了当务之急，应该先改善健康问题。

并且，如果真的有某些慢性病，那么增肌训练的风险可能会提高。所以，对于体脂率确实很高的人来说，建议先减脂，减到健康的BMI，然后再考虑增肌的问题。

所以，一个人应该先减脂还是先增肌，要根据自己的具体情况来合理安排，并没有绝对正确的顺序。

增肌者减脂，该制造多大的热量缺口

那些增肌训练一段时间之后，有一定肌肉量了，想要减脂，让肌肉线条更明朗、更漂亮的人，他们的根本目标是，在保持住已经练出来的肌肉的同时，把脂肪尽可能多地减下去，千万不要减脂的时候把肌肉减丢了。

为了达到这个目标，关键在于怎么吃。

当然，说起肌肉线条，这里还要多说两句。过去有一种观点，认为肌肉线条是可以专门训练出来的，有"轻重量练线条，大重量练肌肉块儿"的说法。

实际上，所谓的肌肉线条与肌肉块儿根本就是一个东西。当我们的皮下脂肪层很薄的时候，肌肉线条就明显；如果皮下脂肪层比较厚，那么肌肉就只能看到"块儿"，看不到线条，就这么简单。皮肤下面是脂肪层，脂肪层下面是肌肉。脂肪好像包裹肌肉的一层"被子"，"被子"特别厚的话，它下面的肌肉线条就不那么明显了。

现在，我们讲讲增肌者要减脂应该怎么吃的问题。

前面讲过的增肌怎么吃的原则，绝大多数也适合增肌者在减脂的时候使用。也就是说，在单纯增肌的时候怎么吃，减脂的时候基本上也怎么吃，只不过要更细致一点。

细致在什么地方呢？首先是热量的控制。

增肌的时候，我们吃东西可以没有太多顾忌，而且稍微多吃一点，还有助于增肌。但是现在要减脂，首先热量摄入肯定要减少了，需要制造一个热量缺口。

不过这个热量缺口如果太大，可能会在减脂的同时明显地减肌肉；热量缺口太小，减脂又不明显，效果得不到保证。所以，增肌者减脂的时候，制造热量缺口总的原则就是，热量缺口要有，但不能太大。

———————————————┥划重点┝———————————————

合适的热量缺口是增肌者减脂的关键。

———————————————————————————————————————

很多研究都发现高热量饮食能够促进身体蛋白质的合成，这可能与高热量饮食对人体激素环境的影响有关。反过来说，热量摄入过低，会影响身体蛋白质的合成。同时，低热量饮食也会导致大量蛋白质被分解来提供能量，这都不利于肌肉的保持。

增肌者减脂期间想要保持肌肉，热量缺口不能太大。但这个缺口到底多大才好？国外有一项针对健美运动员赛前减脂的研究，该研究认为慢速减脂期，热量摄入为35～38千卡/公斤体重，可以使运动员减少肌肉的损失，这是按照通常的运动量来计算的。但我国有些个案研究认为这个量还是有点大，一般热量摄入为24~27千卡/公斤体重就可以了。还有一些针对健美运动员的研究，认为减脂期间热量摄入比平时下调15%比较稳妥。

这些数据之间的误差，与运动量和研究对象身体成分的差别有很大关系，可能适合健美运动员，但不一定适合普通增肌者。所以从有限的研究来看，一般建议，增肌者减脂的总热量缺口最多不超过300千卡/天。

也就是说，你每天吃的东西的总热量，不要比消耗的总热量低超过300千卡。

如果减脂的需要不是很紧迫，那么甚至可以基本保持热量均衡，不制造热量缺口。

比如有一项实验，对比了在同样实行12周不节食随便吃的情况下，耐力训练和力量训练的减脂效果。12周后，耐力训练组的体脂平均减少1.6公斤，肌肉量不变；力量训练组的体脂平均减少2.4公斤，效果比耐力训练组更好，而且，力量训练组的肌肉平均增加了2.4公斤。力量训练组不但脂肪减少得更多，还增加了一定的肌肉量。

减少了脂肪，增加了肌肉，这是更好的效果。只不过，这种方法减脂的速度非常慢，只适合不着急减脂的人。

对于大多数增肌者来说，300千卡/天的热量缺口是最合理的，兼顾了保持肌肉和减脂速度。

这300千卡的热量缺口，可以通过少吃，也可以通过增加运动量来实现。这时候有些人会想，那我完全不控制饮食，每天多做消耗300千卡热量的运动可以吗?

答案是，这样减脂很可能会失败。原因一般有两个。

第一，靠运动是多消耗了热量，但你同时必须要保证没有多吃才行。

很多人以前不控制饮食，现在增加了运动量，还是不控制饮食，自我感觉吃的和以前一样，但是很可能你实际上吃的比以前多了。

很多实验也都发现，仅靠运动减脂虽然也能做到，但是效果很不稳定，或者非常不明显。这是因为，虽然你运动了，但是身体会同时调整你的食欲，让你在不知不觉间又多吃了。

人体调节食欲的机制非常复杂。总的来说，身体不希望我们热量负平衡。如果我们消耗的热量大于摄入的热量，那么身体就会提高我们的食欲，把消耗的补回来，稳定我们的体重。

所以，我们运动后食欲会增加，或者会更喜欢吃一些热量高的食物，这时如果由着自己的食欲来，很可能运动时多消耗的热量，在不知不觉中又吃回去了。

在增肌者减脂的过程中，虽然可以单纯靠运动来制造热量缺口，但是饮食控制也是必须要有的。至少要稍微控制一下，保证你吃的不会比以前更多。

第二，运动减脂的效果不明显，还有一个原因，就是很多人运动以后，日常活动就减少了，这种情况也被一些研究证实了[1]。

一方面，运动带来的疲劳感往往让人不爱再多动弹了；另外一

1　Major GC, Doucet E, Trayhurn P, et al. Clinical significance of adaptive thermogenesis [J]. International Journal of Obesity 31(2): 204-212, 2007.

方面，很多人觉得我都运动了，所以有理由歇着了，于是除了运动能歇就歇，这样最终的总热量消耗可能没增加，甚至减少了。大家不要小看日常活动的热量消耗，加起来也不少。

各种原因导致有些人虽然增加了运动量，但是却没有取得很好的减脂效果。所以，增肌者减脂，不管通过什么手段实现300千卡/天的热量缺口，都必须要控制饮食。最好是饮食、运动并行。具体怎么做，在接下来的几节内容里，我给大家一些建议。

增肌者减脂饮食结构三原则之一——高蛋白

增肌者减脂，在饮食方面，建议热量缺口是每天300千卡。那么具体的饮食结构应该是什么样的呢？我提出三个原则。

第一个基本原则是高蛋白饮食。

高蛋白饮食可以防止减脂期间肌肉流失，同时摄入的蛋白质也能供合成肌肉使用。蛋白质是肌肉的"砖"，蛋白质不够，保持肌肉或者增长肌肉根本不可能。很多实验都能证明这一点。

有一项针对46名女性的实验，12周低热量摄入，其中高蛋白组蛋白质摄入占每天热量摄入的30%，低蛋白组占18%。12周后，高蛋白组肌肉减少了1.5公斤，低蛋白组减少了2.8公斤。可见低蛋白饮食更容易消耗肌肉。

Layman的一项研究报告称，低热量（1700千卡/天）高蛋白饮食（占比30%）比同等热量低蛋白饮食（占比16%）更有利于在减脂期间保持肌肉。前者减少的体重里，脂肪与肌肉比为6.3∶1，后者为3.8∶1。

增肌者想在减脂的同时保住肌肉，蛋白质摄入量要足够高。不过高到什么程度还没有公认的标准。

―――――――――――――――――――◆ 划重点 ◆――――――――――――――――――――

主流观点建议减脂期间如果要保持肌肉，蛋白质摄入量最好能达到2克/公斤体重。

也就说，如果你体重70公斤，那么每天要摄入140克蛋白质（包括植物蛋白质），才能比较有把握在减脂期间不丢失肌肉。当然，如果你想要减脂的同时增加肌肉，可能还需要更多蛋白质。

而且，增肌者减脂期间需要多少蛋白质，也与你的减重速度有关。总的来说，减重越快，你的蛋白质摄入量就要越大。所以，这个蛋白质的推荐量，其实是因人而异，因情况而异的。

有的人可能觉得每公斤体重2克蛋白质的摄入量，是不是有点太高？实际上，普通人群在减脂期间一般不需要这么多蛋白质，也能保证肌肉不明显丢失，但是增肌者有其特殊性。简单地说，因为他们的肌肉是练出来的，所以保持肌肉量的压力会更大。

为了保证高蛋白质摄入量，同时热量不超标，在饮食安排上，我给大家两个建议：一方面，不要忽略植物蛋白质，如果植物蛋白质搭配得好，也是不错的蛋白质来源，这一点我们在前面讲过。

另一方面，高蛋白摄入的同时，注意控制脂肪的摄入，尽量吃高蛋白低脂肪的东西，不要在吃高蛋白食物的同时把脂肪摄入量也搞上去了，这一点我们也是多次强调过的。

高蛋白低脂肪的食物主要包括：鸡蛋、鸭蛋、鹅蛋的蛋清，纯瘦牛肉、羊里脊肉、兔肉、鸡胸肉、鸡胗、火鸡肉，还有鲤鱼、草鱼、鲫鱼、鳕鱼、罗非鱼、黄鳝、泥鳅、黑鱼、老板鱼、沙丁鱼、比目鱼等鱼类及大多数虾、蟹、贝类。当然，还有蛋白粉。

最后，有人担心高蛋白摄入的安全性问题。现在还没有明确证据证明非长期的高蛋白饮食对健康个体有什么不利影响（注意是健康人）。增肌者减脂，毕竟是一种短期行为，蛋白质摄入量适当提高，一般来说没有太大的问题。

但对于有肾脏疾病的人来说，肯定不建议高蛋白饮食。

增肌者减脂饮食结构三原则之二——足碳水

增肌者减脂饮食结构的第二个原则是足量碳水化合物的摄入。多少碳水化合物算足量？一般不建议通过碳水化合物摄入的热量低于每天热量摄入的45%。减脂期间可以适当减少碳水化合物的摄入，但不要减得太厉害。

────────── ✦ 划重点 ✦ ──────────

增肌者减脂，通过碳水化合物摄入的热量不建议低于每天热量摄入的45%。

现在有很多低碳水减脂的说法，很多人都被这种说法洗脑了。实际上，低碳水减脂对于增肌者来说是不可取的，至少不作为推荐的方法。

低碳水减脂的原理，根据"民间科普"的说法是因为胰岛素，胰岛素是肥胖的罪魁祸首。其实这是完全没有根据的。

因为每天500～1000千卡的能量负平衡，有多少胰岛素你也胖不了。胰岛素的确能促进脂肪的合成，它就是合成代谢激素，几乎促进一切的合成，包括脂肪、蛋白质、糖原。胰岛素是主导储存的激素。

首先，促进脂肪合成，也要有富余的能量才行。只要热量平衡，胰岛素不能平白无故地"变"出多余的能量来让你变胖。

其次，对健康人来说，碳水化合物引起的胰岛素反应是正常的，胰岛素不是洪水猛兽，没有胰岛素反应那才有问题。现在低碳水减脂的风气，误导人们把胰岛素当成敌人，其实正常生理活动中谁也离不开胰岛素。

第三，就算胰岛素不好，那么我们也应该选择那些不会刺激胰岛素过多分泌的碳水化合物来源，而没有必要整体降低碳水化合物的摄入。靠低碳水饮食生硬地降低胰岛素分泌完全是走极端。

但是，很多人采用低碳水方式减脂，发现它的效果确实很好，体重明显降低。主流学术界也承认，在前期，通过低碳水减脂体重降的速度会比较快，但是看长期的效果，它就没有优势了。

低碳水减脂"效果好"有几个主要原因。

出现生酮后，酮体本身有抑制食欲的作用，让人不容易饿。

在低碳水饮食中期，脂肪分解代谢开始增加。注意，这里是说脂肪供能的比例要比平时正常饮食多一些，但绝不像有些书说的那样，低碳水饮食就是"把葡萄糖供能切换成脂肪供能"。

脂肪供能随时都在发生。休息状态下主要的供能物质本来就是脂肪，何谈"切换"？很多人以为，只有低碳水饮食，脂肪才能分解燃烧，这都是受了伪科学鼓吹的误导。

很多东西不能吃，"感官特异性饱腹感"会让你食欲降低。这是成熟的营养学研究结论。食物种类减少，食欲自然就会降低。从我们的经验里也能得出这种结论。

具体到一顿饭，光吃肉、菜，不就着主食吃，对于大多数人来说，自然会减少食物摄入量（当然特例总是存在）。

酮体的排出等于排出了可利用的能量。

糖原储量的迅速降低、肌肉蛋白质的丢失，都伴随着水分的大量流失，所以前期体重下降速度快就不难解释了（当然，足量的蛋白质一般能阻止肌肉明显丢失，但是肌糖原的减少是不可避免的）。

虽然低碳水减脂在前期有不错的"效果"，但是主流运动营养学界对低碳水饮食还是很忌讳的，一般不建议运动人群使用。实际上，运动人群离开了碳水化合物，那是不可想象的，增肌者也不例外。原因有以下几点。

第一，低碳水饮食必然导致糖原储量降低，低糖原储量会影响训练效果。除了个别人在低碳水饮食的时候仍然生龙活虎（这实属特例），大多数人若低碳水饮食都会影响运动能力和训练热情。

低碳水饮食期间，大多数人都会多多少少出现乏力、嗜睡、出冷汗、虚弱、心慌等症状，有些人的症状甚至很明显。前一周最难受，后来会稍微好一些，但是要达到100%的训练状态，通常很难。

第二，肌糖原储量降低，影响肌肉充盈度，缩小肌肉围度。这也是低碳水减脂必然会出现的问题。

第三，容易丢失肌肉。低碳水饮食的糖异生作用明显提高，丢失肌肉几乎是必然的。想要阻止这个过程，就需要大量摄入蛋白质。但是，如果你不着急减脂，这样做完全没有必要，没必要在低碳水饮食下丢失大量肌肉，又用高蛋白质勉强维持和补充。

健美运动员备赛，也有使用低碳水饮食的。但要不要低碳水饮食，还是要看备赛减脂时间紧不紧。如果减脂压力大，时间不够，可以在短期内用低碳水饮食突击一下，减得更快。但如果时间充裕，那就不建议用低碳水饮食减脂备赛了。所以，备赛要不要低碳水饮食，是根据情况而定的，不是必须用，也不是绝对不能用。不过，理想的情况下，时间充裕的话，不用低碳水饮食更好。

第四，对于特殊人群，低碳水减脂有一定风险。比如，它增加了高尿酸血症的患病风险。高尿酸血症或者痛风（简单说，痛风就是高尿酸血症的发作）患者，本来排泄尿酸的压力就高，一般要求碳水化合物的摄入量达到每天热量的60%~70%，这样减少酮体生成，不会竞争尿酸的排泄。力量训练使血乳酸水平升高，本身就会竞争尿酸的排泄，理论上说对高尿酸血症不利。再加上低碳水饮食，那就是雪上加霜。

所以，使用低碳水减脂本身是有禁忌的，很多人不能用，比如有胰腺炎病史的、患胆囊疾病的、肝功能有问题的、肾脏不好的、脂肪消化不良的，以及低血糖患者、心肺血液病患者、高脂血症患者、泌尿系统疾病患者、高尿酸血症和痛风患者等。

增肌者减脂饮食结构三原则之三——低脂肪

增肌者减脂饮食结构的第三个原则是低脂肪。

实际上，我在指导增肌者减脂的过程中也发现，很多增肌者仅仅从原来的高脂肪饮食变成低脂肪饮食，就能很轻松地瘦下来，不用刻意少吃。

主要原因就是，很多人的日常饮食结构中脂肪摄入实在太高，吃得太油。所以改善了饮食结构后，使用低脂肪饮食，也就是低热量密度饮食替代高热量密度饮食，热量摄入就会明显减少，人也不会觉得饿——因为东西还是吃了那么多，体积差不多，但是摄入的热量降低了。

每个人每天能吃下的东西基本是稳定的，这个稳定，主要是食物的体积稳定。也就是说，每个人每顿饭吃够了这么大体积的食物，基本就饱了。同样体积的食物，热量差别可就太大了，比如瘦肉和肥肉，差的不是一点半点。

大多数精瘦肉，比如纯瘦的牛羊肉和很多鱼虾，热量只有约

100千卡/100克（这可能让很多增肌减脂的新手觉得意外，其实不奇怪，瘦肉里面70%左右都是水分，水分含量实在太大，剩下的蛋白质热量也高不到哪儿去）。

但是肥肉的热量能达到800多千卡/100克。肥肉的含水率很低，热量高度密集，它本身的作用就是储存能量。

植物油也一样，它的热量比肥肉还高，因为植物油里的非脂肪物质更少。我们基本可以认为，肥肉和植物油的热量就是900千卡/100克，这是食物热量的极限。

所以，100克瘦肉和100克肥肉，热量能相差八九倍！

一顿饭，我们要是打算摄入700千卡热量，吃瘦肉的话，加工清淡些，那么能吃1斤多；但如果吃肥肉，也就两口。所以高热量密度饮食如果吃到饱，摄入的热量多得可怕。

我们在前面讲过，脂肪的摄入量与睾酮水平有关。一般认为，低脂肪饮食会降低基础血睾酮水平，所以增肌者在减脂期间，脂肪摄入比例也不建议太低，占每天热量的20%~25%就可以了。这个脂肪比例算是非常清淡的日常饮食了。

当然，在健美运动员备赛的最后阶段，脂肪摄入量不得不压得很低，这属于特殊时期的特殊手段，我们暂不讨论。

┤ 划重点 ├

增肌者减脂，建议脂肪的摄入量不高于每天热量的25%。

最后，我们总结一下增肌者减脂应该怎么吃。

首先，制造300千卡的热量缺口。计算一下你的每天热量总消耗（计算方法可以在《我的最后一本减肥书》里找到，这里不再赘述），比如你体重80公斤，每天热量总消耗是3400千卡，那么减去300千卡的热量缺口，你每天就应该吃3100千卡的东西。

这3100千卡怎么分配呢？按照上面讲的饮食结构三原则，大致操作如下：先按照2克/公斤体重把蛋白质吃够，约160克，640千卡；然后脂肪按每天热量摄入的25%计算，约85克，775千卡；剩下的是碳水化合物，约420克，热量大约占每天总热量的55%。

当然，这是仅仅通过饮食制造300千卡的热量缺口。你也可以搭配运动一起，制造同样多的热量缺口。

因为篇幅的限制，我只能从最宏观的角度，跟大家聊一聊增肌者减脂的基本策略。我讲的只是核心原则，具体的减脂方案则是高度灵活化的。所以大家在执行过程中一定不要教条，而要根据自己的情况去灵活安排。

增肌者减脂不用计算热量的傻瓜式方法

有人觉得，增肌者减脂还要计算热量，好麻烦。

普通人群减脂不用这么麻烦，但是增肌者减脂，因为同时要注意保持原有肌肉量不丢失，所以确实会比较麻烦。越麻烦，最后的效果越好。

有的增肌者可能会说，我不要求特别完美的效果，能不能有一个简单的操作方法呢？

也有。增肌者想要"简单粗暴"地减脂的话，做到以下8条要求，一般效果也会很不错。

- 不论什么时候，看得见肥肉的肉都不要吃（也不能拿来炒菜），植物油总量每天不超过4可乐瓶盖。
- 零食、熟食、外卖都不吃，尽量减少出去吃饭的次数。出去吃饭的时候，也要尽量遵守上一条原则。
- 小口进食。任何食物，平时一口的量，现在分成2、3口来吃。
- 每口食物缓慢咀嚼35次再咽下，完全咽下上一口食物之后，再吃下一口。
- 咀嚼食物的时候放下手里的餐具。
- 清淡低盐饮食。
- 任何时候，吃饱了就停下，千万不能吃撑。少吃多餐。
- 每天额外多做60分钟快步走，可以分几次完成。

严格做到了以上8条要求的话，基本上就能获得比较明显也比较合理的减脂效果了。对于增肌者来说，这个过程不会很慢。

如果以上8条要求还没有让你瘦下来，或者瘦到一定程度无法再瘦了，那么你需要再加一条：每顿饭吃八分饱就停下。八分饱，大概就是刚刚开始感到饱的程度。

同时，你还可以通过运动来增加热量消耗，获得更好的减脂效果。

增肌者减脂应该怎么运动

这一节咱们说说运动，顺便也说一下增肌者减脂的日常活动要求。

增肌者减脂的运动建议是：低强度长时间运动，或者高强度间歇性运动，也就是HIIT。

为什么这么建议呢？主要考虑保持肌肉的问题。有氧运动强度高的话，糖类供能的比例会增加；低强度运动则主要靠脂肪供能，糖类供能比例就比较小了，所以低强度运动对直接消耗脂肪、减少肌肉消耗很有好处。

为什么糖类供能比例小了，就能保护肌肉呢？

我们的肌肉蛋白质时刻都在被氧化，不运动的时候也是，只不过占比很小。平时日常的热量供应中，肌肉蛋白质的氧化大概占2%。

但是当糖类储存不足的时候，肌肉蛋白质供能的比例就会提高。这个糖类储存包括血糖、肌糖原和肝糖原。血糖低了，肝糖原也不够，那怎么办？只能分解肌肉蛋白质糖异生，通俗地说，就是把蛋白质变成糖，因为血糖不能一直往下降，人受不了的。

我们的肝糖原储量很有限，普通人一般也就100克左右，能提供400多千卡热量，根本用不了多长时间。一夜禁食，肝糖原就消耗差不多大半了。

肌糖原储量多一些，但是肌糖原不能直接转变成血糖，肌肉当中缺乏这种酶，所以肌糖原这时候帮不上忙。它或许可以间接变成血糖，估计是先变成乳酸，然后再乳酸糖异生。

所以，一定程度的饥饿、长时间的禁食，都会增加肌肉蛋白质的消耗，主要是因为糖类储存减少。

运动时肌糖原少了，肌肉蛋白质氧化的比例就会提高。运动时血糖低了也是一样的道理。因为肌糖原储量虽然比肝糖原多，但还是有限，中等或中等以上强度的运动时间一长，蛋白质氧化的比例必然上升。

而且，由于减脂期间饮食方面的限制，能量和营养摄入本来就少，所以运动一定要小心。另外，理论上说，我们运动消耗掉的肌肉蛋白质，还能通过饮食补回去，而减脂期间不能保证饮食绝对到位，所以运动消耗的肌肉蛋白质就可能补不回去。

所以，增肌者减脂不建议做长时间中等或中等以上强度的有氧运动，比较安全的是低强度运动，也就是轻轻松松也不累的运动，比如快步走、慢慢骑自行车等。这些运动持续2小时问题也不大，减脂效率虽然不高，但是时间长的话效果是一样的。

再就是高强度间歇性运动，时间不要长，每周2~3次，每次5~10分钟就足够了，因为时间短，问题也不大。

⊢ **划重点** ⊣

增肌者减脂，建议长时间的低强度运动，或短时间的高强度间歇性运动。

下面介绍一下增肌者减脂日常活动的要求，这就是NEAT（非

运动性热消耗）。

什么叫NEAT？就是除有意识的运动消耗的热量之外，身体日常活动的热量消耗。这种热量消耗，积少成多也是可以减脂的。

很多科学研究都认为，胖人和瘦人，除了运动和饮食的差别，还有一个重要的差别，就是在NEAT方面。有一项研究发现，一组胖人和一组瘦人，饮食和运动情况都差不多，但是胖人比瘦人平均每天多坐2.5小时左右。这个差别可能就决定了人的胖瘦。

所以，减脂的时候，除了运动、控制饮食，大家千万别忽略了另一种很重要的手段，就是增加NEAT消耗。

原则很简单。就是别闲着，少坐多站，少站多走，尽可能通过活动多消耗热量。比如站着看电视、边看电视边原地踏步、多步行少乘车、多爬楼梯少乘电梯，等等。

增肌者用NEAT来减脂是很安全的，因为它强度非常低，所以不用担心过量消耗糖类储存而导致肌肉丢失。

300千卡是增肌者减脂每天在饮食、运动方面需要的热量缺口，NEAT不在其中。也就是说，除通过少吃或者多运动制造300千卡的热量缺口之外，NEAT尽可能多做就可以了。

我怎么知道减的是脂肪还是肌肉呢

当你有了减脂计划，并且执行了一段时间之后，一定要根据你的减脂效果去做调整，让这份计划越来越适合你。

调整的基本原则是看两个东西的变化：脂肪的变化和肌肉的变化。

脂肪如果减得太慢，需要调快一点。毕竟我们的目的是减脂，虽然不提倡快减，但如果速度太慢也没有达到目的。

肌肉如果有明显减少，也需要对计划做调整，或者增加蛋白质摄入量，或者放慢一些减重速度（通过增加碳水化合物来增加热量，或者减少过度的有氧运动）。

那么，问题就在于，我们如何知道自己的脂肪和肌肉变化呢？

有人肯定想到体脂称，或者想去健身房测一下。但这些方法测出来的数据都不准确，甚至可能误差非常大。如果你用不准确的数据去调整接下来的减脂计划，就会产生误导，你的减脂可能越走越偏。

这一节我教大家一个更准确且简单好用的衡量身体成分变化的方法。

这种方法是把减脂一段时间以来的体重变化和腰围变化做对比，来推测我们身体成分的变化。

原理很简单，其实有经验的健身者也会用这个思路去判断，我只不过把它系统地总结出来，如图8.1所示。

用"体重"和"腰围"

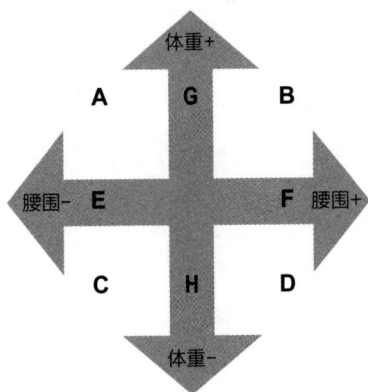

图8.1

把身体数据变化分成8种情况。上、下是体重的"增"和"减"，左、右是腰围"减"和"增"，这样就有了4个象限和4个方向，分别是：

A. 体重增加，腰围减少。

B. 体重增加，腰围增加。

C. 体重减少，腰围减少。

D. 体重减少，腰围增加。

E. 体重不变，腰围减少。

F. 体重不变，腰围增加。

G. 腰围不变，体重增加。

H. 腰围不变，体重减少。

这8种情况对应了身体成分的8种变化，基本涵盖了减脂时的各种情况。我们可以通过这些数据的变化分析出身体成分发生了什么改变。

那为什么只看腰围的数据呢？因为腰围最不容易受到肌肉量变化的影响，它基本只会受到脂肪增减的影响。

腰围的肌肉就是腰腹部肌群，但腰腹部肌群一般很难在增肌过程中非常明显地增大。

而胸围就不一样，一方面可能因为减脂，测出来胸围减少，但如果你胸肌、背肌增大了，那胸围也会增大，这就让数据变得很复杂，不好做判断。

用这种方法衡量身体成分变化，还需要强调以下几点。

所有数据都要在早上空腹时，最好排空大小便后测量。身体围

度的测量，需要站姿和放松状态，且测量位置每次都要一致，对于腰围来说，建议测量肚脐部位周长。

准确评价的前提，就是所有数据要精确测量。

要看一段时间的数据变化，不要频繁地测量然后去分析数据。

短期身体数据变化太复杂，干扰因素太多。建议起码要等7~10天或者更长的时间才测一次数据做一次分析。

腰围数据也会受到比如便秘、腹胀等的影响。如果是女性，还要排除女性经期腹胀对腰围变化的影响。这些情况下，测出来的腰围都要粗一些。

若遇到这些情况，分析出来的身体成分的变化就不准确，可以等这些影响因素消失之后再重新做分析。

下面我分别对这8种变化进行分析。注意，这些分析都是基于减脂期间。

A. 体重增加腰围减少。

这是很典型的减脂的同时瘦体重增加（增加的瘦体重不仅包括肌肉，还包括身体的肌糖原、水分等的增加，但对有力量训练的减脂者来说通常以肌肉为主）的情况，是很好的身体变化，有力量训练的减脂者，只要做到位，特别容易出现这种变化。

腰围减少，说明脂肪明显减少了。脂肪减少，体重本应该也减少，但是体重反而增加了，这就说明身体里非脂肪的成分增加了，抵消了由脂肪减少带来的体重减轻之外还有富余，导致体重反而增加（注意，脂肪的减少是全身性的，不可能某些部位减少而另外一些部位增加）。

瘦体重的密度比脂肪大，而腰围看的是体积变化，体重看的是重量变化。脂肪增减引起的体积变化很大，而瘦体重的增减，带来的重量变化很大。

B. 体重增加腰围增加。

如果腰围明显增加，说明脂肪有增加（排除便秘等其他情况）。所以，这种情况要么说明脂肪增加了，要么说明脂肪和瘦体重都增加了。

这种情况，可以针对增加幅度来进一步具体判断。比如如果腰围增加的少，体重增加的幅度明显比腰围大，很可能说明脂肪和瘦体重都增加了。

C. 体重减少腰围减少。

说明有减脂，有瘦，但是也有可能是瘦体重丢失所致。这种情况也要用变化幅度去判断。如果腰围减少的并不多，但体重降低幅度明显更大，那么可能同时有瘦体重的丢失。

D. 体重减少腰围增加。

这种情况最不理想。腰围增加，说明脂肪增加了；但是体重还减轻了，说明还有减少的东西，那一般就是重量大而体积小的瘦体重了，瘦体重减少带来的体重减轻，超过了脂肪增加带来的体重增加。

再次强调，因为瘦体重不只包括肌肉，所以这种情况也可能是水分流失过多导致。

E. 体重不变腰围减少。

这种情况也不错，最大的可能是瘦了，但是瘦体重的增加抵消了脂肪减少带来的体重减轻，所以体重没变。

F. 体重不变腰围增加。

这种变化不理想，很可能说明脂肪增加的同时瘦体重减少，尤其是当腰围增加幅度很大的时候。

G. 腰围不变体重增加。

说明瘦体重有所增加，脂肪没增没减。不过也有一种可能性，就是减脂者的脂肪在全身非常均匀地少量增加，而围度测量的精度不足以测出这种变化。这种情况常见于身高较高的减脂者。

H. 腰围不变体重减少。

这种情况比较大的可能是身体脂肪均匀少量地减少，身高比较高的减脂者更容易出现这种情况。这种瘦，在测量身体各处围度的时候不一定能测得出来，但是全身脂肪的减少加在一起，又能在体重变化里看出来。

当然，这种情况也有可能是脂肪没有减少，而瘦体重有减少。如果减脂期间力量训练停训，一段时间后就容易出现这种变化。

除了以上8种情况，我们还可以通过目测，看肌肉线条的变化，以及身体其他部位的肌肉量变化，来综合分析身体成分的变化。当然，这是对于有经验的人来说的，如果你经验不足，信息越多判断起来反而越容易混乱。

再次强调，通过这8种变化，对身体成分变化所做的判断也都是推测，不能说百分百一定正确。但是这种方法使用一段时间后，推测的准确率还是非常高的。而且，两次变化之间间隔的时间越长，准确度越高。

解锁你的增肌潜能